CB040467

A VIDA IMPERIAL NA CIDADE ESMERALDA

NO INTERIOR DA ZONA VERDE DO IRAQUE

Título original:
Imperial Life in the Emerald City

Tradução:
Capítulos 1 a 13: Pedro Elói Duarte
Restantes capítulos e notas: Pedro Bernardo

Revisão: Luís Abel Ferreira

Capa: FBA

ISBN: 978-972-44-1414-0

Depósito Legal n.º 261986/07

Paginação, impressão e acabamento:
GRÁFICA DE COIMBRA

para
EDIÇÕES 70, LDA.
Julho 2007

EDIÇÕES 70, Lda.
Rua Luciano Cordeiro, 123 – 1.º Esq.º – 1069-157 Lisboa / Portugal
Tel.: 213190240 – Fax: 213190249
e-mail: geral@edicoes70.pt

www.edicoes70.pt

RAJIV CHANDRASEKARAN

A VIDA IMPERIAL NA CIDADE ESMERALDA

NO INTERIOR DA ZONA VERDE DO IRAQUE

Aos meus pais

Não tentes fazer demasiado com as tuas próprias mãos. É preferível que os Árabes o façam razoavelmente do que tu com perfeição. É a guerra deles, e deves ajudá-los e não ganhá-la por eles. Na verdade, nas estranhíssimas condições da Arábia, o teu trabalho prático talvez não seja tão bom quanto pensas.

T. E. LAWRENCE
20 de Agosto de 1917

Prólogo

No jardim das traseiras do Palácio Republicano, bem no interior da Zona Verde, jovens bronzeados e musculados, de braços tatuados, mergulhavam como veraneantes numa piscina. Outros, de calções largos e óculos escuros, estendiam-se em espreguiçadeiras à sombra de altas palmeiras, a comerem *Doritos* e a beber chá gelado. Ao lado, homens de caqui e mulheres com vestidos ligeiros descansavam debaixo de um alpendre de madeira. Alguns liam romances baratos, outros petiscavam num bufete com comida à discrição. As colunas de som latejavam com música *hip-hop*. De vez em quando passava uma dúzia de iraquianos, vestidos com camisas e calças azuis idênticas, a caminho das tarefas de varrer o chão, podar os arbustos ou regar as plantas. Seguiam em fila indiana atrás de um capataz americano corpulento e de bigode. À distância, pareciam uma leva de presos.

A piscina era um oásis de sossego na Zona Verde, o enclave americano de 18 quilómetros quadrados situado no centro de Bagdad. A única interrupção era o barulho ocasional de um helicóptero Black Hawk que passava a baixa altitude, com uma cruz vermelha pintada na barriga verde opaco, que transportava feridos para o hospital ao fundo da rua. Alguns olhavam de relance para o helicóptero, mas a maioria nem ligava. Era o toque do telemóvel que mais chamava a atenção. A empresa americana que instalara a rede não fornecia correio de voz – por isso, atender uma chamada era a única forma de se saber o que o chefe queria ou onde era a festa nessa noite.

As conversas que se ouviam diziam respeito aos planos de férias no Mar Morto, à sessão de copos da noite passada e à única mulher suficientemente corajosa para ir apanhar banhos de sol na piscina entre várias dezenas de homens sedentos de sexo. Um homem disse aos colegas que, após alguns meses na Zona Verde esmagadoramente masculina, qualquer mulher se torna numa *top model*.

Estávamos em Junho de 2004 e o fim do domínio americano no Iraque estava a menos de um mês de distância. No interior das paredes de mármore do palácio, quartel-general da administração da ocupação, alguns burocratas continuavam fechados nos seus gabinetes com ar condicionado, a trabalharem 18 horas por dia para riscar mais um item da enorme lista de afazeres antes de apanharem o voo de regresso a casa. Uma mulher que conheci, mãe de quatro filhos, de Delaware, afadigava-se a procurar Iraquianos para reabrir o mercado bolsista de Bagdad. Um advogado que fora secretário do presidente do Supremo Tribunal, William Rehnquist, ocupava-se com o esboço de uma lei que exigia que os partidos políticos iraquianos adoptassem uma transparência financeira de tipo americano. Um californiano louro, com pouco mais de 20 anos, criava apresentações em PowerPoint para enviar para Washington, mostrando que os Americanos estavam a fazer progressos, que a vida no Iraque estava a melhorar de dia para dia.

Estas eram as excepções. A maioria das pessoas do palácio tinha simplesmente desistido e preferia o conforto e a diversão de *fin de siècle* da piscina. Quando o sol se punha, iam para o Bar Sheherazade, no Hotel Rasheed, onde bebiam cerveja turca, vinho libanês e *whisky* escocês de terceira categoria. Compravam relógios, isqueiros e notas iraquianas com a efígie de Saddam Hussein. Compravam também camisolas com dizeres como «*Who's your Baghdaddy?*» Comiam *pizza* no Green Zone Café e frango King Pao nos dois restaurantes chineses perto do palácio. No ginásio, faziam exercício sob um *poster* das torres do World Trade Center. Telefonavam gratuitamente aos amigos na América a partir dos telemóveis dados pelo Estado. Davam grandes festas de despedida e faziam uma última farra. Enviavam *e-mails* para trabalhar na campanha de reeleição do presidente George W. Bush quando regressassem à América. Quando se cansavam, iam para os seus quartos ver DVD piratas – dois por um dólar – vendidos por jovens iraquianos empreendedores.

Foi no jardim do palácio que conheci John Agresto. John chegara a Bagdad há nove meses com a assustadora missão de reabilitar o sistema universitário do Iraque – mais de 375 000 estudantes matriculados em 22 universidades, quase todas elas dizimadas nas pilhagens que se seguiram à queda do governo de Saddam Hussein. Agresto não tinha qualquer experiência em reconstrução pós-conflito nem experiência no Médio Oriente. A instituição que dirigia, o St. John's College, em Santa Fe, tinha menos de 500 alunos. Mas Agresto estava bem relacionado: a mulher do secretário da Defesa Donald Rumsfeld pertencera à direcção do St. John's e a mulher do vice-presidente Dick Cheney trabalhara com ele no National Endowment for the Humanities.

Quando nos conhecemos, ele tinha 58 anos de idade. Era um homem entroncado, de cabelo liso prateado, bigode grisalho e um nariz proeminente; gostava de comparar a sua aparência à de Groucho Marx.

Fumando o seu cachimbo à sombra de uma grande palmeira – não se podia fumar dentro dos edifícios da Zona Verde –, Agresto disse que chegara ao Iraque cheio de optimismo. «Vi as imagens das pessoas a festejarem quando a estátua de Saddam Hussein foi derrubada», afirmou ele. «Vi as pessoas a pisotear as fotografias dele.»

Mas o Iraque que encontrou era muito diferente do que esperara. As suas visitas às universidades que tentava reconstruir e às faculdades que queria reanimar tornaram-se cada vez mais perigosas – e cada vez menos frequentes. Disse-me que os seus ajudantes iraquianos eram ameaçados por rebeldes. As suas noites eram perturbadas pelos ataques de morteiros na Zona Verde. Os seus planos para recuperar centenas de edifícios universitários foram rejeitados pela Casa Branca. Agresto concluíra que as universidades do Iraque precisavam mais de mil milhões de dólares para se tornarem os centros de ensino viáveis, mas recebeu apenas oito milhões dos fundos de reconstrução. As faculdades e universidades americanas recusaram os seus pedidos de ajuda. Pedira 130 000 secretárias para salas de aula à Agência Americana para o Desenvolvimento Internacional; recebeu 8000.

À medida que falava, a agitação de Agresto ia aumentando. Depois, calou-se e ficou a olhar para a piscina e a fumar o cachimbo. Passados alguns momentos, virou-se para mim e disse-me com um ar sério: «sou um neoconservador que foi atacado pela realidade.»

Parte I

Construir a bolha

1

Versalhes no Tigre

Ao contrário de quase todos os sítios em Bagdad, podia-se jantar no refeitório do Palácio Republicano durante seis meses e nunca comer homos, pão plano ou *kebab* de carneiro. A comida era sempre americana, muitas vezes com um sabor sulista. Um bufete era constituído por cereais, broa de milho e uma quantidade infindável de carne de porco: salsichas ao pequeno-almoço, cachorros quentes ao almoço, costeletas de porco ao jantar. Havia *cheeseburgers* com bacon, sandes de queijo e bacon e omeletas com bacon. As centenas de secretários e tradutores iraquianos que trabalhavam para a autoridades da ocupação tinham de comer na sala de jantar. A maioria era muçulmana, e muitos ficavam ofendidos com a presença da carne de porco. Mas os americanos que geriam a cozinha continuavam a servi-la. O refeitório atendia aos hábitos americanos, com comida saturada de calorias e gorduras.

Nenhum dos suculentos tomates ou pepinos frescos cultivados no Iraque chegava ao balcão das saladas. Os regulamentos do governo norte-americano ditavam que tudo, até a água em que eram cozidas as salsichas, tinha de vir de fornecedores aprovados noutras nações. O leite e o pão vinham de camião do Kuwait, bem como as ervilhas em lata e as cenouras. Os flocos do pequeno-almoço vinham dos Estados Unidos – os *Groot Loops* e *Frosted Flakes* à mesa do pequeno-almoço ajudavam a levantar o moral.

Quando os Americanos chegaram, não havia refeitório no palácio. Saddam Hussein banqueteava-se numa lustrosa sala de jantar privada e os seus criados comiam em pequenas cozinhas. Os engenheiros com a missão de transformarem o palácio na sede do exército de ocupação escolheram uma sala de conferências com chão de mármore, do tamanho de um ginásio, para servir de refeitório. A Halliburton, a empresa contratada para gerir o palácio, trouxe dezenas de mesas, centenas de cadeiras e uma vintena de balcões de vidro. Sete dias por semana, os Americanos comiam sob os candeeiros de cristal de Saddam.

As mesas estavam postas com toalhas vermelhas e brancas. Os comensais sentavam-se em cadeiras com almofadas castanhas. Uma toalha pregueada decorava o balcão de saladas e o de sobremesas, que estava cheio de bolos e bolachas. O chão era encerado após cada refeição.

Um mural do World Trade Center decorava uma das entradas. As Torres Gémeas estavam enquadradas pelas asas abertas de uma águia. Cada um dos ramos militares americanos – o exército, a força aérea, os fuzileiros e a marinha – tinha o seu símbolo num dos cantos do mural. No meio estavam os logótipos da Polícia e dos Bombeiros de Nova Iorque e, por cima das torres, as palavras: «Graças a Deus pelas forças da coligação e pelos combatentes da liberdade em casa e no estrangeiro».

Noutra das três entradas estava um quadro com algumas notícias expostas, incluindo estas:

Estudo da Bíblia – quartas-feiras às 19 horas

Corre com os Hash House Harriers!

Sentes-te stressado? Vem visitar-nos na clínica de stress de combate.

Vende-se: faca de caça como nova.

Câmara fotográfica perdida. Oferece-se recompensa.

A cozinha, que antes preparava delícias gastronómicas para Saddam, fora convertida num centro institucional de processamento de comida, com uma frigideira gigante e tachos do tamanho de banheiras. A Halliburton contratou dezenas de Paquistaneses e Indianos para cozinharem, servirem e limparem, mas nenhum Iraquiano. Nunca ninguém explicou a razão, mas toda a gente a sabia. Podiam envenenar a comida.

Os Paquistaneses e os Indianos vestiam camisas brancas abotoadas com coletes e laços pretos e chapéus brancos de papel. O subempreiteiro kuwaitiano, que lhes guardava os passaportes e ganhava uma boa margem de lucro por cada trabalhador, também lhes incutiu o jargão americano. Quando pedi batatas fritas [*french fries*] a um dos Indianos, ele respondeu-me logo: «Não temos aqui batatas fritas [*french fries*], senhor; só batatas livres [*freedom fries*].»

A distribuição dos lugares era tão tribal como num refeitório de escola secundária. Os funcionários iraquianos ficavam à parte. Enchiam os seus pratos com calorias suficientes para três refeições. Enquanto comiam, gozavam impunemente com os seus patrões americanos. No palácio, eram tão poucos os Americanos que falavam fluentemente árabe que, os que falavam, podiam juntar-se numa mesa e ainda sobrava espaço.

Soldados, empreiteiros privados e mercenários também não se misturavam. Tal como os representantes da «coligação dos voluntários» – Britânicos, Australianos, Polacos, Espanhóis e Italianos. Os civis americanos que trabalhavam para o governo de ocupação tinham os seus próprios grupos: os altos funcionários políticos, os jovens de vinte e poucos anos acabados de sair da universidade, os mais velhos, que chegaram a Bagdad nas primeiras semanas da ocupação. Nas conversas à mesa, respeitavam um protocolo tácito. Era sempre conveniente aplaudir «a missão» – a campanha da administração Bush para transformar o Iraque numa democracia pacífica, moderna e secular, onde toda a gente, independentemente da seita ou da etnia, pudesse viver em conjunto. Discursos sobre como Saddam arruinara o país e as descrições de como iriam ressuscitá-lo eram também bem aceites. Mas, a não ser que se conhecesse alguém mesmo muito bem, não se questionava a política americana com um comensal.

Quem quisesse fazer alguma queixa sobre o refeitório, dirigia-se a Michael Cole. Era o «elo de ligação clientes-serviço» da Halliburton e podia explicar por que o balcão das saladas não tinha produtos iraquianos ou por que continuava a carne de porco a vir na ementa. Se alguém quisesse pedir um tipo diferente de cereais de pequeno-almoço, ele ouvia. Cole não tinha o ar desgastado de um *concierge* de uma zona de guerra. Era um jovem magro de 22 anos com a testa cheia de borbulhas.

Saíra da universidade há menos de um ano e trabalhava como assistente de um congressista republicano da Virgínia quando uma vice-presidente da Halliburton o ouviu a falar com amigos num bar de Arlington sobre as suas negociações com constituintes irados. Ficou tão impressionada que se apresentou a Cole. Se ela precisasse de um empregado em Bagdad, brincou ele, teria todo o gosto em oferecer-se como voluntário. Três semanas depois, a Halliburton ofereceu-lhe um emprego. Só depois lhe pediu o currículo.

Cole nunca comia carne de porco no refeitório. Sabia que muitos dos empregados eram paquistaneses muçulmanos e sentia-se mal por eles terem de lidar com alimentos que consideravam ofensivos. Pela sua manifestação de respeito, foi recompensado com convites para o parque de caravanas de aspecto dickensiano onde vivia o pessoal da cozinha. *Eles* não tinham de seguir as regras americanas que regulamentavam o fornecimento de comida. As suas cozinhas estavam cheias de produtos locais e faziam um caril melhor do que tudo o que Cole podia encontrar no refeitório. Pensou em propor uma noite com ementa indiana-paquistanesa no refeitório, mas depois lembrou-se que o palácio não cozinhava comida étnica. «A cozinha tinha de fazer com que as pessoas se sentissem em casa», disse ele. E casa, neste caso, devia ser o Sul dos Estados Unidos.

A missão de Cole era conservar o ar na bolha, de modo a garantir o conforto dos Americanos que tinham saído do seu país para trabalhar para a administração da ocupação. A comida fazia parte disso. Bem como os filmes, os colchões e o serviço de lavandaria. Quando lhe pediam alguma coisa, Cole tentava arranjá-la, fosse ou não importante. «Sim senhor. Vamos resolver o assunto», dizia ele. «Lamento o transtorno. Tentaremos resolver isso o mais breve possível.»

O palácio era o quartel-general da Autoridade Provisória da Coligação (CPA – Coalition Provisional Authority), a administração americana da ocupação no Iraque. Entre Abril de 2003 e Junho de 2004, a CPA dirigiu o governo do Iraque – decretava leis, emitia moeda, cobrava impostos, comandava a polícia e usava as receitas do petróleo. Nesta altura, a CPA tinha mais de 1500 empregados em Bagdad, a maioria Americanos. Constituíam um grupo heterogéneo: empresários activos no Partido Republicano, reformados que queriam saborear a aventura pela última vez, diplomatas que tinham estudado o Iraque durante anos, recém-licenciados que nunca haviam tido um emprego a tempo inteiro, funcionários públicos interessados no bónus de 25% no seus salários por trabalharem numa zona de guerra. A CPA era dirigida pelo vice-rei americano no Iraque, Lewis Paul Bremer III, que usava sempre um fato azul e botas da tropa castanhas, mesmo naqueles dias de Verão em que os Iraquianos fugiam do calor. Para onde quer que fosse, mesmo à casa de banho do palácio, andava sempre cercado de guarda-costas corpulentos e armados com pistolas-metralhadoras.

O palácio era Versalhes no Tigre. Construído em grés e mármore, tinha corredores largos, colunas altas e escadarias em espiral. Bustos maciços de Saddam em trajes de guerreiro encimavam os quatro cantos do telhado. O refeitório era no lado sul, ao lado de uma capela com um mural enorme que mostrava um míssil Scud a atravessar o céu. Na ala norte havia um enorme salão de baile com um balcão sobre a zona de dança. O centro do palácio era uma rotunda gigante de mármore com uma abóbada azul-turquesa. Depois de os Americanos chegarem, todo o palácio adquiriu o aspecto desarrumado de uma nova empresa. Computadores Dell ocupavam secretárias de madeira ornamentadas, separadas por divisórias de tecido. Cabos eléctricos e de computadores percorriam os frisos dourados. Nas paredes espelhadas, estavam agora pendurados quadros brancos para se escrever.

Uma fila de casas de banho portáteis ocupava o pátio de estacionamento das traseiras. O palácio, concebido como um sítio de ostentação para Saddam receber as visitas de dignitários, não tinha casas de banho suficientes para centenas de ocupantes. Também não havia muito espaço para dormitórios. A maioria dos que chegavam tinha de dormir em beliches na capela, uma sala que ficou parecida com um hospital de campanha da Segunda Guerra Mundial.

Para além da aparência, no palácio aplicavam-se as mesmas regras em vigor em qualquer edifício governamental de Washington. Toda a gente usava um distintivo de identificação. O decoro era obrigatório nas salas de tectos altos. Lembro-me de ouvir um soldado admoestar uma funcionária que corria para uma reunião: «Minha senhora, não pode correr no corredor.»

Sempre que possível, recorria-se a empresas subcontratadas. A tarefa de estabelecer as câmaras e assembleias municipais foi confiada a uma empresa da Carolina do Norte, por 236 milhões de dólares. A missão de proteger o vice-rei foi atribuída a seguranças privados, cada um deles a ganhar mais de 1000 dólares por dia. Para administrar o palácio – cozinha, manutenção, lavandaria, rega de plantas –, a Halliburton recebera centenas de milhões de dólares.

A Halliburton fora contratada para fornecer «serviços básicos de apoio» à CPA. Mas as suas atribuições foram aumentando. Quando os primeiros Americanos chegaram a Bagdad nas semanas após o derrube do governo de Saddam, tudo o que era preciso era comida e água, serviços de lavandaria e ar condicionado. Quando Cole chegou, em Agosto de 2003, quatro meses após o início da ocupação, as necessidades tinham aumentado. A casa do vice-rei tinha de ser remodelada com mobília e arte compatíveis com um chefe de Estado. O bar do hotel al-Rasheed, gerido pela Halliburton, precisava de uma mesa de matraquilhos. A sala de conferências de imprensa necessitava de ecrãs de televisão maiores.

A Zona Verde depressa se tornou na Pequena América de Bagdad. Toda a gente que trabalhava no palácio vivia aqui, ou em caravanas brancas de metal ou no altaneiro al-Rasheed. Centenas de empreiteiros privados que trabalhavam para empresas como a Bechtel, a General Electric e a Halliburton, montaram aí parques de caravanas, tal como as legiões de seguranças privados, contratados para protegerem os empreiteiros. Os únicos Iraquianos autorizados a permanecerem dentro da Zona Verde eram os que trabalhavam para os Americanos ou os que fizessem prova de ali residir antes da guerra.

Foi Saddam quem primeiro decidiu transformar a zona da margem fluvial numa cidade murada dentro da cidade, com moradias elegantes, *bungalows*, lojas e até um hospital. Não queria que os ajudantes ou os guarda-costas, que haviam recebido casas junto ao seu palácio, se misturassem com as massas. E não queria estranhos na zona. As casas eram maiores, as árvores mais verdes e as ruas mais largas do que no resto de Bagdad. Havia mais palmeiras e menos gente. Não havia vendedores de rua nem pedintes. Só os membros do círculo próximo de Saddam ou do seu fiel corpo de guardas sabiam o que havia dentro da zona. Quem vagueasse perto das entradas acabava por vezes na prisão. Os Iraquianos passavam o mais depressa que podiam pelas estradas junto ao recinto para não serem acusados de bisbilhotice.

Era o sítio ideal para os Americanos montarem as suas tendas. Saddam cercara a zona com um alto muro de tijolo. Havia apenas três pontos de entrada. Tudo o que os militares tiveram de fazer foi estacionar tanques junto aos portões.

Os Americanos expandiram o recinto de Saddam em mais alguns quarteirões, para incluírem o enorme Centro de Convenções e o al-Rasheed, um antigo estabelecimento hoteleiro luxuoso, que ficou famoso devido às transmissões em directo da CNN, em 1991, durante a Guerra do Golfo. Fortificaram o perímetro com barreiras reforçadas, com cinco metros de altura, feitas de betão e encimadas por arame farpado.

Os espaços abertos transformaram-se em parques de caravanas com nomes grandiosos. Os funcionários da CPA que não conseguiram arranjar quarto no al-Rasheed viviam nos Poolside Estates. Cole e os seus colegas da Halliburton ficavam no Camp Hope. Os Britânicos chamavam Ocean Cliffs aos seus alojamentos. De início, os Americanos tinham pena dos Britânicos, cujas caravanas estavam estacionadas numa garagem coberta, que parecia escura e triste. Mas quando os revoltosos começaram a disparar morteiros para a Zona Verde, toda a gente queria estar em Ocean Cliffs. A inveja aumentou quando os Americanos descobriram que os Britânicos não tinham as mesmas pobres caravanas com móveis de plástico fornecidas pela Halliburton; as deles tinham sido mobiladas pelo Ikea.

Os Americanos conduziam carrinhas GMC novas, obedecendo cuidadosamente aos sinais de limite de velocidade de 50 km/h colocados pela CPA nas estradas planas e largas. Havia tantas carrinhas GMC idênticas estacionadas em frente do palácio que os condutores tinham de usar as suas chaves electrónicas para saber qual era a sua. (Um empreiteiro afixou matrículas do Texas no seu veículo para o diferenciar.) Quando conduziam, mantinham o ar condicionado no máximo e o rádio sintonizado em 107.7 FM, na Freedom Radio, uma estação de rádio americana que passava música *rock* e mensagens de apoio. De quinze em quinze dias, os veículos eram limpos numa estação de serviço da Halliburton.

Havia autocarros a percorrer a Zona Verde com intervalos de vinte minutos, parando em abrigos de madeira para transportarem os que não tinham carro e não queriam caminhar. O correio era entregue diariamente. Geradores asseguravam o funcionamento constante da iluminação. Se alguém não gostasse da ementa do refeitório – ou se quisesse comer alguma coisa entre refeições – podia ir a um dos restaurantes chineses na Zona Verde. O serviço de limpeza a seco da Halliburton retirava o pó e as manchas de suor dos caquis em três dias. Um aviso lembrava aos clientes para retirarem as «munições dos bolsos» antes de entregarem as roupas.

As leis e costumes iraquianos não se aplicavam dentro da Zona Verde. As mulheres corriam pelos passeios em calções e *t-shirt*. Uma loja de bebidas vendia cerveja, vinhos e bebidas espirituosas importadas. Um dos restaurantes chineses, além de *noodles*, oferecia massagens. Os jovens que vendiam DVD junto ao parque de estacionamento do palácio ofereciam produtos secretos. «Senhor, quer pornografia?», sussurravam-me eles.

A maioria dos Americanos usava botas da tropa de camurça, óculos escuros caros e Berettas de 9 mm num coldre de velcro preso à coxa. Queixavam-se do calor, dos mosquitos e dos hábitos indolentes dos nativos. Um contingente de Gurkhas mantinha-se de sentinela em frente do palácio.

Se alguma lei existia na Zona Verde, era americana. A polícia militar mandava parar os condutores em excesso de velocidade e embriagados. Quando chegava um carregamento de cofres de escritório, a Halliburton impedia que os seus funcionários americanas os retirassem ou entregassem antes de carrinhos de carga e cintas apropriadas terem sido enviadas para Bagdad. Quando uma das funcionárias da CPA se queixou de que precisava do seu cofre – disse que guardava dezenas de milhares de dólares na casa de banho do seu gabinete –, Cole explicou que a Halliburton tinha de seguir os regulamentos de segurança da CPA.

A Zona Verde não tinha um presidente da câmara. Bremer era o seu ocupante mais importante, mas não se preocupava com buracos na estrada nem com vedações de segurança. Tecnicamente, a área física era responsabilidade do comandante militar de Bagdad, mas este vivia perto do aeroporto e não ligava a minudências. Havia um coronel cuja brigada guardava a zona, mas preocupava-se mais com a segurança do perímetro do que com o funcionamento da cidade dentro da cidade. Se um Americano reivindicasse a posse de uma moradia, não havia ninguém que o impedisse de o fazer.

Os diplomatas veteranos que tinham vivido no mundo árabe ou trabalhado em condições pós-conflito queriam cozinha local ao jantar, respeito pelas tradições locais e funcionários locais. Mas constituíam a minoria. A maioria do pessoal da CPA nunca trabalhara fora dos Estados Unidos. Segundo uma estimativa, mais de metade recebera o seu primeiro passaporte para vir para o Iraque. Se tinham de sobreviver em Bagdad, precisavam da mesma bolha que as companhias petrolíferas americanas construíam para os seus trabalhadores na Arábia Saudita, na Nigéria ou na Indonésia.

Cole, que, bem como os colegas da Halliburton, tinha a tarefa de criar essa bolha, trabalhava numa sala minúscula do palácio. O letreiro da sua porta dizia «Serviço de Clientes». Quando não estava ocupado com queixas, colocava a ementa do refeitório e os horários dos autocarros na rede informática da CPA. Remodelou a sala de cinema do palácio e começou a exibir filmes todas as noites às oito horas. Os filmes de acção eram os mais populares, mas não eram os favoritos de Cole. Gostava do *Lawrence da Arábia* e do *Terceiro Homem*, este baseado no conto epónimo de Graham Greene sobre a cidade de Viena após a Segunda Guerra Mundial. Nos tempos livres, Cole começou a escrever um romance. Era acerca de dois jovens que vão pela primeira vez para uma zona de guerra.

«Parece uma América em ponto pequeno», disse Mark Schroeder, quando estávamos sentados junto à piscina numa tarde abrasadora, bebendo água engarrafada nos Emirados Árabes Unidos.

Schroeder e eu crescemos no mesmo subúrbio de São Francisco, mas não nos conhecemos em pequenos. Entrámos em contacto em Bagdad – primeiro por *e-mail*, depois telefone e, por fim, pessoalmente – por causa das nossas mães, que tinham estado a conversar numa mercearia e descobriram que ambas tinham filhos no Iraque. Schroeder, que na altura tinha 24 anos, era um típico jovem californiano: tinha cabelo louro ondulado e usava uns óculos escuros caros. Trabalhava para um congressista republicano em Washington quando soube que a CPA precisava de mais pessoal. Enviou o seu currículo para o Pentágono. Poucos meses depois, estava no Palácio Republicano.

Schroeder era analista dos serviços básicos. Compilava um relatório semanal para Bremer, com gráficos e tabelas que mostravam o progresso da CPA em sectores essenciais. Quantos megawatts de electricidade estavam a ser gerados? Quantos agentes da polícia tinham sido treinados? Quantos dólares tinham sido gastos na reconstrução? Os relatórios eram vistos apenas por Bremer e pelos seus principais ajudantes. Eram enviadas cópias para a Conselheira de Segurança Nacional, Condoleezza Rice, e para o Secretário da Defesa, Donald H. Rumsfeld. Depois de as pessoas importantes o terem lido, os analistas do Pentágono redigiam a informação secreta e distribuíam o documento para centenas de funcionários governamentais que trabalhavam no Iraque. Um deles enviava-me regularmente os relatórios. Alguns destes gráficos e tabelas – normalmente os que falavam do estado do fornecimento de electricidade e do treino policial – não batiam certo com os números optimistas divulgados pelo gabinete de relações públicas da CPA.

Schroeder redigia os seus relatórios num pequeno gabinete perto do de Bremer. Passava os dias – e muitas noites – sentado frente a um computador. Vivia numa caravana com três camaradas e comia sempre no refeitório. Às quintas-feiras, arranjava boleia com um amigo para a discoteca do al-Rasheed ou para outro bar. Nos dois meses e meio desde que chegara ao Iraque, só saíra uma vez da Zona Verde – para se deslocar ao Camp Victory, o quartel-general militar junto ao aeroporto.

Quando precisava de comprar alguma coisa, ia ao PX, a loja de conveniência do exército junto ao palácio. Aqui, podia comprar *Fritos*, *Cheetos*, *Dr. Peeper*, suplementos de proteínas, *t-shirts* a dizerem «Iraqui Freedom» e discos de música *pop*. Se o PX não tivesse o que queria, Schroeder ia ao Bazar da Zona Verde, um pequeno centro comercial com 70 lojas de Iraquianos que viviam na Zona Verde. O bazar fora construído para que os Americanos não tivessem de sair da Zona Verde para comprar bugigangas e artigos diversos. Havia a Mo's Computers, de um jovem inteligente chamado Mohammed. Várias lojas vendiam telemóveis e DVD piratas. Outras ofereciam apenas produtos iraquianos: uniformes militares antigos, notas com a efígie de Saddam, bandeiras iraquianas com os dizeres «Deus é Grande» na caligrafia de Saddam. A minha favorita era a JJ Store de fotografias árabes, a versão iraquiana daqueles cenários fotográficos do Oeste Selvagem na Disneylândia: podíamos fotografar-nos com roupas e turbantes árabes.

A Zona Verde providenciava também actividades de tempos livres. A CPA tinha um «oficial do moral», que organizava aulas de dança de salsa, aulas de ioga e sessões de cinema do palácio. Havia um ginásio com os mesmos aparelhos de exercícios que se encontram em qualquer bom ginásio na América. Os mais devotos podiam frequentar aulas regulares de estudos bíblicos.

Mesmo nos primeiros meses após a queda do governo de Saddam – quando os Americanos eram vistos como libertadores, a revolta ainda embrionária e era ainda seguro andar pela cidade sem guardas nem veículos blindados –, os civis americanos que trabalhavam para a CPA e para o seu antecessor, o Gabinete de Reconstrução e Ajuda Humanitária, eram aconselhados a não se aventurarem para além da zona em redor do palácio. Os oficiais da segurança insistiam que Bagdad não era segura. O único local seguro era dentro dos muros. Era por isso que lhe chamavam a Zona Verde.

Quem quisesse sair da Zona Verde tinha de viajar em dois carros, e cada um destes veículos tinha de ter duas armas – uma espingarda M16 e outra arma ainda mais pesada. Nos primeiros dias, isto parecia exagerado.

Mas, depois, os ataques contra os Americanos tornaram-se mais frequentes. As regras passaram a ser mais apertadas. Eram necessárias mais armas, mais carros e, depois, uma escolta militar. Quando Schroeder chegou, o Iraque estava tão perigoso que era preciso uma boa razão para ter uma escolta de segurança e para sair da zona. Se fosse um funcionário superior que precisasse de visitar um ministro, não havia problema. Mas se fosse um analista de serviços básicos que quisesse ir às compras, não era possível.

Eu não podia censurar Schroeder por não sair. Mesmo que ele quisesse quebrar as regras, como alguns faziam, a conduzir um carro velho com matrícula iraquiana, tinha ainda de sair da Zona Verde por uma das três saídas. Toda a gente partia do princípio que o inimigo espreitava. Iriam reparar nele? Decidiriam atacar? Uma acção destas era considerada uma roleta russa.

Schroeder ficou incrédulo quando eu lhe disse que vivia naquela a que ele e outros chamavam a Zona Vermelha, que andava sem seguranças, comia nos restaurantes locais e visitava os Iraquianos nas suas casas.

«Como são as coisas lá fora?», perguntou-me.

Contei-lhe como era viver no decrépito hotel Ishtar Sheraton, no outro lado do rio Tigre. O serviço de quartos era tão mau que tivéramos de instalar a nossa própria cozinha – com um fogão a gás de quatro bicos, uma arca frigorífica e um triturador de carne – num dos quartos. Descrevi o prazer de passear pelo mercado al-Shorja, o maior bazar da cidade, e de tomar chá nos cafés do bairro antigo. Falei-lhe das discussões sobre a cultura e história iraquiana que tinha quando ia almoçar a casa dos meus amigos iraquianos. Quanto mais falava, mais me sentia um extraterrestre a descrever a vida noutro planeta.

Vista a partir da Zona Verde, a Bagdad real – os postos de controlo, os edifícios destruídos, os engarrafamentos de trânsito – podia ser um mundo à parte. As buzinas, os tiroteios, as chamadas para a oração dos almuadens nunca passavam para dentro dos muros. O medo nos rostos dos soldados americanos raramente era visto pelos residentes do palácio. O fumo acre da explosão de um carro não enchia o ar. A privação subsariana e a desordem do Oeste selvagem que assolavam uma das mais antigas cidades do mundo cercavam os muros, mas, lá dentro, prevalecia a calma esterilidade de uma província americana.

Para ver o Iraque autêntico, tudo o que alguém que vivesse na Zona Verde tinha de fazer era espreitar por cima das barreiras Hesco – os contentores do tamanho de frigoríficos cheios de terra, que protegiam os soldados dos estilhaços das granadas – nas entradas do enclave. O Posto de Controlo 3, na rua frente ao Centro de Congressos e ao al-Rasheed, parecia um deserto pós-apocalíptico. Placas de betão bloqueavam aquilo que fora uma auto-estrada de oito faixas. Árvores mortas alinhavam-se ao longo dos passeios. Pelo chão, viam-se invólucros de munições, restos de rações militares e pneus furados espalhados. As linhas de arame farpado estendiam-se em todas as direcções. Sacos de plástico e papéis de rebuçados ficavam presos nos rolos de arame farpado. O lixo esvoaçava. Antes da guerra, o lixo era recolhido com uma eficiência suíça, mas depois da libertação as recolhas passaram a ser esporádicas, tal como todos os outros serviços municipais.

Todas as manhãs, desde as sete até às onze horas, a fila de Iraquianos que esperavam para passar pelo posto de controlo, entre o arame farpado, estendia-se por centenas de metros. Cada um deles tinha de apresentar duas formas de identificação e submeter-se a três revistas distintas. Os soldados americanos, sorvendo água fresca através de tubos ligados a cantis, gritavam para os Iraquianos. «Para trás!», «Um de cada vez!» «Qual é a sua razão para entrar?»

«Estou aqui para ganhar o meu salário.»

«Quero trabalhar como tradutor.»

«O meu filho foi detido pelas forças da coligação.»

Por vezes, os soldados eram afáveis; noutras, eram rudes.

«Preciso de ajuda» disse, certa manhã, um homem de meia-idade, que estava à minha frente, a um soldado. «O meu filho foi raptado há cinco dias».

«O senhor tem de ir à polícia», disse o soldado. «Não podemos ajudá-lo.»

«Já fui à polícia, mas eles não querem ajudar. Querem dinheiro.»

«Isso é um assunto iraquiano. Nada podemos fazer por si.»

«Pensava que tinham vindo ajudar-nos. Se não nos ajudam, quem o fará?»

Certa manhã, quando um grupo de peregrinos xiitas se acotovelava para entrar no santuário do imã Kadhim, no norte de Bagdad, um bombista suicida detonou o seu cinto de explosivos. Um segundo bombista esperava na esquina e fez explodir o seu cinto quando os sobreviventes fugiam da primeira explosão. Depois, um terceiro bombista fez-se explodir. E um quarto.

O pátio do santuário encheu-se de fumo e de gritos dos feridos. O sangue coagulava no chão de cimento. Jovens atordoados tentavam pedir auxílio. Outros sobreviventes empilhavam os estropiados em macas de madeira e colocavam-nos em ambulâncias.

Quando cheguei ao local, uma hora depois, vi cadáveres cobertos por lençóis brancos. Braços e dedos tinham sido projectados até às varandas do terceiro andar. O chão estava coberto de sapatos dos mortos. Mais tarde, depois de visitar o hospital local para falar com os sobreviventes, vi dezenas de corpos empilhados à saída da morgue, cobertos por lençóis azuis, a apodrecerem ao sol. Os familiares dos mortos e dos feridos choravam, mas os médicos continuavam estoicamente a trabalhar. «Isto não é nada de especial», disse um deles. «Vemos catástrofes destas todas as semanas.»

Nessa noite, encontrei-me com funcionários da CPA para jantar no palácio. Falavam da Constituição provisória que acabara de ser redigida, com a sua longa lista de direitos. «Será um modelo para o Médio Oriente», afirmou um deles.

Ao ouvi-los falarem do seu trabalho, parei de pensar naquilo que eu vira nessa tarde. Na Zona Verde, eu podia ouvir histórias com finais felizes. Durante o jantar, ninguém falou dos atentados bombistas. O santuário ficava apenas a alguns quilómetros a norte da Zona Verde, não mais do que a dez minutos de carro. Será que tinham ouvido falar do que acontecera? Saberiam que dezenas de pessoas tinham morrido? «Sim, vi qualquer coisa sobre isso na televisão do meu gabinete», disse o homem à minha direita. «Mas não vi a reportagem completa. Estava demasiado ocupado a trabalhar no meu projecto para a democracia.»

Mahmud Ahmed não acordou com a estridente chamada matinal para a oração. Trabalhara até às três da manhã. Quando acordou, às oito horas, não havia electricidade no bairro. «Outra vez, não», vociferou. Para ele, os cortes de energia não faziam sentido. Antes da guerra, Bagdad tinha muita electricidade.

Abriu uma torneira, mas nada saiu. Isto era novidade. Mesmo durante a guerra houve sempre água. Até há alguns anos, a água da torneira ainda era boa para beber. Resmungou. Podia sobreviver sem um duche, mas não sem o seu chá matinal. Tinha de beber chá.

Ahmed era um homem aprumado, de estatura média, farto cabelo preto e um bigode fino. Aos 28 anos, tinha a postura de um homem de meia-idade. Usava uma camisa às riscas e calças cinzentas, e andava com uma pasta de pele.

À porta de casa, tinha um Chevrolet Caprice de 1988. O sol do deserto transformara a cor do carro, de um azul real para a cor deslavada de umas calças de ganga usadas. Comprara o carro, já usado, há alguns anos a um alto funcionário do partido Baas de Saddam. Ahmed suspeitava que o carro tinha sido roubado no Kuwait após a invasão das tropas iraquianas, em 1990. Sempre que nele entrava, tinha a sensação de que o carro não lhe pertencia.

Quando entrou no carro, reparou que quase não tinha combustível. Foi até à bomba de gasolina mais próxima, onde a fila de carros se estendia por mais de quilómetro e meio. Isto nunca acontecera no tempo de Saddam, pensou Ahmed. Mas depois censurou-se. Estava contente por se ver livre do ditador. A libertação significava uma antena parabólica e um emprego bem pago; e uma hipótese de poupar dinheiro suficiente para um dote.

No outro lado da bomba de gasolina, um grupo de rapazes sujos de óleo, ao lado de latas de gasolina, acenava com mangueiras de abastecimento. Cobravam quatro dólares por galão. Na bomba, um galão de gasolina custava menos de dez cêntimos.

Ahmed resolveu então deixar o carro em casa e chamar um táxi para ir trabalhar. Custar-lhe-ia um dólar, mas não tinha alternativa. Se não aparecesse, perderia o emprego.

«Se eu trabalhasse para Iraquianos, não teria problemas em chegar atrasado», disse ele. Mas na Zona Verde, onde trabalhava, «temos de chegar a horas.»

No táxi, fez uma curta pausa antes de dizer ao motorista para onde ir. «A paz esteja contigo», disse ele. «Para o Centro de Congressos, por favor.»

O Centro de Congressos era a principal entrada pública para a Zona Verde.

«Ah, trabalha com os Americanos?», perguntou o motorista.

«Claro que não», respondeu Ahmed. «O meu irmão foi levado pelos militares americanos. Ando à sua procura.»

«Deus o ajude», disse o motorista.

«*Inshallah*», afirmou Ahmed. Se Deus quiser.

No táxi, uma carrinha Volkswagen com os bancos cobertos de mantas e sem ar condicionado, observou a multidão da cidade a arrastar-se.

Os semáforos não funcionavam, a polícia de trânsito não estava de serviço, os Americanos tinham fechado várias ruas principais e a CPA eliminara os impostos sobre veículos importados, o que resultou num afluxo de carros usados baratos de quase todos os países da Europa. Antes da guerra, a viagem entre a casa de Ahmed, na zona leste de Bagdad, e o Centro de Convenções demorava dez minutos. Desde que os Americanos tinham chegado, demorava mais de uma hora.

Os Iraquianos, que costumavam manter-se nas suas faixas de rodagem e usar os piscas, conduziam agora nas bermas e nos passeios. Mas os piores transgressores eram os soldados americanos. Conduziam como se fosse tudo deles, por vezes pisando o traço contínuo e andando em contramão.

O táxi atravessou o rio Tigre e passou pela Porta dos Assassinos, a entrada norte da Zona Verde, onde dezenas de jovens se manifestavam em protesto. Estavam desempregados e pediam trabalho aos Americanos. Uma dúzia de soldados observava a partir do portão, preparados para bloquearem a estrada com arame farpado e um tanque, se a multidão tentasse entrar.

O táxi passou por um aglomerado de lojas e parou no cruzamento seguinte. Não podia avançar mais. A partir daí, teria de caminhar até ao Centro de Congressos.

Conheci Ahmed uns dias antes, quando estávamos na fila para entrar na Zona Verde. Não me disse logo o que fazia. Só depois de lhe ter contado alguns pormenores da minha vida é que ele admitiu trabalhar como intérprete para o exército americano.

Ahmed e eu conversávamos enquanto esperávamos para passar por três diferentes postos de controlo. Ele tinha de apresentar duas formas de identificação com fotografia e, depois, submeter-se a uma revista completa.

«Eles tratam-me como a qualquer outra pessoa da rua», suspirou Ahmed. Colocava a vida em risco para trabalhar com os soldados americanos seis dias por semana. O mínimo que podiam fazer, dizia ele, era deixarem-no entrar numa fila diferente, só com uma revista.

Depois de passarmos pelo terceiro posto de controlo, estávamos no interior da Zona Verde. Tínhamos sido encaminhados para um passeio largo, em direcção ao Centro de Congressos ou ao al-Rasheed.

Antes da chegada dos Americanos, Ahmed nunca estivera no interior da parte da Zona Verde que fora murada por Saddam. Quando viu estas zonas, não tinha uma imagem mental para fazer comparações com o presente. Mas já tinha passado de carro, centenas de vezes, pela avenida em frente do Centro de Congressos, e a visão que agora tinha era bem diferente. Antes da guerra, a larga estrada de oito faixas era a via rápida que ia do centro de Bagdad para as principais auto-estradas em direcção a norte, para Mossul, sul, para Hilla, oeste, para o aeroporto, Faluja e para a fronteira jordana. Nessa altura, os carros rodavam quase a 100 km/h. Agora, estava bloqueada com barreiras de betão. Três jipes usavam a estrada como parque de estacionamento.

«Isto não parece o Iraque», disse ele acerca da Zona Verde. «Parece a América».

Retorqui que, na América, não havia jipes estacionados no meio da rua e as estradas não estavam barricadas.

«Sim, mas tem de admitir que, aqui, tudo funciona», afirmou ele. «As luzes. As torneiras. A comida. Não é como no resto de Bagdad. É como na América.»

«As coisas estão realmente a melhorar», declarou Mark Schroeder. Não podia entrar em pormenores; eram secretos. Mas disse-me que os gráficos e as tendências apontavam na direcção certa.

«Já alguma vez entrevistou Iraquianos?», perguntei-lhe.

«Isso é feito por outras pessoas», respondeu. «Não trabalho com opinião pública. Lido apenas com informação em bruto.»

Outros funcionários da CPA falaram de facto longamente com Iraquianos, mas muitos destes Americanos supuseram erradamente que as centenas de Iraquianos que trabalhavam para a CPA como tradutores, secretários e zeladores representavam os seus 25 milhões de compatriotas. Os Iraquianos que aqui trabalhavam sabiam que tinham bons empregos – ganhavam dez vezes mais do que um funcionário público iraquiano – e não estavam dispostos a arriscar perdê-los queixando-se sobre a ocupação ou dizendo aos Americanos que os seus planos eram imprudentes. Em vez disso, elogiavam os patrões, dizendo-lhes tudo o que estes queriam ouvir e minimizando as notícias más.

Outros milhares de Iraquianos viviam dentro da Zona Verde, em *bungalows*, em ruas ladeadas por árvores, entre o palácio e o hotel al--Rasheed. Eram uma mistura de sunitas e xiitas, que já trabalhavam no palácio antes da guerra, mas que estavam demasiado baixo na hierarquia do Partido Baas para fugirem ou ficarem sob custódia americana. Costumavam sair da zona, para trabalhar, fazer compras e visitar familiares. Alguns deles até falavam inglês, e se algum Americano no palácio estivesse disposto a ouvi-los, poderia obter uma descrição sincera da vida na Bagdad real. Mas, à excepção dos funcionários mais curiosos e aventurosos da CPA, a maioria dos Americanos não se interessava pelos vizinhos iraquianos.

Schroeder e os seus colegas da CPA mantinham-se a par dos desenvolvimentos no Iraque vendo a Fox News e lendo o jornal *Stars and Stripes*, que era impresso na Alemanha e enviado diariamente para Bagdad. Alguns utilizavam a Internet para ler os jornais das suas terras natais. Mas nenhum destes meios de comunicação tinha grande informação acerca da Zona Verde.

Não havia um jornal da Zona Verde. A informação – e os rumores – passava de boca em boca. Quando, certa noite, um oficial do exército foi apunhalado a caminho da sua caravana, toda a gente presumiu que o autor fora um rebelde armado com uma faca. Os investigadores depressa determinaram que o atacante fora um outro americano, mas esta informação nunca passou para os funcionários da CPA. Durante semanas, andaram sempre desconfiados, com medo.

No interior da Zona Verde, a preocupação não era com o facto de haver pouca informação; era o facto de haver demasiados segredos em risco. No palácio, viam-se *posters* da Segunda Guerra Mundial a aconselhar cautela. Um deles mostrava a mão do Tio Sam a cobrir a boca de um homem de chapéu. «Silêncio: a conversa pode custar vidas», avisava. Outro exibia um cocker spaniel a encostar tristemente a cabeça no cadeirão de um soldado morto. Por baixo, dizia: «Porque alguém falou!»

Havia funcionários da CPA que mandavam à fava os avisos e saíam da bolha para conhecer e falar com Iraquianos, para comer nas casas deles e fazer compras nos seus mercados locais. Para aqueles que saíam, a Zona Verde parecia uma terra de fantasia. Passaram a chamar--lhe a Cidade Esmeralda.

2

Um veado encandeado

Vi pela primeira vez aquilo que se tornaria na Cidade Esmeralda dois dias depois de um tanque americano ter derrubado a vistosa estátua de Saddam frente ao hotel Palestina. Atravessei a pé a ponte al-Jumhuriya, passando por veículos esburacados por balas e por um burro morto, antes de virar para a Porta dos Assassinos. Um tanque escondia-se sob o arco de grés. Tinha derrubado o imponente portão de ferro, mas a sua torre de canhão apontava para fora, uma mensagem clara de que aquilo que havia no interior não estava aberto à pilhagem. Exibi o meu passe de imprensa e o comandante, dentro do tanque, acenou-me. É uma longa caminhada, avisou-me.

A cerca de 100 metros do tanque, vi dois homens de aspecto sujo a saírem de uma moradia branca carregados de candeeiros de cristal. Eram saqueadores audaciosos. Ou passaram sorrateiramente pelo tanque ou treparam um dos muros, pelos quais, até há uma semana atrás, ninguém se atrevia a espreitar. Quando fui ter com eles, o mais velho apresentou-se como Ahmed Mohsen, agricultor de Kut, uma cidade a sudeste de Bagdad. Segui-o até ao interior da moradia, onde encontrámos uma mesa profissional de bilhar, portas douradas e chãos de mármore.

«Vivemos em casas de lama. Não temos água», resmungou Mohsen. «As nossas vidas são terríveis, e ele vive assim?»

Não lhe disse que aquela não era a casa de Saddam, que o ditador vivia numa propriedade muito maior.

Prossegui o meu caminho, passando por edifícios esventrados por disparos americanos, cruzamentos cheios de invólucros de munições de cobre e abrigos de onde exalava o odor inconfundível de corpos em decomposição. Um cartão de identificação caído no passeio chamou-me a atenção. Pertencia a um soldado da Guarda Republicana. Ali perto, estava um pequeno caderno. Um amigo iraquiano apanhou-o e folheou as páginas. «Isto é um nojo», disse ele, enquanto lia. «É só elogios a Saddam.»

No palácio, um grupo de soldados montava guarda para repelir os saqueadores mais determinados. Depois de ver as minhas credenciais, um deles chamou o seu tenente, um jovem alegre formado em West Point, chamado Joe Peppers. Peppers estava bem disposto porque, pela primeira vez desde a corrida de três semanas até Bagdad, aliviara-se numa casa de banho e não num buraco no deserto. «E não numa casa de banho qualquer», disse ele. «Foi uma das casas de banho douradas de Saddam!» O tenente ofereceu-se para me acompanhar numa visita guiada ao palácio.

Eu já estivera numa das casas de Saddam. Quatro meses antes da guerra, o ministério da Informação convidou alguns jornalistas estrangeiros para visitarem um dos seus palácios mais pequenos, após as buscas infrutíferas dos inspectores de armamento das Nações Unidas ao palácio. A visita destinava-se a gozar com os inspectores. Lembro-me de ver um mata-moscas de plástico verde exibido numa estante de madeira em cima de uma mesa, e estava à espera do mesmo *kitsch* no Palácio Republicano.

Peppers empurrou uma enorme porta dourada e deixou-me entrar. Quando a porta se fechou atrás de nós, ligou a sua lanterna. Dentro do palácio não havia electricidade, tal como em toda a cidade. Só semanas depois é que os engenheiros americanos descobririam os geradores gigantes que Saddam instalara, para garantir que o seu palácio não dependesse da frágil rede eléctrica do país.

Segui o feixe estreito da sua lanterna, ouvindo avisos para ter cuidado com as escadas e com os escombros. O chão de mármore, cheio de pó e vidros partidos, estalava à medida que o pisávamos. No princípio da guerra, as ondas de choque da campanha americana de bombardeamento «choque e pavor» tinham rebentado com todas as janelas, permitindo que a areia do deserto entrasse e se espalhasse por toda a parte. Senti-me como num castelo medieval abandonado há um século.

«Adivinhe quantos quartos há aqui», disse Peppers.

«Não sei», respondi. «Talvez uma centena?»

«Duzentos e cinquenta e oito», disse ele. «Consegue imaginar?» Mandara um dos seus soldados contar. Precisou de uma hora.

Tudo parecia gigantesco. A nossa primeira paragem foi num salão de baile do tamanho de um campo de futebol. As paredes estavam decoradas com frisos que representavam as 18 províncias do Iraque. No fundo do salão havia uma varanda. Peppers nunca fora a Versalhes, ao palácio de Buckingham ou ao castelo de Hearst. O seu único ponto de referência era a Academia Militar dos Estados Unidos.

«Uau», exclamou ele ao entrar no salão de baile. «Isto é ainda maior do que a sala de jantar de West Point».

O ponto seguinte da visita foi uma sala de reuniões da dimensão de dois campos de basquetebol. A lanterna de Peppers ia iluminando os candeeiros extravagantes. Depois passámos à sala de cinema na cave, à grande piscina e a uma sala que parecia um bordel, com tapetes vermelhos e espelhos nas paredes. A maioria das salas tinha sido despida de mobílias e pastas de arquivos. O que restava eram cópias baratas de mobília provincial francesa: poltronas cobertas com panos cor de laranja e enfeites dourados. Ao fundo de um corredor estava uma placa que dizia «Palácio do Povo».

Fomos ter a uma rotunda gigante de mármore. Peppers parou de falar e desligou a lanterna. Estávamos bem no centro do palácio. Apesar da falta de ar condicionado, a sala escurecida parecia quase gelada. Tudo o que eu ouvia era o respirar de Peppers. Era como se, lá fora, a vida – as pilhagens, os incêndios e o caos nas ruas – fosse noutro mundo.

À saída, passámos por meia dúzia de salas, completamente cheias pelo batalhão de Peppers. Com tanto espaço, perguntei-lhe por que não utilizavam mais espaço. Respondeu-me com hesitação.

«Achamos que, quanto menos espaço ocuparmos, mais fácil será sair quando nomearem um novo governo», disse Peppers. «Não ficaremos aqui durante muito tempo.»

O presidente George W. Bush([1]) ordenou que se começasse a planear a invasão do Iraque poucos meses após os ataques de 11 de Setembro de 2001. Mas o planeamento do Pentágono sobre o que fazer depois só começou no Outono seguinte. Foi uma tarefa atribuída a Douglas J. Feith, o subsecretário da Defesa, responsável por um grupo secreto chamado Gabinete de Planos Especiais, que procurava informações nos relatórios da secreta para provar que Saddam possuía armas de destruição maciça e que tinha ligações à Al-Qaeda.

Feith era fã de Ahmad Chalabi, um exilado controverso e astucioso que dirigia uma organização política chamada Congresso Nacional Iraquiano. Chalabi, um matemático formado no MIT que usava fatos feitos por medida, era *persona non grata* no Departamento de Estado e na CIA, cujos agentes o viam como corrupto e pouco popular entre os Iraquianos. Mas, na esfera neoconservadora, que incluía o gabinete de Feith, a conversa de Chalabi sobre criar uma democracia secular, que abraçaria o Ocidente e reconheceria Israel, era justamente o que queriam ouvir. Tornou-se o candidato de sonho dos neoconservadores para dirigir o Iraque após o derrube de Saddam.

O gabinete de Feith([2]) levou a cabo o seu planeamento pós-guerra no maior dos secretismos. Havia pouca coordenação com o Departamento de Estado ou com a CIA, e até com os especialistas do Pentágono em reconstrução pós-guerra; havia também uma aversão em lidar com cenários pessimistas, que podiam reduzir o apoio à invasão. A equipa de Feith via a missão como uma guerra de libertação que não precisaria de grande assistência no pós-guerra. Pensavam que os Iraquianos depressa assumiriam a responsabilidade de dirigirem o seu país e de reconstruírem as infra-estruturas.

No dia 17 de Janeiro de 2003, dois meses antes do início da guerra, Feith falou com Jay Garner, um tenente-general aposentado, e pediu--lhe para se encarregar do pós-guerra no Iraque. Não seria por muito tempo, disse Feith, talvez apenas noventa dias após a guerra. Por essa altura, previa Feith, um governo iraquiano já estaria formado e um embaixador americano seria enviado para Bagdad.

Garner era um homem amistoso, de baixa estatura, mas forte, de cabelo grisalho, óculos com armação de metal e uma voz suave. Exibia uma hospitalidade sulista misturada com a informalidade de um rapaz do campo, cumprimentando as pessoas com um aperto de mão firme e despedindo-se com um forte abraço. Feith contactara Garner porque, durante um breve período em 1991, após a Guerra do Golfo Pérsico, Garner comandou a operação militar americana para proteger os Curdos no norte do Iraque. Ele conhecia os Iraquianos e tinha experiência em operações de ajuda humanitária em solo iraquiano. Não estava com grande vontade de voltar a uma zona de guerra – tinha um cargo lucrativo na área da defesa e uma vida confortável em Orlando –, mas era um soldado: quando a nação chama, é preciso servir a nação.

Quando Garner chegou ao Pentágono, em Janeiro, não tinha equipa nem planos para a missão que o esperava. Deram-lhe aquilo a que chamava um cubículo na suite de Feith. Os seus primeiros telefonemas foram a alguns dos seus amigos – generais aposentados –, a quem pediu ajuda. Nas semanas seguintes, foram mobilizados vários militares reservistas, assim como um pequeno grupo da Agência Americana para o Desenvolvimento Internacional (USAID) e mais alguns funcionários civis do governo. O Departamento de Estado insistiu também em enviar alguns dos seus diplomatas. Alguns dos que se juntaram à equipa de Garner eram de primeira ordem; os outros constituíam o refugo da burocracia federal.

No Pentágono, tudo tinha um acrónimo. O grupo de Garner ficou conhecido como o ORHA, o Gabinete de Reconstrução e Ajuda Humanitária [*Office of Reconstruction and Humanitarian Assistance*]. Semanas depois, vários membros do ORHA diziam, a brincar, que o acrónimo significava Organização dos Americanos Realmente Desafortunados [*Organization of Really Hapless Americans*]. Outros chamavam a Garner e aos seus colegas generais aposentados os *Space Cowboys*, referência ao filme de Clint Eastwood, no qual um grupo de ex-astronautas idosos parte para o espaço para salvar o mundo.

Garner afirmou nunca ter recebido qualquer um dos planos que tinham sido concebidos por Feith e pelos seus colaboradores. De facto, disse que só soube que o gabinete de Feith estava a planear a administração do Iraque pós-guerra dez dias depois de ter chegado a Bagdad, quando o seu mais directo colaborador, Ronald Adams, um dos *Space Cowboys*, regressou a Washington por causa de uma infecção pulmonar. Adams passou alguns dias a trabalhar no Pentágono e descobriu que a equipa de Feith estava a conceber políticas para se fazer uma purga dos membros do Partido Baas de Saddam, sobre o que fazer com o exército iraquiano e como instalar Chalabi e outros exilados de confiança como dirigentes nacionais. Incrédulo, Adams telefonou a Garner e disse-lhe: «Sabes que há aqui uma equipa inteira a planear o pós-guerra no Iraque?»

«Não pode ser», respondeu Garner. «Organizaram-na agora?»

«Acho que já existe há muito tempo», disse Adams.

«O que estão eles a fazer?»

«Não faço ideia. Não me deixam ver nada»

Aquilo que Garner não viu, mas que podia ter sido muito útil, foram os planos do pós-guerra e os memorandos produzidos pelo Departamento de Estado, ou alguma das análises produzidas pela CIA, ou até o relatório não classificado redigido pela Universidade de Defesa Nacional, baseado num *workshop* de dois dias, que envolveu mais de setenta académicos e peritos. Garner pediu a Feith que lhe desse cópias dos documentos sobre o planeamento que tivessem sido criados no Pentágono ou noutros departamentos do governo. Garner afirmou que Feith lhe dissera que não havia nada que pudesse ser útil e que ele devia desenvolver os seus próprios planos. Feith esperava que, tal como outros no Pentágono, sem um plano claro para a transição política Garner se virasse para Chalabi e para o seu bando de exilados. Feith conseguiria o que queria sem provocar uma luta com o Departamento de Estado e com a CIA, que viam Chalabi como uma fraude.

Sem ter onde se apoiar, Garner dividiu o ORHA naquilo a que chamou «três pilares»: ajuda humanitária, reconstrução e administração civil. Em seguida, dividiu a sua equipa em três zonas administrativas. Mas estas zonas não se assemelhavam aos limites das províncias do Iraque ou à disposição das forças militares. Dada a sua experiência prévia no Iraque e por causa de uma série de avisos lançados pelas Nações Unidas, de que a doença, a fome e a deslocação da população podiam afectar milhões de Iraquianos no caso de haver guerra, a atenção de Garner concentrou-se, sobretudo, nos planos para uma crise humanitária. A reconstrução era o domínio de uma equipa da Agência Americana para o Desenvolvimento Internacional. A administração civil – o pilar mais importante, como se veria –, foi entregue a Michael Mobbs, ex-assessor legal de Feith. Garner deu pouca atenção a este «pilar».

Garner parecia um «veado encandeado», disse Timothy Carney, um embaixador reformado que foi convidado para se juntar ao ORHA por Paul Wolfowitz, o subsecretário da Defesa. Garner perguntou a Carney qual o cargo que queria. Este ofereceu-se para ser o relator do ORHA, mas acrescentou que o Departamento de Estado estava a pensar nomeá-lo ministro interino da Indústria e Minérios. Carney não tinha qualquer experiência na indústria e nos minérios, mas, para os elevados padrões do Departamento de Estado, isso não interessava. Carney era o seu homem, e eles queriam o maior número possível de homens seus em cargos superiores do ORHA. Garner concordou que Carney devia dirigir o Ministério da Indústria e Minérios. A equipa de Garner iria para o Kuwait dali a dois dias. Carney, que precisava de formação e de equipamento antes de ir para o terreno, juntar-se-lhes-ia mais tarde. «Vemo--nos no Kuwait», disse Garner.

O resto do ORHA foi formado de uma maneira igualmente atabalhoada. O Ministério da Educação foi atribuído a um burocrata de nível médio do Departamento do Tesouro. Outro antigo embaixador, sem experiência prévia, foi nomeado ministro do Comércio. Stephen Browning, um engenheiro do corpo de engenharia do Exército, foi convidado para dirigir quatro ministérios: Transportes e Comunicações; Habitação e Construção; Irrigação; e Electricidade – uma semana após a queda de Bagdad, ficou com um quinto ministério: a Saúde. Os membros do ORHA eram inteligentes e bem intencionados, mas não eram especialistas nas áreas em que estavam a trabalhar, não tinham grande experiência no Médio Oriente e estavam sobrecarregados de trabalho. Carney tinha um assistente para o ajudar a gerir o Ministério da Indústria e Minérios, que tinha mais de 100 000 funcionários.

No gabinete de Feith, não havia razão para alarme. Segundo duas pessoas que trabalharam para ele, a intenção nunca foi ter grandes equipas de peritos americanos preparados para dirigirem os ministérios do Iraque. Quando a guerra terminasse, previa-se que os funcionários civis iraquianos regressassem ao trabalho e os ministérios funcionassem com normalidade. Um governo interino, provavelmente liderado por Chalabi, escolheria novos ministros. A ideia era que prevaleceria o cenário mais optimista.

A equipa do ORHA depressa se viu envolvida nas mesmas rivalidades intestinas entre o Pentágono e o Departamento de Estado que, durante anos, tinham envenenado as tentativas para se formular um plano unificado para lidar com o Iraque. O secretário de Estado Colin L. Powell e o seu subsecretário, Richard L. Armitage, queriam o maior número de pessoas suas na equipa de Garner. Viam a presença de diplomatas experientes e de peritos sobre o Médio Oriente com conhecimentos de árabe como uma defesa contra as tentativas de entregarem o poder a Chalabi e a outros políticos exilados. Para a criação de um governo de transição, o Departamento de Estado considerava essencial envolver os Iraquianos que tinham vivido no Iraque. Os oficiais do Pentágono achavam que os arabistas da velha escola do Departamento do Estado estavam a inventar desculpas para justificarem a sua crença de que a democracia não funcionaria no mundo árabe. No Pentágono, considerava-se que Chalabi e os seus colegas iriam liderar a criação de uma democracia secular estável. A Casa Branca deixou que os dois lados lutassem entre si.

Só dois dias antes de Garner partir para o Kuwait é que o secretário da Defesa Donald Rumsfeld olhou seriamente para a equipa que Feith e Garner tinham formado. No dia seguinte, Rumsfeld chamou Garner ao seu gabinete. Segundo o relato que Garner fez da conversa, Rumsfeld começou com um pedido de desculpas.

«Jay, não lhe tenho dado muita atenção», disse ele. «Devia ter-lhe mostrado mais disponibilidade.»

Depois, começou a questionar as credenciais de vários altos funcionários do ORHA, particularmente os do Departamento de Estado. «Ele disse que não se sentia à vontade com aquelas pessoas», recordou Garner. «Eu respondi-lhe: "Mas é demasiado tarde para se sentir pouco à vontade com eles. Vou partir amanhã."»

«"Vou arranjar-lhe outras pessoas", afirmou ele.»

«Eu disse-lhe que ele não tinha tempo para arranjar outras pessoas».

Após mais alguma discussão, Rumsfeld pediu a Garner para olhar para a sua lista de pessoal e indicar aqueles «que tinha absolutamente de manter».

«E eu disse: "Já agora, quem é que no Departamento de Defesa tem qualificações para trabalhar em agricultura?" Continuei a ler [a lista] e disse: "E na banca? Quem pode trabalhar na banca?" E, então, ele disse: "bem, não quero discutir consigo sobre esse, mas vou arranjar-lhe pessoal melhor".»

Assim que Garner saiu ([3]) Rumsfeld bloqueou a partida dos principais elementos do Departamento de Estado nomeados para o ORHA, com a justificação de que «tinham pouco perfil e eram demasiado burocratas». Só voltou atrás quando Powell lhe telefonou e ameaçou retirar do ORHA todos os funcionários do Departamento de Estado, o que, sem dúvida, faria as primeiras páginas dos jornais. O Pentágono queria o menor número possível de gente do Departamento de Estado, mas não à custa de um embaraço em termos de relações públicas.

Quando a equipa avançada de Garner chegou ao Kuwait, no princípio de Março, foram informados de que não havia espaço para o ORHA em nenhuma das bases militares da cidade. Teriam de arranjar as suas próprias instalações. O único sítio com camas suficientes era uma estância de veraneio Hilton, que reservou uma série de moradias luxuosas para Garner e os outros 168 membros do ORHA, que chegaram ao Kuwait no dia anterior ao início da guerra. O grupo passou quase seis semanas a comer especialidades gastronómicas e a beber água mineral enquanto delineava planos para entregar rações de comida e água potável aos civis iraquianos. As moradias de dois pisos e de cor creme do Hilton tinham almofadas de cama, televisores panorâmicos e varandas arejadas sobre o Golfo Pérsico.

As reuniões consumiam grande parte das manhãs, mas, na maioria destas reuniões, tratavam apenas de assuntos vagos, sem grande especificidade. Como toda a gente achava que o Iraque sofreria uma crise humanitária após a guerra, várias sessões foram dedicadas ao planeamento da distribuição de comida e água. Garner planeava também exercícios de simulação. Um destes exercícios previa a eventualidade de as ruas de Bagdad estarem cheias de cadáveres, a electricidade cortada e partes da cidade em chamas. Alguns membros do ORHA consideravam os cenários exagerados, mas, ainda assim, discutiam o modo como actuar. Sabiam que não tinham pessoal nem equipamento suficientes, mas pensavam que teriam unidades militares à sua disposição, para fornecerem transporte, comunicação e outras ajuda necessária.

Garner até tinha um plano. Chamava-se «Plano de uma Missão Unificada para Depois das Hostilidades no Iraque». Estava marcado como «SECRET/REL USA MCFI, o que significava que só podia ser conhecido por Americanos devidamente autorizados e por membros dos governos que se tinham aliado à «coligação dos voluntários» de Bush. Quando Garner chegou ao Kuwait, a segunda versão do documento já tinha 25 páginas. No início, era apenas uma introdução de uma página, redigida por Garner. A primeira frase era, simultaneamente, presciente e banal: «A História julgará a guerra contra o Iraque não pelo brilho da sua execução militar, mas pela eficácia das actividades após as hostilidades.»

A primeira secção acautelava contra a eventualidade de ficarem demasiado tempo. Em seguida, o documento lançava um aviso sobre a possibilidade de haver desordem civil e notava que o «estabelecimento de um ambiente seguro é a grande prioridade da missão militar». Mas algumas partes fundamentais das secções mais importantes do documento estavam em branco. À secção 8 – o pilar da administração civil – faltavam uma enunciação da missão, um conceito de operações, objectivos-chave e prazos. Estas partes do documento estavam ainda em branco menos de uma semana antes de os fuzileiros americanos derrubarem a estátua de Saddam em Bagdad.

A responsabilidade de conceber um plano para a administração civil cabia a Mobbs, antigo colega advogado de Feith e ex-oficial de controlo de armamento na administração de Reagan. Mobbs passara meses no Pentágono a delinear estratégias para o combate aos incêndios dos poços de petróleo que os Iraquianos provocariam após a invasão americana. Não tinha experiência anterior no Médio Oriente, nunca trabalhara com exilados iraquianos nem alguma vez estivera envolvido em operações de reconstrução pós-conflito. Depressa perdeu a confiança de Carney e do resto do pessoal do Departamento de Estado mobilizado para este pilar. No Kuwait, Mobbs fazia uma reunião matinal com o pessoal da sua equipa e, depois, desaparecia. «Ele não era um líder. Não sabia o que fazer», disse um ex-embaixador. «Passava a maior parte do tempo escondido no seu quarto.» O pessoal do Departamento de Estado começou a gozar com ele, dizendo que Mobbs não era capaz sequer de organizar um funeral com mais de dois carros. Uma semana depois de a equipa do ORHA ter chegado a Bagdad, Garner mandou Mobbs de regresso a Washington.

David Dunford, embaixador reformado a quem foi atribuída a pasta do Ministério dos Negócios Estrangeiros, era dos poucos afortunados que recebera orientações específicas antes de assumir funções. Entre estas orientações havia um memorando que Dunford pensou ter sido redigido por um estagiário do Departamento de Estado. Depois de não ter recebido qualquer resposta ao seu pedido de mais informações por parte do Departamento de Estado, publicou várias questões em tom de queixa num fórum de mensagens na Internet frequentado por especialistas no Médio Oriente. O ponto fulcral da sua mensagem, disse Dunford, era «aqui estou e não tenho a mínima ideia sobre o que devo fazer».

Carney, que não recebera qualquer orientação ou informação acerca do Ministério da Indústria e Minérios, passava também as suas tardes no Kuwait a pesquisar na Internet. Encontrou uma biografia de um ministro iraquiano, mas pouco mais. Não fazia ideia de quantos funcionários havia no ministério ou de quantas fábricas ou empresas estatais existiam. Começou a procurar livros na Internet. Encomendou as obras traduzidas de al-Mutanabi, o mais famoso poeta iraquiano. Miraculosamente, chegaram antes de Carney partir para Bagdad. Depressa escolheu o seu verso favorito: «Quando um leão mostra os dentes, não penses que ele está a sorrir para ti.»

Embora apreciasse a poesia, havia um conjunto de documentos de que Carney necessitava desesperadamente, mas que não conseguia arranjar: os relatórios do Projecto Futuro do Iraque.

Segundo aqueles que conheciam o pouco planeamento pós-guerra levado a cabo pelo governo norte-americano, incluindo os relatórios confidenciais produzidos pela CIA e pelo Gabinete de Planos Especiais do Pentágono, o Projecto Futuro do Iraque foi a melhor tentativa de Washington no sentido de preparar a era pós-Saddam. Dirigido por quadros médios do Departamento do Estado, o projecto organizou mais de duas centenas de exilados iraquianos em 17 grupos de trabalho, para estudarem questões fundamentais do período pós-guerra, incluindo a reconstrução das infra-estruturas destruídas, a criação de meios de comunicação social livres, a conservação de antiguidades, a administração da justiça durante a transição, o desenvolvimento da economia moribunda e, principalmente, a formação de um governo democrático. Os grupos de trabalho produziram relatórios com recomendações políticas que totalizavam 2500 páginas. Ainda que o produto final estivesse longe de ser exaustivo – faltava-lhe, por exemplo, um projecto exequível para a formação de um novo governo iraquiano –, foi, porém, a iniciativa mais ambiciosa para identificar aquilo que era necessário fazer após a libertação.

A tarefa de organizar o projecto foi confiada a Thomas Warrick, um advogado internacional que, há cinco anos, deixara a lucrativa prática privada para trabalhar no Departamento de Estado em crimes de guerra. Este trabalho levara-o à vilania de Saddam e, por fim, à oposição iraquiana. Warrick falava com frases rápidas e parecia estar sempre no meio de uma crise. Tinha o aspecto baixo e forte de um homem que passava demasiado tempo no gabinete. Os seus apoiantes e detractores – havia muitos – concordavam que ele era inteligente e arrogante; discordavam acerca de qual destes traços era mais dominante.

A primeira vez que Garner ouviu falar do Projecto Futuro do Iraque foi no dia 21 de Fevereiro – pouco mais de um mês depois de ter sido contratado –, num exercício pré-mobilização que organizou na Universidade de Defesa Nacional, em Washington. Sabia que, no governo, havia outras pessoas que tinham pensado no pós-guerra do Iraque e queria conhecer as suas ideias. Quando entrou na sala de conferências, ficou espantado ao ver que havia mais de cem pessoas na plateia. Durante o encontro, Garner reparou num homem que, na primeira fila, passava o tempo a fazer perguntas e a tecer comentários. De início, Garner ficou aborrecido. Mas, à medida que a sessão se ia desenrolando, tornou-se claro que o homem fazia as perguntas certas e tecia comentários interessantes. Durante a pausa do encontro, Garner foi falar com ele.

«Você parece saber muito sobre isto», disse Garner.

«Ando a estudar o assunto há ano e meio.»

«Ai sim?» afirmou Garner. «Como se chama?»

«Tom Warrick.»

«E onde trabalha?»

«No Departamento de Estado.»

«Bem, você não devia estar aqui sentado. Devia estar a trabalhar para mim.»

Dois dias depois, Warrick estava na equipa de Garner. Uma semana mais tarde, Rumsfeld abordou Garner.

«Jay, tem alguém na sua organização chamado Warrick?», perguntou Rumsfeld.

Quando Garner disse que sim, Rumsfeld ordenou-lhe que retirasse Warrick do ORHA.

«Porquê?», questionou Garner. «Warrick tem uma personalidade difícil, mas é provavelmente a pessoa mais inteligente que aqui tenho».

«Ouça, esta ordem vem de cima», disse o secretário. «Não posso fazer nada. Só tem de fazer aquilo que lhe peço».

Garner afirmou que, mais tarde, lhe disseram que Dick Cheney se opusera ao envolvimento de Warrick no ORHA. A razão, tal como muitas decisões tolas antes da guerra, tinha a ver com Ahmad Chalabi. Warrick via Chalabi como um oportunista astucioso, que só acreditava na democracia desde que se coadunasse com os seus próprios interesses. O gabinete do vice-presidente, que queria que Chalabi dirigisse o Iraque livre, considerava Warrick uma ameaça para este homem.

Quando saiu do gabinete de Rumsfeld, Garner disse a um dos seus assessores para informar Warrick de que ele tinha de regressar ao Departamento de Estado. Sem Warrick, Garner nunca chegou a ter a oportunidade de ver algum dos relatórios sobre o Futuro do Iraque.

A Zona Verde, Cena I

Quando eu estava a sair do Palácio Republicano, o tenente Peppers chamou-me. «Ouça, quer ver os animais?»

Dirigimo-nos de jipe a um palácio vizinho, ao longo das margens do Tigre onde, há apenas dois dias, o batalhão de Peppers combatera contra os soldados da Guarda Especial Republicana de Saddam. Quando chegámos, Peppers abriu caminho entre as ervas da altura do joelho até a um recinto vedado. «Vamos ver», disse ele. «Temos sete leões, duas chitas e um urso-pardo.» Os adoráveis leões já não eram crias, mas ainda não eram adultos. (Antes da guerra, ouvi dizer que Uday, o filho mais velho de Saddam, costumava andar por Bagdad num Rolls-Royce com crias de leão ao colo.) O urso escondeu-se na sombra. A temperatura já passava dos 30° – e estávamos ainda em Abril. Pergunto-me como sobreviveria ao Verão. E as chitas... onde estavam? Chamei Peppers. Ele também não as via. Alarmado, agarrou no rádio e chamou os seus homens que estavam no jipe. «Tenham as armas preparadas», gritou. «Podemos ter duas chitas à solta».

Uma dúzia de soldados inspeccionou o recinto, com as suas armas M16 prontas a disparar. Então, vimos as duas jovens chitas manchadas a saírem de um pequeno abrigo dentro do recinto. Toda a gente riu. Os soldados voltaram a colocar as armas em posição de segurança e puseram-nas a tiracolo.

Quando os soldados chegaram ao palácio, os animais pareciam estar a morrer de fome e sede. Os zeladores que os alimentavam deviam ter fugido. Os soldados levaram água aos animais, mas não sabiam o que fazer com a comida. Então, um sargento encontrou um rebanho de ovelhas num cercado e levou uma delas para o recinto. Era hora de comer.

Mas as ovelhas estavam a acabar. Seguiu-se uma discussão acerca da Convenção de Genebra. Que obrigação tem um poder militar ocupante de cuidar de animais? Ninguém sabia. Peppers não queria que os animais morressem à fome. Pensou que podia dispensar-lhes rações mili-

tares durante alguns dias, até que chegasse ajuda. Ouvira dizer que centenas de civis americanos estavam a chegar para dirigirem o país.

«Eles saberiam o que fazer», disse.

3

Vocês são os responsáveis

Poucas horas depois de o tanque americano ter derrubado a estátua de Saddam frente ao hotel Palestina, os saqueadores chegaram à sede de dez pisos do Ministério da Indústria. Não vendo tropas aqui, os primeiros bandos de ladrões atiraram-se ao edifício de betão e vidro como animais selvagens a uma carcaça. As primeiras coisas a desaparecer foram os computadores, telefones e outros objectos fáceis de levar. Depois foram as mobílias e os arquivos. Em seguida, os saqueadores retiraram os fios e as condutas de metal das paredes. Nas horas que se seguiram, chegaram Iraquianos em carrinhas e até em camiões do governo, também estes roubados. Dois dias depois, o edifício foi incendiado, lançando uma cortina de fumo que cobriu o céu.

Tim Carney assistiu à pilhagem de Bagdad na CNN, na sua moradia frente à praia, no Kuwait. Não sabia que ministério era o seu – ninguém lhe dera uma fotografia do Ministério da Indústria, nem sequer as coordenadas geográficas –, mas tinha a certeza de que era um daqueles que tinha sido saqueado e incendiado. A ideia de dirigir o seu ministério sem um edifício, sem registos de inventários nem folhas de balanço, fê-lo sentir-se mal.

Outros futuros ministros do ORHA partilhavam o receio de Carney. Quando a pilhagem começou, vários deles reuniram-se à volta da televisão e jogaram um jogo macabro: tentavam adivinhar quais dos edifícios que viam a ser pilhados eram os seus. «Dizíamos: "Lá se vai o teu ministério!" "Lá vai o meu!"», recorda Robin Raphael, o ministro interino do Comércio. Pensavam que os soldados iam a caminho.

O seu desalento transformou-se em fúria depois de perceberem que não havia tropas para protegerem os seus ministérios, e que não havia planos imediatos para colocar tropas a guardarem os vários locais. Na altura, o único edifício do governo protegido por tropas americanas, além do Palácio Republicano, era o Ministério do Petróleo. Duas semanas antes, os ministros do ORHA tinham feito uma lista dos sítios de Bagdad que necessitavam de segurança. No topo da lista estava o Banco Central. Depois vinha o Museu Nacional. O Ministério do Petróleo estava no fim da lista. Semanas depois, o pessoal do ORHA descobriu que os militares não tinham transmitido a lista para os comandantes no terreno em Bagdad.

Mesmo quando o impacto da pilhagem se tornava claro, o ORHA não podia contar com a acção dos militares. Quando Barbara Bodine, uma diplomata veterana que falava árabe e que deveria ser a presidente interina da Câmara de Bagdad, soube através de um contacto iraquiano que os saqueadores estavam perigosamente perto de arrombarem um cofre sob o Banco Central, que guardava uma colecção inestimável de ouro assírio, enviou um *e-mail* ao Comando Central norte-americano. A troca de correspondência, tal como ela e um funcionário do Departamento de Estado em Washington, que copiou as mensagens, recordam, foi qualquer coisa como isto:

BODINE: O cofre assírio sob o Banco Central está em perigo imediato de ser pilhado. É necessário protegê-lo.

CENTCOM (Comando Central): O que está no cofre assírio?

BODINE: Tesouro assírio.

CENTCOM: O que é um tesouro assírio?

BODINE: Leiam os primeiros capítulos da vossa Bíblia. São coisas antigas. É valiosíssimo. Temos de o salvar.

CENTCOM: Ok. Veremos o que podemos fazer.

Não houve desculpas dos militares. O plano de guerra de Rumsfeld não incluía tropas suficientes para guardarem instalações governamentais em Bagdad e noutras cidades importantes. Questionado acerca das pilhagens, respondeu com a agora famosa frase: «desleixos da liberdade».

Por causa das pilhagens e da confusão em Bagdad, os militares não autorizaram a ida imediata de Garner e da sua equipa para a capital iraquiana. Oito dias após a queda de Bagdad, com os militares ainda a recusarem a autorização, Garner foi ao Qatar para se encontrar com o general Tommy Franks, o principal comandante militar da região.

«Eu disse: "Tommy, tem de colocar a minha equipa em Bagdad"», recordou Garner. «E ele respondeu: "Jay, não vou fazer isso. Ainda estão lá a matar pessoas. Não o vou enviar para lá".»

Garner afirmou que alguns iraquianos oportunistas estavam a reivindicar a liderança do governo local e da força policial de Bagdad. «Os vazios de poder serão preenchidos por pessoas de que nem você nem eu iremos gostar, e precisaremos de muito tempo para nos livrarmos delas», insistiu Garner. Franks aceitou finalmente e autorizou Garner a ir para Bagdad no dia 21 de Abril de 2003 – doze dias depois de as tropas americanas terem tomado a cidade.

Carney e os seus colegas ministros do ORHA saíram do Kuwait três dias depois. Ele e uma dúzia de outros altos funcionários do ORHA tiveram de esperar três horas na pista do aeroporto, no Kuwait, porque o avião de transporte Hércules C-130 que lhes tinha sido atribuído fora requisitado por um general da retaguarda. Quando a equipa do ORHA chegou ao Aeroporto Internacional de Bagdad, descobriu que o comboio enviado para os levar já tinha ido embora. Tiveram de esperar mais.

Quando finalmente chegaram ao Palácio Republicano, era uma tenda de mármore: não havia luzes, janelas, casas de banho a funcionar nem bacias. No Kuwait, tinham-lhes dado sacos-camas, mas ninguém pensou em dar-lhes redes de mosquitos ou outros equipamentos de campismo normalmente fornecidos aos soldados. O ORHA também não recebeu os telefones de satélite que lhe haviam sido prometidos pelos especialistas militares em comunicações. Carney estava cada vez mais alarmado. Uma coisa era não ter todos os documentos que queria no Kuwait. Outra era estar em Bagdad sem condições básicas de vida.

O plano não era irem para o Palácio Republicano. Os civis queriam que o ORHA ocupasse um hotel em Bagdad. Se o grupo ficasse num palácio, temia-se que os Iraquianos os vissem como ocupantes. O pessoal militar do ORHA opôs-se ao hotel, afirmando que não haveria um perímetro suficiente para ser protegido de carros-bomba e dos disparos de armas ligeiras, e propôs que fossem para uma base militar iraquiana, nos subúrbios da capital; mas os civis insistiam que, assim, ficariam demasiado longe dos edifícios ministeriais, que eles teriam de visitar todos os dias. Sem outra alternativa, os dirigentes do ORHA concordaram na ideia de um palácio.

A tarefa de escolher um palácio foi confiada ao major Peter Veale, um reservista do exército que era também arquitecto. Durante a primeira semana da guerra, Veale foi à moradia do Hilton, no Kuwait, ocupada pela equipa de informações do ORHA, e pediu-lhe dados sobre todos os palácios de Bagdad que não tinham sido bombardeados pelos militares. Quando lhe disseram que levariam alguns dias para lhe darem a resposta, Veale voltou-se para a Internet. Num *website* chamado DigitalGlobe, encontrou imagens de um enorme edifício com uma cúpula azul – o Palácio Republicano. Parecia ideal. Mas quando recebeu a lista dos palácios restantes, este não se encontrava entre as possibilidades. Voltou à moradia com uma fotografia que tinha imprimido do DigitalGlobe. «Vocês não me mostraram este», disse ele. No dia seguinte, chamaram Veale. «Temos boas notícias, major Veale», disse um dos membros da equipa de informações. «Sim, isto é um palácio e ainda existe. Mas foi atingido na primeira noite de bombardeamentos e ficou bastante danificado.» Veale estava céptico. A sua fotografia do palácio tinha sido tirada na semana passada. Mas o pessoal das informações estava seguro. «Acredite», disse um analista, «estes edifícios foram destruídos.»

Então, Veale concebeu um plano para que o ORHA fosse para o palácio Sijood, uma pequena estrutura que ficava mais abaixo, junto ao rio, depois do Palácio Republicano. Passou dias a fazer diagramas sobre o edifício, a identificar os sítios onde o pessoal iria trabalhar, onde os carros seriam estacionados e onde os helicópteros aterrariam. Poucos dias após a queda de Bagdad, saiu do Kuwait para começar as preparações. Mas quando chegou ao palácio Sijood, encontrou-o destruído por um míssil de cruzeiro americano. Pensou para si mesmo: «Que vou eu fazer?»

Quando ia a sair do palácio, um grupo de soldados das Forças Especiais parou para falar. Veale falou-lhes da sua situação. Um soldado encorajou-o a continuar a procurar. «Tem de descer a rua», disse ele. «Há um palácio totalmente intacto.» Quando Veale lá chegou, descobriu que se tratava do mesmo palácio que vira no *site* DigitalGlobe.

Como Garner devia chegar em menos de uma semana, Veale tentou pôr a electricidade a funcionar e a água a correr. Os militares americanos tinham bombardeado o anexo que albergava as unidades de ar condicionado e de fornecimento de electricidade. Pôr a água a correr era difícil porque não havia nenhuma planta que indicasse onde estavam os canos enterrados. Era penoso andar pela cave labiríntica à procura de canos e fios. «Não sabíamos se estava armadilhada», recordou Veale.

Enquanto Veale levava a cabo as suas inspecções, era acompanhado por um operacional da CIA, que procurava armas de destruição maciça. Tudo o que encontraram foi alguns saqueadores e dois soldados desnorteados da Guarda Republicana que não tinham conseguido sair dali com os colegas na semana anterior. Então, Veale ouviu um rumor segundo o qual um dos tigres de Uday tinha fugido da jaula e andava pelas redondezas do palácio. Veale depressa começou a temer mais dar com um felino do que com um combatente do regime deposto. Durante grande parte de uma semana, andava à noite com uma lanterna numa mão e com uma arma na outra.

Tim Carney já caçara elefantes, búfalos, girafas, javalis e duas espécies de zebras. Tinha uma espingarda de caça ao elefante – uma arma de cano e gatilho duplos, cujas balas tinham quase meia polegada de diâmetro, quase o calibre da maior espingarda usada pelo Exército norte-americano – e comia o que matava. A lista de animais exóticos que Carney já caçara só rivalizava com a lista de locais exóticos onde estivera estacionado como diplomata. Saigão durante a Ofensiva do Tet, Phnom Penh quando os khmers vermelhos se agruparam, Mogadíscio no início da guerra civil, Port-au-Prince quando os fuzileiros americanos desembarcaram.

Carney era alto, de voz suave e extremamente educado. Mas também podia ser abrupto e incisivo acerca dos erros da política externa americana. (A personagem do diplomata americano conversador, desempenhada por Spalding Gray, no filme *Terra Sangrenta*, baseou-se largamente em Carney.) Quando se reformou, em 2000, tinha mais experiência em locais hostis do quase toda a gente do Departamento de Estado.

Nove dias antes de as primeiras bombas e mísseis de cruzeiro começarem a cair sobre Bagdad, Paul Wolfowitz telefonou a Carney.

Os dois homens conheciam-se desde finais dos anos 80, quando Wolfowitz era embaixador na Indonésia e Carney era o seu principal assessor. Foi uma breve conversa telefónica, sem a habitual troca de recordações comuns. Wolfowitz convidou Carney a juntar-se à equipa que iria levar a cabo a reconstrução e o governo do pós-guerra. Carney, sempre pronto para a aventura, aceitou.

Antes de desligar, Wolfowitz expressou o seu desagrado pela inclusão de pessoal do Departamento de Estado na equipa do pós-guerra. Muitos dos funcionários veteranos do departamento, com experiência no Médio Oriente, eram cépticos quanto à transformação do Iraque numa democracia, como Wolfowitz e outros neoconservadores advogavam. Carney não era um neoconservador, mas definia a sua posição política como «centro direita», em vez da tendência centro esquerda de muitos dos diplomatas americanos. Wolfowitz sugeriu ao velho amigo que chamasse os bois pelos nomes. Era uma mensagem que Carney iria levar à letra – mas não da forma que Wolfowitz pretendia.

No seu primeiro dia completo em Bagdad, Carney descobriu que os militares tinham destacado tão poucos soldados para o ORHA que só dois ou três funcionários podiam sair do palácio ao mesmo tempo. Ele e os seus colegas assessores ministeriais decidiram que a prioridade principal devia ser dada à equipa do Departamento do Tesouro Americano, que queria inspeccionar o Banco Central. O banco estava no topo da lista ignorada do ORHA dos locais a proteger.

Enquanto três peritos do Tesouro se dirigiam para a porta, usando os seus coletes à prova de bala e capacetes, os funcionários superiores do ORHA iniciavam uma reunião matinal. Dez minutos depois, os funcionários do Tesouro voltaram, dirigiram-se a Carney e pediram-lhe emprestado o mapa turístico de Bagdad que ele comprara numa loja de viagens em Washington antes de partir. «Os militares também não sabem aonde andam», disse um deles. Nos dias que se seguiram, o mapa de Carney era a única maneira de os funcionários do ORHA poderem identificar os edifícios governamentais na capital.

Quando os oficiais do Tesouro chegaram finalmente ao local do Banco Central, encontraram o edifício totalmente queimado. Ninguém sabia para onde tinha ido o ouro assírio que estava nos cofres das caves.

No dia seguinte, foi a vez de Carney visitar o Ministério da Indústria. No carro, levou consigo Robin Raphel, o conselheiro do ministro do Comércio. O edifício ficava apenas a 800 metros do Palácio, mas precisaram de quase meia hora para lá chegar. Sem polícia nem electricidade para pôr os semáforos a funcionar, as estradas de Bagdad tinham-se transformado num caos absoluto. Antes do fim do dia, Carney e Raphel tinham chegado a duas conclusões: a pilhagem causara muito mais prejuízos à infra-estrutura do Iraque do que a campanha de bombardeamento; e a incapacidade de restaurar a ordem estava a criar um clima de impunidade quase total. Depois de os edifícios do governo terem sido pilhados, os ladrões começaram a roubar os próprios Iraquianos. Quando a electricidade voltou a ser ligada – apenas por períodos de algumas horas –, os proprietários das casas começaram a desviar as linhas de distribuição para não terem de pagar pelo serviço. O meu motorista, um estudante de Direito que falava inglês, que, antes da guerra, não se atrevia a transgredir uma regra de trânsito, conduzia agora calmamente no lado contrário da estrada, por vezes em contramão, para evitar os engarrafamentos. Quando lhe perguntei o que estava a fazer, virou-se para mim, sorriu e disse: «Sr. Rajiv, a democracia é maravilhosa. Agora podemos fazer o que quisermos.»

Quando Carney chegou ao local do Ministério da Indústria, encontrou o que esperava: um enorme edifício queimado e esburacado. Disse aos poucos funcionários do ministério, que andavam desamparados pelo parque de estacionamento, para voltarem com os seus chefes no dia seguinte. Assim o fizeram, acompanhados por oito funcionários superiores do ministério, vestidos de fato e gravata. A primeira ordem de trabalho que receberam foi para arranjarem outro local de encontro que não o parque de estacionamento. Depressa chegaram à conclusão de que a maioria dos outros edifícios do ministério, em Bagdad, tinha também sido pilhada. Por fim, alguém mencionou a Companhia Estatal de Baterias, cuja fábrica e escritórios, situados numa rua sossegada no norte de Bagdad, não tinham sido saqueados. Quando os Americanos perguntaram por que razão a fábrica tinha sido poupada, os funcionários do ministério riram-se e disseram que as baterias eram tão más que nem os ladrões as queriam.

Nestas semanas caóticas após a guerra, a maioria dos telefones em Bagdad não funcionava. Os Americanos tinham bombardeado as principais estações de telefone e atingido a sede da companhia de telefones com tantas bombas guiadas de precisão que parecia um bloco gigante de queijo suíço. A maioria dos membros do ORHA não tinha telefones de satélite – e, nesta altura, nenhum deles tinha *e-mail* –, o que fazia com que fosse quase impossível contactarem com os seus colegas (ou com as famílias na América). Carney tinha de mandar notas manuscritas por baixo das portas dos gabinetes dos seus colegas.

Para os Iraquianos, a falta de tecnologia moderna não era um grande problema. Já tinham passado por isso, nos meses após a Guerra do Golfo, em 1991, quando Bagdad sofreu bombardeamentos da coligação durante semanas. Passavam as mensagens simplesmente de boca em boca. E funcionava. Num período de três dias, a maioria dos chefes do ministério apresentou-se ao serviço na fábrica de baterias. Os funcionários dos escalões medianos também apareceram – com bandeiras a pedirem o saneamento da velha guarda.

Eu dirigia-me para outro encontro quando vi a agitação fora da fábrica. Quando caminhava em direcção ao portão da frente, encontrei um técnico de laboratório com bom aspecto, de trinta anos, chamado Mohammed Sabah, que empunhava uma bandeira na qual se lia: «Exigimos novos gestores sem ligações aos assassinos do antigo regime». Sabah, que trabalhava na Companhia de Manufactura Química al-Sawari, uma das 48 empresas pertencentes ao ministério, disse que ele e mais 70 colegas estavam a protestar contra a readmissão do director da companhia, um homem que Sabah dizia ser corrupto e que esteve profundamente envolvido no Partido Baas de Saddam. «Queremos um administrador independente, não-baasista e honesto, que olhe pelo bem-estar dos empregados», declarou Sabah, provocando o aplauso dos seus colegas turbulentos.

No interior dos portões da fábrica, o clima não era menos tenso. Dezenas de funcionários superiores do ministério juntavam-se frente ao gabinete do director. Diziam que o gabinete tinha sido ocupado por Ahmed Rashid Gailani, o vice-ministro baasista da Indústria no governo de Saddam. Com o apoio aparente de vários directores de fábricas, nomeara-se a si próprio novo ministro. Naquele momento, disseram os homens, Gailani estava reunido com o seu primeiro visitante oficial: um americano alto com um chapéu de palha, chamado Carney.

Ainda que Carney se tenha apresentado como o «conselheiro principal» do ministério, os homens reunidos no lado de fora do gabinete do director sabiam que ele era o novo chefe. Chegara com soldados armados e uma pasta de cabedal. Tinha o ar de um homem experiente e que não tolerava disparates.

Os homens perguntavam-se se Carney iria deixar Gailani ficar como ministro ou se os manifestantes teriam o que queriam. Mas, de forma mais significativa, perguntavam-se como é que Carney iria lidar com aqueles que tinham pertencido ao Partido Baas. Seria uma desqualificação automática, como queriam os manifestantes, ou seria um assunto sem importância?

Um homem entroncado, vestido com um fato de safari castanho, apresentou-se-me como Jabbar Kadhim, veterano de 28 anos do ministério. Era o director da secção técnica do ministério. Disse que a sua divisão era responsável pela reparação dos equipamentos das fábricas estatais. Disse também que era um membro «seccional» – um dos três níveis de topo – do Partido Baas.

Surpreendido pela sua franqueza (a maioria dos Iraquianos que eu conhecera até então negava qualquer associação com o partido), perguntei-lhe se a sua condição de membro do partido não o desqualificaria para servir num cargo superior do ministério. Kadhim lançou-se num discurso.

«Não há nenhum Iraquiano que não fosse do partido», insistiu ele. Afirmou que havia sete milhões de membros, o que eu considerei um exagero. As estimativas mais fiáveis para o número de membros do partido apontavam para entre um e dois milhões.

«A maioria deles tem formação superior e técnica», continuou ele. «No passado, quem não fosse baasista, não podia subir na hierarquia.»

Isso era verdade. Ainda que o partido tivesse muitos assassinos, muitos dos seus membros eram também bons cientistas, engenheiros e outros profissionais. Para se ser admitido nas melhores escolas e universidades, para se obter um bom emprego no governo, para se conquistar uma promoção, era preciso ser membro. Se uma pessoa se distinguisse no seu trabalho, podia ser promovida aos níveis superiores do partido, mesmo que isso fosse algo que não se desejasse. Rejeitar uma promoção podia significar o despedimento ou a prisão.

Pouco depois, consegui entrar no gabinete do director, onde Gailani anunciou que ele e Carney tinham tomado uma decisão sobre a companhia química. Os manifestantes teriam o que queriam. O director, que era considerado um alto funcionário do partido, seria demitido. Carney disse que, para esse efeito, obteria uma ordem de Jay Garner.

Questionei Gailani acerca da sua associação com o partido. Enquanto antigo vice-ministro, observei, certamente que devia ter sido membro. Ele insistiu que «estava muito em baixo na hierarquia».

«Ia a uma reunião de três em três meses», afirmou ele. «Dizia que estava muito ocupado no ministério.»

Nessa altura, eu não podia saber se ele estava a dizer a verdade.

Quando Carney saiu da sala, segui-o e perguntei-lhe como estava ele a lidar com a questão do envolvimento passado no partido. Não havia directivas claras, afirmou. Ele e os outros conselheiros principais confiavam nos seus juízos. «Entre os Iraquianos, toda a gente sabe quem era muito mau ou muito baasista», disse ele. «No fundo, a última triagem será com a futura autoridade do Iraque. Se formos apresentados a alguém que foi um elemento activo na produção ou desenvolvimento de armas de destruição maciça ou um grande violador dos direitos humanos, afastaremos essas pessoas à medida que as formos descobrindo. Os outros serão submetidos mais a um processo iraquiano de que a um processo da coligação.»

Khadim, o alto funcionário do partido, de fato de safari, não ouviu o que Carney me disse. Tudo o que ele sabia era que o director da companhia de químicos iria ser demitido. Quando eu ia a sair do edifício, ele deteve-me, com o dedo espetado em sinal de admoestação: «Se os membros do partido [Baas] forem tratados de maneira normal e tiverem os seus direitos, deixará de haver partido», afirmou ele. «Se não, o Partido Baas renascerá.»

De regresso ao palácio, Carney estava a ficar cada vez mais desanimado. O ORHA parecia um caos.

Parte do problema era o facto de parecer que os militares não estavam interessados em ajudar o ORHA, cujos funcionários civis precisavam de mais amenidades do que os resmungos habituais. Carney e outros diplomatas veteranos consideravam essencial os chuveiros e a lavagem da roupa. Tinham de se encontrar com agentes iraquianos do governo, que, apesar da privação do pós-guerra em Bagdad, se apresentavam como ministros vestidos de fato e gravata. Mas a água nem sempre corria no palácio. As roupas entregues ao serviço de lavandaria dos militares, gerido pela Kellogg, Brown & Root, subsidiária da Halliburton, eram devolvidas, no mínimo, duas semanas depois. Em vez de arranjar uma lavandaria em Bagdad ou de contratar Iraquianos para lavarem a roupa à mão, a KBR mandava a roupa para o Kuwait. Os serviços de telemóvel, que o exército prometera instalar poucas semanas após a libertação, não existia. O mesmo se passava com os computadores. Receber material básico dos militares era igualmente frustrante. Camas com estrado em grelha de metal, que o exército trouxera em grande quantidade para Bagdad, não eram distribuídas aos civis do ORHA. Para Carney, o mais irritante era a falta de transporte. Havia apenas cerca de dez grupos de escolta da polícia militar para os mais de trinta funcionários do ORHA, que precisavam de sair do palácio diariamente.

Não querendo permanecer sequestrado no palácio, Carney não ligava às regras que ditam ter de viajar em grupos de dois veículos com, pelo menos, duas armas de grande calibre. Colocou uma pistola Beretta de 9 mm emprestada na cintura das calças, enfiou na cabeça o chapéu de palha e saiu sozinho no seu GMC, fornecido pela Halliburton. Em breve, já se orientava tão bem em Bagdad que deixou de consultar os seus mapas. Descobriu o melhor restaurante de Bagdad, uma casa libanesa chamada Nabil's, e passou a almoçar aí regulamente. No palácio, não havia álcool na sala de jantar. No Nabil's, o almoço de Carney incluía pelo menos uma lata grande e bem fresca – duas, se fosse um dia duro no ministério – de cerveja Efes da Turquia.

O palácio começou a ficar parecido com um campo de férias para adultos. Havia redes mosquiteiras penduradas por cima de sacos-camas. As lanternas e navalhas de bolso tornaram-se acessórios fundamentais. A comida quente, mesmo demasiado gordurosa e cozinhada, era vista como um luxo depois das rações de combate do exército, que causavam prisão de ventre.

Carney era o escuteiro mais velho e mais experiente, aquele que sabia o que levar, que não estava na lista oficial de equipamento. Tinha uma caixa de detergente em pó para lavar as próprias roupas. Tinha um carregador de isqueiro para o seu telefone de satélite, para poder fazer chamadas enquanto conduzia pela cidade. Um rolo de fita adesiva super forte e uma lata de repelente de mosquitos estavam sempre à mão. E trazia o seu próprio computador portátil e impressora.

Todas as noites, antes de desligar as luzes, Carney escrevia algumas linhas num caderno que comprara no Kuwait. Algumas das entradas eram prosaicas: «Hoje fui a algumas reuniões no ministério e, depois, lavei roupa.» Quando queria anotar algo privado ou mais sensível, escrevia em khmer, língua que aprendera no Camboja e que tinha a certeza de que, no palácio, mais ninguém lia ou falava. «Será que são problemas iniciais, ou tratar-se-á de um conceito fatalmente errado?», escreveu ele pouco depois de chegar.

À medida que as semanas passavam, a sua avaliação ia ficando cada vez mais pessimista. «Os militares e o OSD [Gabinete do Secretário da Defesa] não conseguem fazer a transição da missão militar para a política-militar», escreveu ele.

Passava o tempo a recordar as lições que retirara das suas experiências no Camboja: «É preciso ter um plano. É preciso muito dinheiro. É preciso pessoal realmente muito bom.»

O ORHA não tinha apenas falta de apoio militar. A organização não tinha orientação. O plano da missão ainda não estava concluído. Mesmo que o estivesse, não forneceria orientações a Carney para lidar com os baasistas no seu ministério. Nessa altura, tinha apenas duas pessoas a trabalhar consigo, ambos militares reservistas, para gerir um ministério com mais de 100 000 funcionários. E não tinha um orçamento. O ORHA, pensou, era uma organização construída sobre uma premissa falsa. Se não tivesse havido pilhagem, se a polícia tivesse ficado nas ruas, se a infra-estrutura do Iraque não tivesse sido incapacitada pelo governo de Saddam, então, talvez uma organização como o ORHA, sem plano, sem dinheiro e com um quadro mínimo de pessoal, fosse apropriada.

Embora a agenda do ORHA estivesse ainda a ser feita, Garner tinha um plano para abordar o dilema mais importante que enfrentava: que poder dar aos Iraquianos e quando entregar esse poder. O problema era que o Pentágono, o Departamento de Estado e, principalmente, a Casa Branca não o tinham avalizado.

Os líderes políticos iraquianos exilados queriam constituir um governo transitório, que receberia dos Americanos o controlo sobre o país. O governo seria dirigido por um pequeno conselho, formado pelos políticos exilados mais proeminentes: Ahmed Chalabi e Ayad Allawi, os líderes xiitas Ibrahim al-Jafari e Abdul Aziz al-Hakim, e pelos líderes curdos Jalal Talabani e Massoud Barzani. Para Garner, o grupo parecia representar a sociedade heterogénea iraquiana. Chalabi e Allawi, que se odiavam mutuamente, eram xiitas seculares. Al-Jafari e al-Hakim eram muito mais religiosos. O grupo prometia incluir pelo menos um árabe sunita e alguns «internos» – Iraquianos que nunca tinham saído para o exílio.

Garner achou que era boa ideia. Os líderes exilados eram pessoas com que o governo americano já trabalhara, todos eles com credenciais impecáveis a respeito da oposição a Saddam. Todos eles, à excepção de Chalabi, representavam grandes grupos de Iraquianos. E estavam dispostos a assumir a responsabilidade da liderança. Para Garner, eles eram os que assumiriam o controlo.

Rumsfeld, Wolfowitz e Doug Feith não disseram a Garner como gerir a transição política. Garner pensou que estes três apostassem num papel dominante para os líderes exilados, particularmente para Chalabi, num governo transitório. Mas o trio do Pentágono receava que uma ordem a Garner para entregar a autoridade aos exilados chegasse ao conhecimento do Departamento de Estado e provocasse um novo debate no seio da administração Bush. O Departamento de Estado não queria os exilados no poder. Achava que a autoridade devia continuar nas mãos dos Estados Unidos, através de um comandante militar ou de um governador civil, até que um grupo representativo de Iraquianos, tanto internos como exilados, formasse um governo. Na perspectiva do Departamento de Estado, teria de haver eleições e, talvez, uma nova Constituição redigida antes de os Americanos entregarem o poder. Ainda que Cheney e o seu pessoal fossem fortes apoiantes de Chalabi, o resto da Casa Branca, nomeadamente o presidente Bush e a conselheira de Segurança Nacional Condoleezza Rice, não tinham manifestado uma ideia clara de como devia ser feita a transição. Se o assunto fosse forçado, os dirigentes do Pentágono temiam que Bush e Rice se decidissem pelos elementos do plano do Departamento de Estado. Mas se Garner não recebesse ordens e se os acontecimentos no terreno seguissem o seu curso normal, os oficiais do Pentágono esperavam que os exilados formassem simplesmente um governo transitório. Quando isso ocorresse, pensavam os oficiais, o plano de transição do Departamento de Estado seria desnecessário.

«Eu nunca soube quais eram os nossos planos», afirmou Garner. «Mas sabia que, o que eu pensava e o que seriam os planos, eram provavelmente duas coisas diferentes.»

Na altura em que saiu do Kuwait para Bagdad, Garner concluíra que as eleições deviam realizar-se no prazo de 90 dias. Quando expressou esta opinião aos jornalistas, enfureceu os chefes no Pentágono, que temiam que uma eleição não fosse o que mais interessasse aos exilados. Quando Garner chegou ao Iraque e se encontrou com os líderes curdos Talabani e Barzani – conhecia os dois, por terem dirigido operações de auxílio no norte do Iraque após a Guerra do Golfo de 1991 –, os seus planos tinham evoluído. Ainda queria eleições, mas também apoiava o plano dos exilados para formarem um governo transitório.

Isto agradou ao Pentágono, mas irritou o Departamento de Estado. Pouco depois, Colin Powell e Richard Armitage manifestaram objecções ao plano de Garner na Casa Branca.

Em Bagdad, os esforços para fazer com que os exilados aceitassem internos nas suas fileiras depressa começaram a enfrentar problemas. Os líderes exilados não chegavam a acordo sobre quem convidar. Como sinal de reconciliação, Allawi queria incluir alguém que tivesse pertencido ao exército iraquiano ou ao governo de Saddam. Chalabi e os líderes religiosos xiitas consideravam essas pessoas demasiado comprometidas. Chalabi manifestou também preocupação com o facto de algo mais do que um pequeno alargamento das suas fileiras poder diminuir o poder dos exilados. A mensagem não muito subtil era que ele não queria perder a sua posição de força no novo governo.

Para fazer com que o processo parecesse participativo e para identificar internos promissores, o ORHA organizou uma conferência com cerca de 300 Iraquianos no Centro de Conferências, para discutir o futuro do país. Havia xeques tribais, vestidos com roupas ornamentadas a ouro, homens em fatos de negócio e até algumas mulheres. Reuniram-se no auditório cavernoso, onde, seis meses antes, o vice de Saddam anunciara que o líder iraquiano fora reeleito com 100% dos votos e 100% de afluência eleitoral. Pela primeira vez em mais de três décadas, os Iraquianos eram agora livres de dizerem o que pensavam. Alguns exigiam eleições dentro de semanas. Outros disseram que era importante que os líderes religiosos tivessem peso na formação de um governo. Alguns queriam que as tribos iraquianas desempenhassem um papel dominante. Muitos, simplesmente, falaram de Saddam e dos abusos dos seus capangas. (A reunião realizou-se no dia de aniversário de Saddam, uma ironia mencionada por vários dos participantes.)

À medida que o encontro prosseguia, tornou-se claro que a maioria dos internos não queria os exilados no poder. Mas, para além disso, havia pouco acordo quanto à formação de um governo. Falou-se em organizar-se outra conferência dali a um mês, para discutir a composição de um governo transitório. Mas os Iraquianos estavam claramente à procura de orientação. Garner estava sentado frente à sala com Zalmay Khalilzad, o homem nomeado pela Casa Branca para lidar com os exilados iraquianos. Nenhum deles disse mais do que algumas observações gerais. Ouviam impassíveis, enquanto os seus intérpretes lhes sussurravam o que os Iraquianos diziam. Por fim, um xeque ergueu-se e perguntou a Garner quem seria o responsável pela formação de um governo.

«Vocês são os responsáveis!», respondeu Garner.

A assistência ficou boquiaberta. Como podiam os Americanos, perguntavam-se, ceder o envolvimento numa questão tão importante?

Aquilo que Garner queria dizer, mas que não podia dizer na altura, não era que os Iraquianos eram responsáveis. Era que *ele* já não era responsável.

Em Washington, a Casa Branca concentrara-se finalmente na falta de um plano para a transição política. O desejo de Garner de realizar eleições num período de 90 dias alarmou Rice. As reservas do Departamento de Estado relativamente a pôr os exilados no poder começaram também a chegar à Casa Branca. O plano fora sempre ter um «homem de envergadura» no poder em Bagdad. Mas qual seria o seu papel? Seria uma espécie de embaixador, para apoiar um governo dirigido por exilados? Ou seria mais um vice-rei, que administraria o país até às eleições ou a outro processo participativo que identificasse os líderes representativos?

Bush, Cheney, Rice e Rumsfeld começaram a estudar nomes. O ex-presidente da Câmara de Nova Iorque, Rudolph Giuliani, o herói do 11 de Setembro, foi sondado, mas os tempos após os ataques à sua cidade tinham sido demasiado extenuantes e ele acabara de abrir uma firma de consultadoria. O antigo governador do Massachusetts, William Weld, e o ex-senador William Cohen figuravam numa lista informal, mas o Pentágono e o gabinete do vice-presidente exprimiram dúvidas sobre se os dois homens, ambos republicanos moderados, seriam «o tipo certo de republicano». Será que apoiariam os planos dos neoconservadores para a transformação política e económica do Iraque? Políticos mais velhos, incluindo o ex-secretário de Estado James Baker III e o ex-líder da maioria no Senado, Bob Dole, foram rejeitados por causa da idade. A lista continha também vários nomes de pessoas não muito conhecidas, mas que era vistas como bom gestores e republicanos leais.

Entre eles estava L. Paul Bremer III ([4]) que fora sugerido pelo gabinete de Cheney. Conhecido entre os amigos por Jerry – devido ao seu santo padroeiro, Jerónimo –, Bremer era um diplomata experiente com fortes ligações à estrutura da política externa republicana. Trabalhara intimamente no governo com dois antigos secretários de Estado, Henry

Kissinger e Alexander Haig, e fora embaixador na Holanda e chefe da secção de antiterrorismo no Departamento de Estado. Depois de deixar o governo em finais dos anos 80, trabalhou para a firma de consultadoria de Kissinger e numa companhia de seguros, mas manteve-se na órbita de Washington. Em 2000, dirigiu uma comissão sobre terrorismo nomeada pelo Congresso, que produziu uma série de recomendações prescientes. Após os ataques de 11 de Setembro, foi nomeado para uma comissão presidencial sobre segurança interna. Era um trabalhador maníaco de 61 anos de idade, com reputação de homem eficiente e autoritário – exactamente o tipo de pessoa que a Casa Branca queria no Iraque.

Na noite anterior à conferência em que Garner disse aos Iraquianos que eram responsáveis, Rumsfeld telefonou a Garner e informou-o de que Bremer tinha sido escolhido pelo presidente para dirigir uma nova organização, a Autoridade Provisória da Coligação, que iria substituir o ORHA. Garner guardou esta informação para si mesmo durante uma semana, pois não queria ser visto como uma figura decorativa. Mas quando a notícia se começou a espalhar em Washington, teve de informar o ORHA de que estava de saída, após menos de um mês no Iraque. Avisou os funcionários do ORHA de que alguns deles seriam também substituídos pela nova equipa de Bremer. Nos dias que se seguiram, em encontros privados, disse pelo menos a três dos seus subordinados que pensava que tinha falhado. Todos disseram mais ou menos o mesmo: Jay, a culpa não é sua. Fizeram isto de propósito.

A Zona Verde, Cena II

A Ordem Geral 1 proibia o pessoal militar de beber álcool no Iraque, mas não se aplicava aos funcionários da CPA.

Beber depressa tornou-se a actividade mais popular dos tempos livres. A Zona Verde tinha pelo menos sete bares: o bar de desportos gerido pela Halliburton, na cave do hotel al-Rasheed, que tinha uma televisão panorâmica e uma mesa de matraquilhos; o bar da CIA decorado com canas – acessível apenas por convite –, que tinha uma bola de espelhos e uma sala de jogos; o pub no complexo residencial britânico, onde a cerveja era servida quente e onde havia grafittis *a gozar com os Americanos; o bar no terraço para os empreiteiros da General Electric; uma taberna de caravana, explorada pela Bechtel, a empresa de engenharia; o Green Zone Café, onde se podia fumar cachimbo de água e ouvir um percussionista árabe ao vivo enquanto se bebia; e a discoteca do al-Rasheed, que era o sítio para se ir nas noites de quinta-feira. Um aviso na porta dizia aos clientes para não trazerem armas. Dezenas de funcionários da CPA, incluindo mulheres que se haviam lembrado de trazer calções justos e sapatos de salto alto, dançavam sobre um estrela iluminada do Partido Baas desenhada no chão.*

O ambiente estava repleto de tensão sexual. No bar, havia normalmente dez homens para cada mulher. Com comissões de serviço que, por vezes, chegavam aos seis meses sem licença para irem a casa, alguns com alianças de casamento começaram a referir-se a si próprios como «operacionalmente solteiros».

Os homens faziam tudo o que podiam para atrair a atenção das mulheres. Antes de irem para a discoteca, os soldados retiravam os seus camuflados e os funcionários da CPA mudavam os seus caquis e pólos. Os texanos usavam chapéus de cowboy e calças de ganga. Outros vestiam camisa ou roupas largas de hip-hop*, com toda a quinquilharia que pudessem encontrar no Bazar da Zona Verde.*

Havia prostitutas em Bagdad, mas não se podia ir à cidade procurá-las como em Saigão. Havia um rumor persistente acerca de uma casa de prostituição na Zona Verde, mas os funcionários da CPA diziam que era uma coisa militar. Só os soldados sabiam a sua localização, e não diziam a ninguém.

Os funcionários da CPA eram obrigados a danças de acasalamento entre si, e as mulheres é que conduziam. Num e-mail a amigos da América, uma funcionária escreveu:

> Os homens, face à falta de mulheres, procuram ansiosamente uma namorada, de modo a terem um fonte fiável de... companhia. As mulheres, por outro lado, têm todos os incentivos para recusarem comprometer-se com algum, dada a grande quantidade de homens. Algumas das mulheres apreciam claramente a atenção. Outras consideram-na nojenta (e não se sentem muito lisonjeadas por saberem que a atenção é mais fruto da falta de mulheres do que de qualquer outra coisa). Mas até acaba por ser divertido de ver, se não ficarmos deprimidas.

Os homens também brincavam com o assunto. Diziam conhecer alguém que conhecia alguém que estava num voo da Força Aérea Britânica com destino ao Kuwait, e o piloto anunciou: «Senhoras e senhores, estamos a sair do espaço aéreo iraquiano. As senhoras deixaram de ser belas.»

As mulheres mais atraentes recebiam uma atenção desconcertante. Quando uma funcionária atraente da CPA se apresentava a um homem que nunca vira antes, ele sorria e dizia: «Eu sei quem tu és. Toda a gente sabe quem são as mulheres bonitas.»

Se os funcionários tivessem a sorte de ter um caso romântico ou, mais provavelmente, lascivo, não era fácil encontrarem um sítio para estarem à vontade. Quem vivia numa caravana ou no al-Rasheed tinha, pelo menos, um companheiro de quarto. Os residentes da capela do palácio tinham pelo menos duzentos. Os casais passeavam de carro ou iam para locais isolados da Zona Verde, esperando não serem apanhados por uma patrulha militar. Alguns soldados diziam que o sítio mais seguro para namorar, mas talvez o menos romântico, eram as casas de banho portáteis.

4

Maníaco do controlo

O nosso comboio de veículos saiu do Palácio Republicano quando a maioria dos funcionários da CPA estava ainda a tomar o pequeno-almoço. À frente iam dois jipes Humvee, um com uma metralhadora de 50 mm montada no tejadilho, o outro com um lança-granadas Mark-19. Cada jipe levava quatro soldados com espingardas M16 e pistolas de 9 mm. Outros dois Humvees, com o mesmo armamento, fechavam o comboio. No meio, iam três carros GMC Suburban. O primeiro levava cinco homens com armas tão grandes como o torreão de um tanque, todos vestidos de *t-shirt* preta, calças de caqui e óculos escuros. Estavam equipados com pequenos auscultadores do tipo dos Serviços Secretos, espingardas automáticas M4 e coletes à prova de bala, com placas de cerâmica suficientemente fortes para travarem uma bala de uma AK-47. Não traziam insígnias e as suas chapas de identificação estavam escondidas pelos coletes. Eram todos antigos agentes dos SEAL, da Marinha, que trabalhavam para uma empresa privada de segurança chamada Blackwater USA. Só tinham uma missão: proteger o vice-rei.

Eu ia com Jerry Bremer no segundo carro, uma versão especial de 12 cilindros do popular jipe americano, com vidros de meia polegada à prova de bala e portas blindadas que podiam aguentar até o disparo de um morteiro. Bremer ia nos bancos do meio, ao lado de Dorothy Mazaka, a conselheira principal para as escolas primárias e secundárias. Dois seguranças da Blackwater iam à frente. Eu ia atrás, com o assessor de imprensa de Bremer. O terceiro carro levava três *cameramen* de televisão e dois fotógrafos, que tinham a missão de registar a saída de Bremer da Zona Verde.

Bremer estava apressado e cheio de energia. O seu cabelo cinzento estava perfeitamente penteado. Acordara às cinco da manhã para correr cinco quilómetros no jardim do palácio. Depois de tomar duche e vestir o uniforme – um fato azul escuro às riscas com bolso do lenço, camisa branca, gravata vermelha e botas da tropa castanhas –, apareceu no refeitório para tomar um pequeno-almoço rápido antes de ir para o seu gabinete para ler os *e-mails* da noite passada, os resumos das notícias da manhã e a agenda do dia. Às oito horas, reuniu-se com a sua equipa numa das salas de reunião douradas de Saddam. Era uma coisa absurda. Os participantes eram encorajados a dizer o que queriam em trinta segundos ou menos. As decisões eram tomadas com a mesma rapidez.

A nossa primeira paragem da manhã foi numa escola primária no sudoeste de Bagdad. Estávamos em Junho de 2003. Bremer chegara há menos de um mês e estava ansioso por demonstrar aos Iraquianos e aos Americanos que ele não era Jay Garner. Bremer e os seus assessores achavam que a melhor maneira de fazer isso era sair e aparecer frente às câmaras, com ar de chefe de Estado. Havia sessões diárias de fotografias e conferências de imprensa semanais. Fazia visitas rápidas pelo país no seu helicóptero Black Hawk. Uma resolução do Conselho de Segurança das Nações Unidas concedera um poder total de ocupação aos Estados Unidos e o presidente Bush delegou grande parte desse poder a Bremer. Ele era o manda-chuva.

A visita à escola era outra oportunidade de ser fotografado, mas era também uma oportunidade de mostrar aos Iraquianos que a autoridade da ocupação se preocupava com as suas necessidades. Os Iraquianos davam mais valor à educação do que a qualquer outra coisa e Bremer esperava, ao prometer ajudar a reabilitar as escolas decrépitas, convencer os Iraquianos cépticos a apoiarem a CPA.

A escola tinha dois recintos adjacentes construídos numa praça, um para rapazes e o outro para raparigas, com um pátio ao meio. Mazaka tinha escolhido cuidadosamente o local. Durante a campanha americana de bombardeamento, o governo de Saddam armazenara armas numa das salas de aula. A directora do recinto escolar de raparigas apoiava a invasão americana. Não havia electricidade nem água corrente nos dois recintos.

«*Salaam alaikum*», disse Bremer ao entrar no pátio. A paz esteja convosco.

«*Alaikum salaam*», responderam os professores. E consigo esteja a paz.

A directora guiou Bremer numa visita ao recinto das raparigas. As suas 635 estudantes tinham de ter aulas em dois turnos, pois não havia secretárias em número suficiente. Ela mostrou a Bremer várias salas sem luz nem giz para o quadro. Depois de as câmaras terem parado de filmar, a equipa da CPA começou a fazer as suas declarações.

«Os engenheiros virão visitar-vos nas próximas semanas, para trabalharem convosco na reabilitação da escola», declarou Mazaka.

«Estamos empenhados em ajudar-vos», acrescentou Bremer.

Depois, fomos ao recinto dos rapazes. Bremer entrou numa sala, onde estavam quinze miúdos; nenhum deles falava inglês. Os *cameramen* seguiam atrás.

«Estamos a trabalhar para nos certificarmos de que a escola seja totalmente renovada», afirmou Bremer. A revisão dos currículos era uma «questão para ser decidida pelos Iraquianos», mas prometeu que os hinos a Saddam seriam excluídos. Chamaram um intérprete. «Qual é o vosso desporto favorito?», perguntou Bremer aos rapazes. «Futebol», respondeu um deles. «Muito bem, nos próximos dias iremos trazer umas bolas de futebol», disse Bremer com vigor. Voltou-se para um dos seus assessores. Não disse nada, mas o seu olhar comunicava a mensagem. *Arranje alguém para trazer bolas de futebol, rapidamente!*

Na altura em que Bremer saía da sala de aula, soube-se na vizinhança que o vice-rei estava na zona e centenas de pessoas reuniram-se junto à escola.

«Por favor, ajude-nos», gritou uma mulher num inglês sofrível, enquanto agarrava o filho pelos braços. «Estamos muito preocupadas com a segurança. Há pessoas que raptam os nossos filhos.»

«A segurança é um grande problema», disse outra mulher. «Temos medo».

Bremer dirigiu-se à mulher. «Compreendemos a vossa preocupação», afirmou. «Estamos a esforçar-nos para restaurar a segurança. Todos os dias prendemos pessoas.»

A mulher fez um sinal de afirmativo com a cabeça, mas a multidão não desistiu. Vários professores levantaram também outras questões.

«Precisamos de segurança na escola durante os exames.»

«Vamos falar com os militares sobre isso», respondeu ele.

«Por favor, senhor», gritou outro professor. «Queremos ser pagos.»

«Estamos a pagar os salários o mais depressa que podemos», afirmou Bremer.

Os seguranças de Bremer empurraram-no para dentro do carro. «Boa sorte», disse ele ao fechar a porta.

«*Inshallah*», respondeu a directora da escola.

Quando saímos, perguntei a Bremer se, dada a pilhagem que continuava a ocorrer, achava que havia tropas americanas suficientes em Bagdad. Mais tarde, no seu livro *My Year in Iraq*(5) escreveria que, em Maio de 2003, enviou a Rumsfeld uma cópia de um esboço de um relatório da Rand Corporation, um grupo consultivo ligado ao exército, que calculava serem necessários 500 000 militares para controlar o Iraque – mais de três vezes o número de forças estrangeiras que estavam então no país. Segundo Bremer, Rumsfeld não respondeu. Bremer escreveu também que exprimiu as suas preocupações ao presidente Bush durante um almoço nesse mês, e novamente em Junho, numa videoconferência com o Conselho de Segurança Nacional, presidido por Bush. Mas Bremer nunca falou destas iniciativas quando questionado pelos jornalistas acerca do número de militares destacados na altura.

«Acho que temos os soldados suficientes», respondeu-me. O problema, na opinião dele, era fazer com que os polícias iraquianos regressassem ao trabalho. Muitos deles ainda não se tinham apresentado nas respectivas esquadras.

«Sabe, Saddam é o responsável por este problema», disse ele. «Saddam libertou da prisão dezenas de milhares de criminosos antes da guerra». Mas Bremer sugeriu que estes não eram os únicos responsáveis pelas pilhagens; tratava-se de uma reacção geral à repressão. «Quando chegamos aqui e vemos a fúria e a dor no rosto das pessoas, percebemos claramente como o regime era brutal.»

«Qual é a sua grande prioridade?», perguntei.

«A reforma económica», respondeu. Bremer tinha um plano para ser executado em três fases. A primeira era restabelecer a electricidade, a água e outros serviços básicos. A segunda era restaurar «a liquidez das pessoas» – reabrir os bancos, conceder empréstimos e pagar salários. A terceira era «juntar e privatizar as empresas estatais» e «fazer com que as pessoas deixassem de pensar que o Estado apoia tudo e mais alguma coisa». O governo de Saddam detinha centenas de fábricas. Subsidiava as despesas em gasolina, electricidade e fertilizantes. Todas as famílias recebiam rações alimentares mensais. Bremer via tudo isto como insustentável, demasiado socialista. «Vai ser um processo muito violento e doloroso, como o foi na Europa de Leste após a queda do muro de Berlim», disse ele.

«Mas isso não será muito complicado e controverso?», perguntei. «Porque não deixar isso para os Iraquianos?»

Bremer viera para o Iraque para construir não só uma democracia, mas também um mercado livre. Insistia no facto de a reforma económica e a reforma política estarem interligadas. «Se não pusermos a economia a funcionar correctamente, a transformação política, seja ela qual for, não funcionará», disse ele.

À medida que íamos falando, fiquei impressionado pelo seu verdadeiro interesse em ajudar as pessoas do Iraque. Enquanto que Washington continuava concentrada nas alegadas armas de destruição maciça de Saddam e nos abusos dos direitos humanos perpetrados pelo seu governo, a ênfase de Bremer no futuro era algo de novo. Perguntei-me se as suas aspirações mudariam se ouvisse mais opiniões dos Iraquianos ou se demonstrasse um apego missionário à doutrina americana, mas estes pensamentos depressa se desvaneceram pela visão que o vice-rei tinha de um novo Iraque. Era como se ele quisesse que a América fosse tão ambiciosa no Iraque como havia sido na Alemanha e no Japão após a Segunda Guerra Mundial. Depois de quinze minutos de conversa, comecei a acreditar em Bremer.

Por essa altura, já tínhamos chegado à Universidade de Bagdad, um extenso *campus* de 50 000 estudantes na margem oriental do rio Tigre. Bremer tinha um encontro com os reitores. Tal como os professores da escola primária, queixaram-se da segurança. Falaram também dos regulamentos do tempo de Saddam, que proibiam os professores e os reitores de viajarem para o estrangeiro. Saddam temia que nunca mais regressassem. Bremer ouviu atentamente. Isto era algo que podia resolver.

No dia seguinte, publicou a Ordem Número 8 da Autoridade Provisória da Coligação.

> Todos os estatutos, regulamentos, instruções ou políticas do governo anterior que impunham restrições ou processos sobre o pessoal docente, empregados ou estudantes de universidades públicas ou de outras instituições de ensino superior que pretendessem viajar para o estrangeiro por razões educativas, ficam, por este meio, revogados.

Enquanto vice-rei, Bremer só tinha de assinar por baixo para impor uma nova lei ou revogar uma lei mais antiga. Não tinha de pedir conselhos aos Iraquianos, nem tão-pouco ter o consentimento deles. «Enquanto aqui estivermos, somos a potência ocupante», afirmou ele quando regressávamos à Zona Verde. «É um mundo terrível, mas é assim.»

Quando estávamos a chegar ao palácio, perguntei a Bremer se se via como um novo general Douglas MacArthur, que dirigiu durante três anos, de forma obsessiva e autoritária, o Japão após a Segunda Guerra Mundial.

«Não sou o MacArthur», afirmou ele, enquanto saía do carro. «Vou ser apenas eu mesmo.»

Pouco depois de Bremer ter chegado a Bagdad(6), Henry Kissinger encontrou-se com Colin Powell no seu grande gabinete de paredes apaineladas de madeira no Departamento de Estado. Kissinger, que fora secretário de Estado nos anos 70, visitava Powell com regularidade, com quem tinha longas conversas. Nesse dia, o assunto da conversa depressa recai sobre o Iraque, e Powell questionou Kissinger acerca do estilo de direcção de Bremer. Bremer trabalhara quinze anos para Kissinger, como assessor especial, quando ele foi secretário de Estado e, depois, como director executivo da empresa de consultadoria de Kissinger.

«Ele é um maníaco do controlo», respondeu Kissinger.

Powell fez uma expressão de desagrado. Se Kissinger, um administrador minucioso lendário, achava que Bremer era assim, então Bremer tinha de ser um maníaco do controlo sem paralelo.

Na Casa Branca, Rice e o seu assessor principal, Steven Hadley, tinham chegado à mesma conclusão. Na sua entrevista com o presidente Bush, na Sala Oval, Bremer dissera claramente que queria ter o controlo total sobre a reconstrução e a governação do Iraque. Não queria que Washington, como diria depois, fizesse acertos políticos «com uma chave de fendas de 13 000 quilómetros de tamanho».

Poucas semanas depois de ter chegado ao Iraque, Bremer informou Hadley de que não queria submeter as suas decisões ao processo «interagências», uma válvula de segurança burocrática que permitia que o Departamento de Estado, o Pentágono, a CIA e o NSC revissem e comentassem as políticas a adoptar. Bremer disse que não podia esperar pela aprovação do governo. Rice e Hadley não estavam muito dispostos a dar carta verde a Bremer, mas ele era o homem no terreno. E, depois do falhanço de Garner, a Casa Branca queria alguém com autoridade. Está bem, disse-lhe Hadley, não tem de passar pelo processo interagências. Mas certifique-se de que somos os primeiros a saber das coisas mais importantes.

Em Bagdad, Bremer disse a alguns confidentes que não queria «lidar com a gaiola de esquilos de Washington». Tinha sido nomeado pelo presidente, a quem respondia apenas através do secretário da Defesa. Não tinha a obrigação de prestar contas a mais ninguém. Quando Paul Wolfowitz ou Doug Feith lhe enviam mensagens, Bremer remetia as respostas para os seus assessores.

Se Washington quisesse alguma coisa dos subordinados de Bremer, o pedido tinha de ser aprovado pelo próprio Bremer. A regra aplicava-se até aos pedidos de informação vindos da Casa Branca. A assistente executiva de Bremer, Jessica LeCroy, enviou um *e-mail* a todos os assessores principais, intitulado: «Os assessores principais da CPA não podem aceitar tarefas vindas directamente do processo NSC/interagências.»

Bremer não via o palácio como uma embaixada americana, que tinha a responsabilidade de relatar os desenvolvimentos no terreno ao Departamento de Estado e ao Conselho de Segurança Nacional. Informava directamente o presidente e Rumsfeld numa videoconferência semanal. Embora Powell e Rice participassem nas videoconferências, eles queriam mais informações. Os assessores de Powell depressa começaram a encorajar o pessoal do Departamento de Estado que trabalhava para a CPA a redigir memorandos secretos para o Departamento de Estado. De modo a não serem detectados, os autores usavam contas de *e-mail* do Hotmail e do Yahoo para enviarem os seus relatórios. No Conselho de Segurança Nacional, um dos assessores de Rice começou a verificar diariamente o *website* da CPA, para ver as novas ordens dadas por Bremer. Era mais rápido do que esperar pelos relatórios enviados pelos canais oficiais.

Nos seus primeiros meses em Bagdad, Bremer não tinha um braço direito formal. Ainda que tenha levado consigo três diplomatas veteranos para trabalharem como conselheiros – um deles, o embaixador reformado Clayton McManaway, era um velho amigo, e outro, Hume Horan, era um dos melhores arabistas do Departamento de Estado –, os seus papéis depressa foram eclipsados por uma corte de jovens assessores que raramente se opunham às decisões de Bremer. A maioria deles nunca trabalhara no governo, e os que já o tinham feito eram demasiado novos para ser controlados por alguém na América. Não tinham ideias preconcebidas para além de uma fé inabalável na construção de um Iraque democrático, e a sua única lealdade ia para o vice-rei.

Ainda antes de chegar ao Iraque, Bremer pôs de lado Zal Khalilzad, o enviado da Casa Branca para trabalhar na transição política. Khalilzad, de origem afegã, que seria o embaixador americano no Iraque após a ocupação, passara meses a contactar com líderes políticos no exílio. Sabia mais sobre eles do que ninguém no governo americano, e conquistara-lhes a confiança. Quando Bush escolheu Bremer para vice-rei, Powell e outros do Departamento de Estado pensaram que Khalilzad seria o braço direito de Bremer e que seria responsável pela constituição de um governo provisório. Mas Bremer não queria ninguém em Bagdad que tivesse relações anteriores com os líderes iraquianos. Bremer via Khalilzad como uma ameaça potencial – alguém que sabia mais sobre as pessoas e sobre o país do que ele, e que podia não concordar com os planos do vice-rei.

Bremer fazia questão de dar o seu aval a todas as decisões importantes da CPA. Os funcionários enviavam-lhe milhares de documentos de uma ou duas páginas, intitulados «Memorando de Acção» ou «Memorando de Informação», porque ele os exigia. Lia-os ao pequeno-almoço, ao fim da noite e quando viajava de helicóptero. Um dos funcionários disse-me que a história estava a repetir-se: Saddam assinava até as decisões mais insignificantes, porque mais ninguém o queria fazer, com medo de, sem querer, contradizer as vontades do ditador. «Nada mudou», afirmou o funcionário. «Não podemos fazer nada sem a aprovação de Bremer».

Bremer tolerava e até agradecia opiniões diferentes nos debates acerca das políticas a seguir. Mas quando tomava uma decisão, esperava que todos a aceitassem. Era proibido questionar publicamente as suas decisões. E ninguém estava acima da crítica. Quando Sir Jeremy Greenstock, o representante pessoal do primeiro-ministro Tony Blair em Bagdad, se atreveu a sugerir, numa reunião com Powell e Bremer, que uma das decisões de Bremer podia ter sido demasiado severa, o vice-rei olhou para ele com cara de poucos amigos. A mensagem era clara: *não me contradigam*.

Num artigo para a revista *Directors & Boards*, publicado em 2002 ([7]), Bremer escreveu que, numa crise, «a acção rápida e decisiva é vital, ainda que as decisões difíceis tenham de ser tomadas nas condições "confusas da guerra"». Bremer punha em prática aquilo que dizia. Os mesmos funcionários que se queixavam por ter de redigir memorandos infindáveis, ficavam espantados com a rapidez com que Bremer respondia aos memorandos, muitas vezes com comentários escritos nas margens.

O artigo de Bremer devia ser de leitura obrigatória para todos aqueles que, em Washington, lidavam com o Iraque. «Os planos de gestão de crises não podem ser executados "tal e qual" depois de a crise ocorrer», escreveu ele. «No início, a informação é geralmente vaga e até contraditória. Os acontecimentos ocorrem tão depressa que os decisores têm uma sensação de perda de controlo. Em muitos casos, instala-se a negação, e os administradores, mesmo inadvertidamente, cortam o fluxo de informação sobre a situação.»

Nas suas primeiras semanas, Bremer dormia numa cama de casal no segundo piso do palácio, num quarto sem ar condicionado. Pouco depois, mudou-se para uma caravana e, finalmente, para a sua própria moradia, que a Halliburton mobilara com sofás de pelúcia, mesa de jantar e um escritório.

Depois da sua corrida matinal, um duche rápido e um pequeno-almoço, estava no gabinete às seis e meia, sentado atrás de uma grande secretária de madeira, em cima da qual havia um telefone, um computador Dell com um monitor plano e um monte de memorandos. Frente à secretária estava uma mesa de café octogonal, em redor da qual se reuniam os assessores. Nas paredes, viam-se mapas da rede eléctrica e dos distritos administrativos do Iraque. As estantes de livros de Bremer estavam quase vazias, à excepção de um guia de gestão de crises financeiras, do livro *Leadership*, de Rudy Giuliani, e uma caixa de cereais Raisin Bran. Numa prateleira havia uma moldura com uma fotografia de Bremer a concluir a Maratona de Boston de 1991, com o tempo de 3 horas e 34 segundos. Na altura tinha 50 anos([8]) e o tempo que fez colocava-o entre os dez melhores do seu grupo etário, ainda que costumasse dizer, a brincar, que «esses 34 segundos» – que o impediram de concluir a corrida em menos de três horas – «levá-los-ei para o túmulo». Na sua secretária havia um bloco de madeira talhada que parecia uma grande placa de identificação. Dizia: «o sucesso tem mil pais». Quando um visitante([9]), nas primeiras semanas de trabalho, reparava na segunda linha do aforismo – «o falhanço é um órfão» –, Bremer dizia: «Não haverá qualquer falhanço.»

Dirigia a CPA como uma mini-Casa Branca. Às 7h15, tinha uma reunião com os responsáveis de segurança e dos serviços secretos. Às 7h30, reunia com o tenente-general Ricardo Sanchez, o principal comandante militar no Iraque. Às oito, reunia-se com os seus assessores principais. Depois, era altura de desempenhar o seu papel de testa de ferro da força de ocupação. Reunia-se com líderes iraquianos. Visitava hospitais, escolas e centrais eléctricas. Posava para as fotografias. Habitualmente, havia almoços de trabalho e jantares formais com Iraquianos proeminentes. Por vezes, fazia de anfitrião no hotel al-Rasheed, onde criados vestidos de fato preto serviam refeições de quatro pratos. Outras vezes ia a casa de um político iraquiano. As noites traziam mais reuniões, mais papelada e as videoconferências com Washington. Raramente ia para a cama antes da meia-noite.

Parecia claro que Bremer era um trabalhador maníaco, mas outras aparências podiam ser enganadoras. Costumava usar calças de sarja azuis com o seu casaco azul escuro às riscas. À distância, parecia um conjunto que combinava, e era muito mais fácil de lavar. Engolia à pressa a comida no refeitório, levando muitos a pensarem que ele via a comida apenas como combustível. Na verdade, era um cozinheiro com formação em cozinha francesa, que ensinara aulas de cozinha em Vermont e que, certa vez, passara 36 horas a fazer um molho. A sua antipatia relativamente à política governamental francesa sobre o Iraque não lhe diminuía o amor pela cozinha francesa, pela língua francesa ou pelo campo francês. Tinha uma casa em França e era, talvez, o único membro da administração Bush que estudara no Institut d'Études Politiques, em Paris.

Bremer foi criado em Hartford, Connecticut, frequentou a escola secundária na Phillips Academy em Andover, Massachusetts, e formou-

-se na Universidade de Yale, em 1963, com um bacharelato em História. Em seguida, fez um mestrado em Gestão na Universidade de Harvard antes de ingressar na carreira diplomática no Foreign Service. A sua primeira colocação foi em Cabul, nos anos 60, onde criou a primeira pista de esqui do Afeganistão, nas montanhas junto à capital, ligando uma corda a um motor de tractor para puxar os esquiadores até ao cimo do monte. Após os estudos em Paris, foi colocado no Malawi, antes de regressar a Washington, onde trabalhou como assessor especial de Kissinger.

Nestes primeiros anos([10]), Bremer já era obcecado pelo trabalho. Viajava com Kissinger, nas suas viagens constantes após a Guerra Israelo-Árabe de 1973. Neste ano, em que a sua filha, Leila, nasceu, Bremer esteve duzentos dias fora de casa. A sua mulher, Frances Winfield Bremer, acabou por escrever um livro intitulado *Coping with His Success: A Survival Guide for Wives at the Top*. «Um dia, ele chegou a casa e disse que tinha almoçado com Kissinger e David Rockefeller», contou ela ao jornalista do *Washington Post*, em 1982. Ela almoçara sandes de manteiga de amendoim com Leila e o filho, Paul. Enquanto Jerry descrevia o almoço, Francie, que estudara em Harvard, sentou-se a pensar: «Sou tão inteligente como ele. Por que estou aqui sentada a comer manteiga de amendoim»? Fez um teste na Mensa e um teste de admissão no Foreign Service e passou nos dois, e isto «acabou com toda a questão da competição» com o marido. Um ano depois da publicação do artigo do *Post*, a família mudou-se para a Holanda, onde os Holandeses deram o nome de Francie a uma variedade de tulipa.

Em 1994, o casal converteu-se ao catolicismo([11]). Jerry, que nascera na fé episcopal, tinha ficado visivelmente impressionado ao ver a cobertura televisiva do papa João Paulo II nas celebrações do Dia Mundial da Juventude, em 1993. «Outra influência foi a nossa exposição, quando vivemos na Europa, à beleza histórica de uma Igreja de santos, santuários e pessoas simples a rezarem, uma Igreja que era realmente o alicerce da civilização ocidental», escreveram os Bremer na jornal da sua paróquia.

Quando a Casa Branca convidou Jerry para ir para o Iraque, Francie disse que o casal «deu as mãos e rezou por isso.»

Em Bagdad, Bremer ia à missa todos os domingos na capela do palácio, a enorme sala decorada com um mural de um míssil Scud.

Antes de partir para Bagdad, Bremer disse a um colega que planeava «tomar algumas decisões ousadas». Ia para salvar o navio que estava a afundar-se e orientá-lo num novo rumo.

Depois de aceitar o cargo de administrador da CPA, passou uma semana em encontros e reuniões no Pentágono. Queria propostas que pudessem ser executadas o mais depressa possível. Ouvia falar dos planos para reconstruir escolas e centrais eléctricas, mas sabia que os Iraquianos não veriam os resultados imediatamente. Disparar contra os saqueadores era ousado, e chegou mesmo a propô-lo na primeira reunião com a sua equipa em Bagdad, mas concluiu que essa acção seria politicamente muito arriscada. Formar imediatamente um governo interino, como Garner tentara, seria significativo, mas Bremer receava que os líderes políticos iraquianos não estivessem preparados. Foi então que ouviu falar da «desbaasificação».

Bremer chegara à conclusão de que os altos funcionários do Partido Baas de Saddam tinham de ser saneados e que os outros membros teriam de renunciar à sua filiação. Comparava este processo à desnazificação levada a cabo pelos Aliados após a Segunda Guerra Mundial. Mas Bremer conhecia pouco da estrutura e operações do Partido.

O gabinete de Doug Feith estava apetrechado com respostas. Nos meses anteriores à guerra, houve um debate vigoroso entre o Pentágono e o Departamento de Estado sobre o alcance da «desbaasificação». O Departamento de Estado advogava uma política de «des-saddammização», que implicava sanear duas classes de baasistas: os que tinham cometido crimes e os que estavam no topo da estrutura de comando. O Pentágono tinha uma perspectiva mais alargada. Influenciado por um estudo sobre a desnazificação, redigido pelo Congresso Nacional Iraquiano de Ahmed Chalabi, o gabinete de Feith defendia um saneamento mais alargado, bem como a proibição de membros de base terem cargos de chefia no governo. A CIA concordava com o Departamento de Estado, enquanto que o gabinete do vice-presidente apoiava o Pentágono. A disputa acabou por chegar a Casa Branca, onde o Conselho de Segurança Nacional (NSC) tentou alcançar um compromisso: os membros de topo do Partido Baas – cerca de 1% de todos os membros – seriam demitidos dos cargos governamentais. Os outros seriam submetidos a um «processo de verdade e reconciliação» do tipo sul-africano. O plano foi incluído numa apresentação de PowerPoint para o presidente Bush e outros membros do seu conselho de guerra – Cheney, Rumsfeld, Powell e Rice –, no dia 10 de Março. Frank Miller, que dirigia o grupo de orientação do NSC no Iraque, foi o apresentador. Segundo duas pessoas presentes na sala, Bush deu a sua aprovação.

A decisão carecia de especificidade. O pessoal do NSC não sabia como é que a hierarquia superior estava estruturada, nem quantas pessoas pertenciam a esses níveis, embora esta informação estivesse disponível na Internet e em estudos académicos. Mas «a intenção era clara»: «tratem essas pessoas com tolerância e tentem trabalhar com elas», disse um dos participantes na reunião.

No Pentágono, a mecânica da «desbaasificação» foi entregue ao Gabinete de Planos Especiais, de Feith, que foi buscar ideias ao Congresso Nacional Iraquiano (INC). Chalabi e outros membros do INC defendiam vigorosamente a necessidade de um saneamento total do Partido Baas, para demonstrar o empenho da América na criação de uma nova ordem política no Iraque. Se a velha guarda fosse autorizada a permanecer, diziam eles, seria impossível fazer nascer uma democracia. O INC advogava o alargamento do banimento dos cargos do governo aos quatro níveis de topo do partido, para incluir a classe *udu firka*, ou membro de grupo. Abaixo desta classe havia apenas membros de base e cadetes. Para o gabinete de Feith, incluir os *firkas* no saneamento estava em conformidade com a decisão do presidente de demitir os membros de topo.

Quando Bremer teve as suas primeiras reuniões substantivas com Feith e o seu gabinete, a «desbaasificação» estava na ordem de trabalhos. Assim que esboçaram a política que queriam, Bremer aceitou-a. Era mesmo o tipo de decisão ousada que ele pretendia aplicar. Redigiu um memorando([12]) para o Pentágono, dizendo que queria que a sua chegada ao Iraque fosse «marcada por passos claros, públicos e decisivos que garantissem aos Iraquianos de que estamos determinados em erradicar o "Saddammismo"».

O gabinete de Feith redigiu o esboço de uma ordem executiva de página e meia, intitulada «Desbaasificação da Sociedade Iraquiana». Não só incluía a proibição de empregar *firkas* e membros de classes superiores, como também bania os membros de base de «terem cargos nas três classes superiores de direcção em qualquer ministério do governo, corporações afiliadas e outras instituições governamentais.» O documento foi apresentado aos advogados do Pentágono, a Wolfowitz e a Rumsfeld, mas não a Rice nem a Powell, que achavam que a política esboçada pelo gabinete de Feith não representava o compromisso decidido a 10 de Março na reunião do gabinete de guerra. A versão final foi impressa no Pentágono e levada para Bagdad por um dos assessores de Bremer.

Três dias depois de chegar ao Iraque, Bremer enviou um assessor ao gabinete de Jay Garner, com uma cópia da política de desbaasificação. Seria a primeira ordem executiva do vice-rei. Planeava pô-la em execução no dia seguinte.

Garner leu-a. *Meu Deus*, pensou para si próprio. *Não podemos fazer isto*.

Contactou o chefe local da CIA e pediu-lhe para se encontrar com ele, imediatamente, frente ao gabinete de Bremer. Quando Garner se dirigia para a suite do vice-rei, encontrou um dos embaixadores do Departamento de Estado e contou-lhe o que estava a acontecer.

«Temos de travar isto», disse Garner. «É demasiado duro, demasiado severo».

Garner e o homem da CIA entraram para o gabinete de Bremer.

«Jerry, isto é demasiado severo», disse Garner. «Vamos telefonar a Rumsfeld e ver se conseguimos suavizar isto.»

«Nem pensar», disse Bremer. «Vou publicar isto hoje.»

Garner perguntou ao homem da CIA o que aconteceria se a ordem entrasse em vigor.

«Vão levar 50 000 baasistas para a clandestinidade, antes do fim do dia», disse ele. «Não façam isto.»

Bremer, educadamente, deu por terminada a discussão. Nessa noite, convocou todos os assessores principais da CPA para uma reunião com o objectivo de delinear a ordem. Vários altos funcionários da CPA conheciam a proposta da política de desbaasificação e esperavam que esta fosse suavizada. Um deles, Meghan O'Sullivan, que, mais tarde, viria a ser conselheiro político de Bremer, redigiu um memorando a recomendar um saneamento mais restrito.

Depois de Bremer ter resumido a ordem, Steve Browning, o engenheiro militar que, nesta altura, dirigia cinco ministérios, disse que os baasistas eram os «cérebros do governo … que tinham muita informação e conhecimentos.» Se os mandar embora, afirmou, a CPA iria ter «um sério problema» para dirigir a maioria dos ministérios.

Bremer respondeu lapidarmente que o assunto não era discutível.

Outra funcionária da CPA, que tinha sido nomeada pela USAID, perguntou a Bremer se compreendia o impacto daquela política; o rosto dela tornava-se cada vez mais vermelho à medida que falava. Browning pensou que ela ia explodir.

Bremer retirou-lhe a palavra. O assunto não era discutível.

Depois, foi-se embora.

Browning não teve de demitir ninguém. No dia depois de a ordem ter sido anunciada, os altos funcionários baasistas do Ministério da Saúde deixaram de ir trabalhar. Oito dos doze cargos de topo do ministério estavam agora vazios. Enquanto se dirigia para a sede do ministério, Browning pensava: «Isto é um erro enorme.»

David Nummy, perito do Departamento do Tesouro que trabalhava como conselheiro do Ministério das Finanças, disse a um dos assessores de Bremer: «Se quiser que eu execute esta ordem, vou-me embora no próximo voo, pois é contraproducente e você não faz ideia do quanto isso nos vai obrigar a retroceder. Se essas pessoas desaparecerem, ficaremos sem instrumentos para preparar a próxima geração.»

Nummy aguentou um mês antes de ir embora. Depois, os seus sucessores entregaram também os seus pedidos de demissão.

Tim Carney, conselheiro principal do Ministério da Indústria, desempenhou o papel de burocrata submisso. Semanas antes, dissera aos funcionários do ministério que a desbaasificação seria um processo realizado pelos próprios Iraquianos. Agora tinha de dizer-lhes que as regras mudaram.

A partir dessa altura, a maior parte do seu trabalho no ministério era dedicada à desbaasificação. Tinha reuniões intermináveis com a direcção do ministério, primeiro para explicar a política a aplicar e, depois, para verificar todos os registos do pessoal para identificar *firkas* e quadros superiores do partido de Saddam. Acabou por afastar 12 de 48 directores de empresas estatais. O ministro interino teve também de sair. Era um membro regular do Partido Baas.

«Foi uma enorme perda de tempo», afirmou depois Carney. «Havia tantas coisas mais importantes para fazer, como pôr as fábricas a funcionar e pagar salários.»

Poucas semanas após o início do saneamento, dois homens na casa dos trinta e poucos anos, com ar estafado, pediram para falar com Carney. Apresentaram-se como empregados de armazém numa fábrica de fertilizantes em Bayji. Disseram serem ex-soldados que tinham sido capturados pelas forças iranianas em 1981, o segundo ano da Guerra Irão-Iraque, e mantidos como prisioneiros de guerra durante 17 anos.

Quando foram libertados, Saddam promoveu os dois, que tinham sido cadetes do Baas, a *firka*. Disseram que não lhes interessava o estatuto, mas que não podiam recusar uma promoção oferecida por Saddam, a não ser que quisessem passar outros 17 anos numa prisão iraquiana. Além disso, afirmaram eles, a promoção implicava um bónus mensal de cerca de 25 dólares.

«Somos pobres e o dinheiro é importante para nós», disse um dos homens.

«Retirem-nos o bónus dos *firka*», afirmou o outro. «Mas deixem-nos continuar a trabalhar. Não somos importantes. Somos apenas pessoas vulgares.»

Carney ficou tão comovido com a história que enviou um pedido a Bremer para que concedesse uma excepção humanitária àqueles dois homens. Bremer concedeu-a – seis meses depois.

Na altura em que Carney submeteu a sua petição, a CPA começou a receber informações segundo as quais entre 10 000 e 15 000 professores tinham sido demitidos. Eram *firkas*, que tinham aderido ao partido porque assim o mandara o ministério da Educação. Os assessores de educação da CPA estavam preocupados. Como resultado da desbaasificação, muitas escolas tinham ficado apenas com um ou dois professores em algumas zonas antes dominadas pelos sunitas.

Bremer declarou que uma comissão de desbaasificação liderada por Iraquianos iria lidar com os apelos dos professores. Depois permitiu que Ahmed Chalabi dirigisse essa comissão.

«Era como pôr a raposa a guardar o galinheiro», disse-me um funcionário da CPA. Chalabi indeferiu os apelos. Se o Ministério da Educação precisava de mais professores, então devia contratar outros, disse ele. Quando os funcionários da CPA se queixaram ([13]) a Bremer, subestimou o problema e destacou a importância global da desbaasificação.

«Foi a coisa mais importante que aqui fizemos», disse ele. «E também a mais popular.»

Poucos dias antes do início da guerra, Doug Feith telefonou ao seu antecessor, Walter Slocombe, um democrata centrista que trabalhou durante seis anos com o presidente Clinton e que era muito conhecido no Pentágono. «Gostaríamos que fosse o civil responsável pelos militares iraquianos», declarou Feith. «Está interessado?»

Slocombe, que trabalhava como advogado em Washington, aceitou. Nos seus anos no Pentágono, passara horas infindáveis a estudar a política iraquiana. Agora tinha a oportunidade de pôr esse trabalho em prática.

Foi a uma reunião no Pentágono. Os militares americanos esperavam que os militares iraquianos desistissem de combater, mas esperavam dificuldades. A Guarda Republicana e a Guarda Republicana Especial, além das forças paramilitares dos Fedayeen Saddam, iriam provavelmente combater, disseram os oficiais do Pentágono, mas o exército regular podia ser convencido a desistir. Esta ideia era partilhada pela CIA, que estivera em contacto com vários comandantes iraquianos.

O plano, como Slocombe e Feith o viam, era desmantelar a Guarda Republicana e os Fedayeen. O exército regular de 400 000 soldados seria reorganizado. Os principais comandantes, que deviam ser membros de topo do Partido Baas, seriam mandados para casa, mas os oficiais das patentes médias e subalternos poderiam ficar. No fim, seriam usados para limpar os destroços, reconstruir infra-estruturas e desempenhar funções de segurança básica, como a protecção de edifícios. Falou-se em reorganizá-los como um exército. No Pentágono, alguns diziam, baseados nos relatórios de Chalabi e de outros exilados, que o exército era demasiado corrupto e volumoso. Propuseram formar um novo corpo militar.

O plano para desmantelar a Guarda Republicana e conservar o exército regular foi aprovado pelo presidente Bush e pelo seu gabinete de guerra no dia 12 de Março, dois dias depois de ter sido discutida a desbaasificação. Um dos *slides* em PowerPoint mostrados a Bush, que ele aprovou, estipulava «manter o actual estatuto» do exército como componente do plano do pós-guerra. Os Estados Unidos «não podem desmobilizar imediatamente 250 000 ou 300 000 militares e pô-los na rua», dizia o mesmo *slide*. Feith disse ao presidente que o exército seria utilizado como «uma força nacional de reconstrução durante a fase de transição.»

Toda a gente parecia estar de acordo. O gabinete de Feith contratou duas empresas de consultadoria com experiência em desmobilização militar para conceberem planos para desmobilizar e voltar a mobilizar as forças iraquianas. O Comando Central mandou aviões para o Iraque para lançarem panfletos pedindo aos soldados que não combatessem. Um destes panfletos apresentava um casal e os seus cinco filhos sentados à mesa. «Fique em casa, em segurança, com a sua família», dizia o panfleto. «Por favor, não tente interferir com as operações da coligação ou passará a ser um alvo.»

Os Iraquianos, de uma forma geral, obedeceram. Embora várias unidades da Guarda Republicana tenham dado luta, muitos membros do exército regular vestiram roupas civis e foram para casa. Era aí que estavam quando os tanques americanos se dirigiram para Bagdad, e era também aí que estavam quando Bremer aterrou.

«Estamos à espera das nossas ordens», disse-me Mustafa Duleimi, um tenente-coronel de constituição esguia, poucos dias antes da chegada de Bremer. «Estamos prontos para ajudar o nosso país.»

Para Slocombe e Feith, o exército iraquiano parecia ter desaparecido. As bases estavam vazias. Muitas tinham sido pilhadas por soldados em fuga ou por civis. Um mês depois da libertação de Bagdad, o general John Abizaid, que viria a ser o comandante geral militar no Médio Oriente, relatou numa videoconferência que nenhuma unidade militar iraquiana se mantinha intacta.

Apesar dos panfletos a dizerem-lhes para irem para casa, Slocombe esperava que os soldados iraquianos ficassem nos seus quartéis. Agora percebia que chamá-los de volta causaria ainda mais problemas. As bases tinham sido pilhadas; por isso, não havia sítio onde ficarem. E admitia que, de qualquer maneira, a maioria dos soldados rasos, que eram conscritos xiitas, não quereria regressar. Se houvesse quartéis em condições, só os oficiais sunitas corruptos, desejosos de recuperarem as suas posições de autoridade, regressariam. Para Slocombe e Feith, o exército iraquiano tinha-se dissolvido; formalizar a dissolução não contradiria a directiva de Bush.

No exército americano e no Departamento de Estado, muitos seriam os que, mais tarde, discordariam com esta ideia, dizendo que um apelo ao regresso voluntário constituiria uma oportunidade para identificar e escolher líderes promissores. E teria apaziguado os soldados, dando-lhes dinheiro e treino militar. Os soldados podiam viver em campos de tendas enquanto reconstruíam os seus quartéis. Talvez houvesse um número desproporcionado de sunitas, especialmente nas patentes dos oficiais superiores, mas milhares de xiitas, ansiosos por um salário, também regressariam.

Na altura em que Bremer recebia as suas últimas instruções no Pentágono antes de partir para Bagdad, Slocombe recebia informações segundo as quais os oficiais do exército iraquiano estavam a tentar controlar as instituições governamentais. Talvez, disse Slocombe a Bremer, devesse publicar uma ordem que dissolvesse formalmente toda a estrutura do sistema de segurança, incluindo as temíveis agências secretas de Saddam. Era uma oportunidade para Bremer tomar outra decisão ousada.

Bremer disse a Slocombe para redigir o projecto de uma ordem que desmantelasse as forças de segurança. Antes de ir para os Estados Unidos, Bremer enviou a Rumsfeld uma cópia do esboço, com uma mensagem a dizer que aquilo era o que ele estava a pensar fazer.

Bremer não pediu a opinião ao Departamento de Estado nem à CIA, e não consultou Rice, Hadley ou o NSC. A maioria dos funcionários da CPA desconhecia também estas intenções. Mencionou-o a políticos iraquianos que tinham voltado do exílio – xiitas e curdos que tinham sido vítimas do exército. Dissolver as forças de segurança parecia-lhes uma boa ideia. Se tivesse consultado mais Americanos e Iraquianos, porém, talvez Bremer pudesse ter ouvido os sentimentos de pessoas como o tenente-coronel Duleimi, que estava pronto para voltar ao serviço da sua nação. O exército, repetiu-me Duleimi, não existia para servir Saddam. «O exército foi criado muito antes de Saddam se tornar presidente. Somos leais não a um homem, mas ao nosso país.»

Onze dias depois de chegar ao Iraque, Bremer emitiu a Ordem Número 2 da CPA, que dissolvia não só o Exército, mas também a Força Aérea, a Marinha, o Ministério da Defesa e os Serviços Secretos Iraquianos. Com o rabisco da sua assinatura, criou legiões de novos inimigos. Muitos tinham sido alistados à força, estavam desejosos de se libertarem, mas seriam obrigados a procurar trabalho num país em que 40% da população adulta estava já desempregada. Dezenas de milhares dos afectados pela ordem eram militares de carreira, como Mustafa, que só conheciam a vida militar. Receberiam um pagamento único de exoneração, mas, depois, também eles teriam de procurar trabalho numa terra privada de empregos.

Se Bremer tivesse consultado os militares americanos, ouviria o que o tenente-general David McKiernanm, o primeiro comandante das forças terrestres no Iraque, disse no dia em que a ordem foi emitida: «Há um grande número de soldados iraquianos agora desempregados. Isto é muito preocupante.»

Uma semana depois, milhares de soldados reuniram-se na Porta dos Assassinos para protestarem contra a decisão de Bremer. «Queremos os nossos empregos de volta», gritavam muitos deles. Alguns dos manifestantes empunhavam cartazes que diziam: «Onde estão as vossas promessas, forças da coligação?» ou «Revejam a decisão do Exército Iraquiano.» Tropas americanas repeliram a multidão.

«Não queremos ser assim tratados.» O major Saad Omri, o único ganha-pão de uma família de seis, disse-me: «Se os Americanos não mudarem a sua política, haverá problemas. Os Iraquianos não vão tolerar isto.»

Bremer acabou por anunciar que os oficiais do exército que não eram altos quadros baasistas receberiam salários mensais. Revelou também planos para um novo exército. Consistiria inicialmente em 40 000 soldados, todos da infantaria. Não haveria tanques nem artilharia, e o exército limitar-se-ia a guardar as fronteiras do Iraque. Não haveria posições garantidas para os ex-soldados. Teriam de ir para um campo de treinos.

Nessa altura, porém, era demasiado tarde. Numa terra de honra e tradição, o vice-rei desrespeitara os velhos soldados. Nunca mais vi Omri, mas, meses depois, encontrei outro ex-soldado que tinha estado na manifestação.

«O que aconteceu a todos os que lá estavam?», perguntei. «Ingressaram no novo exército?»

Ele riu-se.

«Agora são todos rebeldes», disse ele. «Bremer perdeu a sua oportunidade.»

Poucos dias antes de ter emitido a ordem de dissolução do exército, Bremer convocou os exilados para uma reunião no palácio. Estavam lá os seis com quem Garner se encontrara: Ahmed Chalabi e Ayad Allawi, os políticos xiitas Ibrahim al-Jafari e Abdul Aziz al-Hakim, e os chefes curdos Jalal Talabani e Massoud Barzani. Havia um sétimo, Adnan Pachachi, um nobre octogenário sunita, que fora ministro dos Negócios Estrangeiros antes de os baasistas tomarem o poder em finais dos anos 60. Os Iraquianos esperavam que Bremer falasse sobre planos para a realização de outra conferência nacional, que escolheria um governo interino. Esperavam também serem convidados para desempenhar um papel de liderança.

Desde a queda de Saddam que os sete homens agiam como se constituíssem um governo à espera de iniciar funções. Chalabi regressara de Londres e instalara-se, com o auxílio da sua própria milícia, num clube privado, na zona mais elegante de Bagdad, onde recebia uma procissão de visitas, que o tratavam com a deferência devida a um presidente. Talabani e Barzani, rodeados por dezenas de guardas fortemente armados, vieram do Norte do Iraque, controlado pelos Curdos, para se instalarem em grandes hotéis. Allawi escolheu como sede um grande gabinete do Partido Baas, perto da Zona Verde.

Depois de uma ronda de cumprimentos, Bremer foi direito ao assunto. Não haveria governo interino. Os Estados Unidos não iriam acabar a sua ocupação nos tempos próximos. Ele era o vice-rei e detinha o poder. Quando um dos exilados o interrompeu para dizer que os Iraquianos queriam compatriotas no poder e não Americanos, Bremer disparou: «O senhor não representa o país.»

Tratava-se de um volte-face surpreendente na política americana. Bremer e os seus assessores tentavam atirar a responsabilidade para a Casa Branca, mas era uma decisão do vice-rei. Antes de partir de Washington, toda a gente tentara influenciar o seu plano político. Doug Feith dissera-lhe para formar um governo interino liderado pelos exilados. Paul Wolfowitz dissera-lhe para organizar eleições o mais depressa possível. O Departamento de Estado queria que ele reunisse os líderes políticos que pudessem vir a ser candidatos internos. Bush, porém, instruíra Bremer para tomar conta da situação e fazer os seus próprios juízos. Disse ainda para protelar as coisas, se necessário. O objectivo era criar uma administração interina que representasse o povo iraquiano.

Bremer depressa percebeu que os exilados eram demasiado desorganizados e impopulares – escritos acusatórios contra Chalabi começaram a aparecer nas paredes junto ao clube onde vivia – para governarem o país. Os exilados tinham prometido a Garner alargar a sua direcção a mulheres, internos e a árabes sunitas, mas não o fizeram.

«A ideia que alguns em Washington tinham – que chegávamos aqui, púnhamos os ministérios a funcionar, entregávamos tudo aos sete e íamos embora poucos meses depois – era irrealista», disse-me um dos conselheiros de Bremer. «Demos-lhes uma oportunidade. Financiámos alguns deles. Mas não eram capazes de se organizarem. Eram amadores.»

O plano de Bremer, que ele explicou aos exilados, era formar um conselho de 25 Iraquianos apenas para o aconselhar em matérias políticas. Este conselho seria constituído por exilados e internos, árabes e

Curdos, xiitas e sunitas, homens e mulheres, e todos seriam escolhidos pelo vice-rei, que teria a palavra final em todos os assuntos.

Um conselho fazia sentido – se fosse uma medida para ganhar tempo até que se realizassem eleições para a escolha de um governo legítimo. Mas a ambição apoderou-se de Bremer. Disse aos exilados que planeava ficar no Iraque até que fosse redigida uma nova Constituição, se realizassem eleições nacionais e um novo governo fosse instalado. Ainda que nunca tivesse falado de calendários, os seus assessores sugeriram que isso podia levar dois anos ou mais.

Os exilados gritaram, ofegaram e ameaçaram boicotar o conselho. No fim, participaram todos. No dia 13 de Julho, dois meses após a chegada de Bremer, foram revelados os 25 membros que compunham o Conselho Governativo. Havia 13 xiitas, 11 sunitas e um cristão, um reconhecimento equilibrado de que, no país, os xiitas eram mais numerosos do que os sunitas. Entre os sunitas, cinco eram curdos, cinco eram árabes e um era de etnia turquemena. Três dos membros eram mulheres e apenas nove eram antigos exilados.

Enquanto Bremer estava ocupado a escolher os membros do conselho, o líder xiita mais influente do Iraque olhava mais longe. O grande *ayatollah* Ali al-Sistani estava preocupado com o facto de os Americanos poderem tentar influenciar a redacção da Constituição. A sua preocupação pode ter sido agravada por um artigo do *New York Times* sobre Noah Feldman, um professor da New York University Law School, que fora contratado pela CPA para aconselhar os redactores da Constituição iraquiana. Os canais árabes de televisão por satélite agarraram na história e acrescentaram outro pormenor: *Feldman é judeu*.

Al-Sistani era um homem débil, de turbante negro e barba branca. Nascido no Irão, mas educado no Iraque, vivia na cidade santa de Najaf, a cerca de 145 quilómetros a sul de Bagdad. Embora trabalhasse num gabinete modesto, num beco decrépito, tinha uma enorme autoridade no Iraque no que dizia respeito à interpretação da lei islâmica na vida quotidiana.

Foram necessários meses para que Bremer e os seus assessores percebessem a influência de al-Sistani. Como o *ayatollah* não queria encontrar-se com Americanos, a CPA foi obrigada a confiar em interlocutores iraquianos. O primeiro emissário do vice-rei foi um Americano-Iraquiano da Flórida, que fizera parte da equipa de exilados iraquianos recrutada por Wolfowitz para auxiliar a reconstrução. Não era um diplomata nem um político, mas um urologista rico que desenvolvera e patenteara um implante peniano para homens impotentes. Depois de ser informada de que o urologista estava a exagerar nas suas ligações com a Casa Branca, a CPA substituiu-o por um executivo de uma farmacêutica de Michigan. Nenhum deles, disseram-me depois alguns políticos xiitas, revelava a seriedade necessária.

«Se ocupassem a Itália, mandariam um médico para visitar o Papa?», perguntou um dos políticos.

Duas semanas depois de Bremer anunciar a formação do Conselho Governativo, al-Sistani fez o seu próprio anúncio. Emitiu uma *fatwa*, um decreto religioso, declarando que a Constituição do Iraque tinha de ser redigida por representantes eleitos. Uma comissão de redacção escolhida por Americanos era «inaceitável», disse ele, porque não havia «garantias de que essa comissão redigisse uma Constituição que defendesse os interesses do povo iraquiano e exprimisse a sua identidade nacional e os seus elevados valores sociais».

A *fatwa* de al-Sistani foi totalmente ignorada pela CPA. «Não surtiu qualquer efeito», disse, mais tarde, um dos assessores de Bremer. «A ideia era de que se teria de arranjar alguém para decretar outra *fatwa*.»

A Zona Verde, Cena III

Autocolantes e tapetes de ratos de computador a elogiarem o presidente Bush eram decorações normais nas secretárias do Palácio Republicano. T-shirts a dizerem «Bush-Cheney 2004» eram a peça de roupa mais comum. (Dan Senor, o porta-voz de Bremer, usou uma para a corrida «Turkey Trot» no Dia de Acção de Graças, na Zona Verde.) Os funcionários da CPA não estavam preocupados com as perspectivas de emprego depois de deixarem Bagdad. «Oh, vou trabalhar na campanha» – na campanha de reeleição de Bush-Cheney –, disseram-me vários deles.

«Eu não estou aqui pelos Iraquianos», disse-me um funcionário. «Estou aqui por George Bush.»

Quando Gordon Robinson, membro do gabinete de Comunicações Estratégicas, abriu uma encomenda que lhe fora enviada pela mãe e retirou um livro de Paul Krugman, colunista liberal do New York Times, *as pessoas que estavam à sua volta ficaram boquiabertas. «Era como se tivesse desembrulhado um pacote radioactivo», recordou ele.*

A CPA tinha um pequeno contingente de democratas. A maioria eram soldados e diplomatas que, por lei, não eram obrigados a revelar as suas tendências políticas. Vários deles, liderados por um jovem funcionário do Foreign Service, formaram um grupo de apoio chamado Burros no Deserto. Reuniam-se perto da piscina nas noites de segunda-feira, comiam pizza e falavam da vida no Palácio do Partido Republicano. Por vezes, encontravam-se no cinema do palácio para verem filmes. A película mais vista foi o Fahrenheit 9/11, *de Michael Moore.*

O grupo era regularmente atormentado pelos republicanos mais duros, a quem os Burros chamavam os Paquidermes do Palácio. Os seus posters eram rasgados ou riscados por cima com dizeres pró-republicanos. A maioria dos Burros do Deserto mantinha secreta a sua condição de membro, com receio de se tornarem párias na Cidade Esmeralda. Os membros do grupo recebiam t-shirts com as palavras «Um Iraque Democrático», com a imagem de um burro entre duas palmeiras. Mas a maioria guardava apenas as t-shirts nas suas mochilas. Um dos membros disse que ser um democrata na Zona Verde era como ser homossexual numa pequena cidade. «Se não quiser problemas, é melhor ficar no armário», afirmou ele.

Queriam alargar as suas fileiras aos Rhinos – Republicans in Name Only –, especialmente militares reservistas frustrados com a decisão de Rumsfeld de os mobilizar por um ano ou mais. Mas abordar os Rhinos era uma acção arriscada. Quando um dos Burros que eu conhecia fez uma piada sobre Bush durante um almoço, a sua mesa ficou em silêncio. «Foi como se eu me tivesse peidado alto», disse-me ele. «Ficaram especados durante algum tempo e depois olharam para o lado.»

5

Quem é esta gente?

Antes da guerra, as lojas em Bagdad só fechavam às dez horas da noite. Os restaurantes mais finos da cidade ficavam abertos até depois da meia-noite. Havia jantares que se prolongavam pela noite dentro. Ninguém tinha problemas em voltar para casa de madrugada. Para quem não fosse dissidente, a capital do Iraque era uma das cidades mais seguras do mundo.

Havia poucos polícias a patrulharem as ruas. Toda a gente sabia que, a não ser que se fosse familiar ou amigo de Saddam, se podia ser preso em Abu Ghraib até pelo mais pequeno agravo – se se tivesse sorte. Outros ficavam com as mãos decepadas ou eram mandados directamente para a forca.

A maioria dos agentes da polícia iraquiana, como me disseram depois, costumava passar o dia nas esquadras. Saíam na rara ocasião em que alguém denunciava um crime. Se fosse necessário trabalho de investigação ou algum interrogatório, os serviços secretos de Saddam tomavam conta do caso.

Pouco antes da guerra, o Conselho de Segurança Nacional pediu ao Departamento de Justiça que elaborasse um plano para a polícia iraquiana. A tarefa foi confiada a Richard Mayer, então subdirector do programa de formação internacional do Departamento, que ajudara a reorganizar as forças policiais depois dos conflitos nos Balcãs e no Haiti. Partiu de uma premissa básica: não havia garantias de que a polícia iraquiana continuasse em funções, nem de que os polícias fossem eficientes. Trabalhando com especialistas internacionais de polícia, no Departamento de Estado, Mayer fez uma proposta segundo a qual seriam necessários 5000 conselheiros internacionais de polícia para ajudar a treinar a força policial iraquiana. Se necessário, os próprios conselheiros deveriam também desempenhar funções policiais, como as forças de polícia internacionais fizeram no Kosovo.

O plano de Mayer foi apresentado à Comissão de Representantes [Deputies Committee], um grupo decisório inter-agências dirigido por Steve Hadley. Os representantes chumbaram o plano, baseados num relatório da CIA que dizia que a polícia do Iraque já tinha uma boa formação profissional e numa previsão do Pentágono, segundo a qual a polícia continuaria em funções após a guerra. As preocupações acerca da opinião pública iraquiana tiveram também um papel importante no chumbo do plano. «A ideia era: "não podemos enviar estes polícias todos. Vai parecer que estamos a tomar conta do país"», disse um dos participantes. O Conselho de Segurança Nacional apresentou um novo plano: o Departamento de Justiça enviaria para o Iraque uma pequena equipa de especialistas policiais logo a seguir à guerra, para avaliar as necessidades.

Quando os peritos chegaram, em meados de Maio, era demasiado perigoso para eles viajarem de carro depois do pôr-do-sol. Durante o dia, deslocavam-se em grupos de dois veículos. Toda a gente andava armada. Nessa altura, nos dias antes de se iniciarem os ataques dos rebeldes, os Americanos tinham de ter cuidado, mas não tanto quanto os Iraquianos. Todos os Iraquianos que eu conheci ou tinham sido vítimas de um crime violento ou conheciam alguém que o tinha sido. Bandidos armados com AK-47 roubavam veículos em cruzamentos cheios de trânsito. Empresários eram raptados na rua e mantidos reféns até que as suas famílias pagassem resgates exorbitantes.

A polícia iraquiana quase não existia. Tinha abandonado as esquadras quando as tropas americanas convergiram para Bagdad. A maioria estava em casa. Alguns até se tinham juntado à orgia das pilhagens. Os poucos que apresentaram ao serviço estavam demasiado assustados para imporem a lei. Tinham pistolas. Os criminosos tinham metralhadoras AK-47.

Não foi preciso muito tempo para que os peritos concluíssem que mais de 6600 conselheiros internacionais da polícia deviam ser enviados imediatamente para o Iraque.

A Casa Branca enviou apenas um: Bernie Kerik.

Bernard Kerik era mais famoso do que Bremer e todos os funcionários da CPA juntos. Os soldados abordavam-no nos corredores do Palácio Republicano para lhe pedirem o autógrafo ou, se tivessem uma câmara, uma fotografia. Os jornalistas estavam mais interessados em entrevistá-lo do que ao vice-rei.

Kerik era o comissário da polícia de Nova Iorque quando os terroristas atacaram o World Trade Center. A sua coragem (gritava ordens de evacuação à distância de um quarteirão enquanto a Torre Sul se desmoronava), a sua energia (trabalhava todo o dia e dormiu no seu gabinete durante semanas) e o seu carisma (era um mestre da entrevista televisiva) transformaram-no num herói nacional. Quando a Casa Branca procurava um indivíduo proeminente para dirigir o ministério do Interior iraquiano e assumir o desafio de reconstruir a polícia iraquiana, o nome de Kerik veio à baila. O presidente Bush achou que era uma ideia excelente.

Kerik não era um daqueles teóricos pretensiosos da justiça criminal. A sua mãe, prostituta, morrera quando ele tinha quatro anos de idade. Desistira da escola secundária. Depois de algum tempo a trabalhar como guarda prisional em Nova Jérsia, ingressou do Departamento de Polícia de Nova Iorque como polícia de giro, antes de se tornar detective à paisana dos narcóticos e, por fim, chefe das prisões da cidade. Começou a trabalhar como guarda-costas de Rudy Giuliani. A sua linguagem era grosseira. Rapava o cabelo dos lados e atrás na sua cabeça calva e tinha um físico musculado que impunha respeito. Há uns anos([14]), quando fora nomeado para um cargo superior no Departamento de Prisões da cidade, um agente disse ao então comissário: «Parabéns. Acabou de contratar o Rambo.»

Kerik já trabalhara no Médio Oriente, como director da segurança de um hospital estatal na Arábia Saudita, mas foi expulso do país devido a uma investigação do governo à sua vigilância do pessoal médico. Não tinha experiência política em situações de pós-guerra, mas a Casa Branca via isso como uma vantagem. Os veteranos do Médio Oriente era considerados insuficientemente empenhados no objectivo de democratização da região. Os especialistas em pós-guerra, muitos dos quais trabalhavam para o Departamento de Estado, para as Nações Unidas ou para organizações não governamentais, eram vistos como demasiado liberais. Homens como Kerik – republicanos empenhados, com uma carreira de sucesso em empresas ou no governo – eram considerados ideais. Eram leais e partilhavam do objectivo da administração Bush de reconstruir o Iraque à imagem americana. Com Kerik, havia um bónus: a comunicação social adorava-o e o público americano confiava nele.

Robert Gifford, especialista do Departamento de Estado em polícia internacional, foi um dos primeiros funcionários da CPA a encontrar-se com Kerik quando este chegou a Bagdad. Gifford era o assessor principal do Ministério do Interior iraquiano, que controlava a polícia. Kerik iria substituir Gifford.

«Sei que você vai ser importante e estamos aqui para o apoiar», disse Gifford a Kerik.

«Estou aqui para trazer mais atenção da comunicação social para o bom trabalho na polícia, pois é provável que a situação não seja tão má como se pensa», respondeu Kerik.

Bem, ele acabou de chegar, pensou Gifford para si próprio.

«Não estou aqui para me meter na vossa confusão», disse Kerik a Gifford. Afirmou que não planeava ficar mais de seis meses. Era sócio numa empresa de consultadoria de Giuliani, e disse a Gifford que ganhava 10 000 dólares por discurso. «Não me posso dar ao luxo de estar aqui», disse ele. Mas Giuliani e a sua mulher tinham-lhe dito que não podia dizer não ao presidente.

Quando entraram no gabinete do Ministério do Interior, no palácio, Gifford ofereceu-se para informar Kerik. «"Sentámo-nos e descrevo em que ponto estamos, quem são os participantes e o processo". E foi durante esse período que percebi que ele não me estava a ligar nenhuma», recordou Gifford. «Ele não ouvia nada. Só lia os seus *e-mails*. Acho que não leu nenhuma das nossas propostas.»

Kerik não era homem de pormenores. Limitou-se a deixar Gifford pensar como treinar polícias para trabalharem numa sociedade democrática. Kerik faria a ligação com o vice-rei e com a comunicação social. E ele próprio sairia para algumas missões.

A primeira decisão de Kerik ([15]), menos de uma semana depois de ter chegado, foi dar um monte de entrevistas a dizer que a situação estava a melhorar. Disse à Associated Press que a segurança em Bagdad «não é tão má como eu pensava. Há coisas que não estão bem? Sim. Mas está fora de controlo? Não. Está a melhorar? Sim». Foi ao programa *Today*, da NBC, para declarar que a situação era «melhor do que esperava». À revista *Time*, afirmou que «as pessoas estão a começar a sentir-se mais confiantes. Estão a voltar a sair. Os mercados e as lojas que vi fechados há uma semana, estão agora abertos».

No que respeitava à sua própria segurança, Kerik não corria riscos. Contratou uma equipa de guarda-costas sul-africanos que já trabalhara para Garner, e andava com uma pistola de 9 mm por baixo do seu colete de safari.

Os primeiros meses após a libertação foram um período crítico para a polícia iraquiana. Era necessário chamar os agentes de volta ao trabalho e verificar se tinham algumas ligações ao Partido Baas. Tinham de aprender a instruir processos segundo a lei, fazer interrogatórios sem recurso à tortura e como, simplesmente, patrulhar. Precisavam de novas armas. Tinham de ser escolhidos novos chefes. Teriam de ser contratados mais dezenas de milhares de agentes para acabar com a anarquia reinante.

Enquanto esteve no Iraque, Kerik realizou apenas duas reuniões com o pessoal, uma quando chegou e a outra quando estava a ser seguido por um jornalista do *New York Times*, como me foi dito por Gerald Burke, um ex-comandante da Polícia Estadual do Massachusetts, que fez parte da missão inicial de reconhecimento do Departamento de Justiça. Apesar das suas ligações com a Casa Branca, Kerik não conseguiu obter fundos para os consultores policiais tão desesperadamente necessários. Sem ajuda à vista, a tarefa de organizar e treinar os agentes iraquianos coube aos soldados da polícia militar, muitos dos quais não tinham experiência em policiamento civil.

«Ele era o homem errado no tempo errado», disse-me depois Burke. «Bernie não tinha as aptidões. O que precisávamos era de uma pessoa ao nível de director executivo... Bernie veio para aqui com uma mentalidade de polícia de rua.»

Em vez de encarar a questão geral, Kerik concentrou-se num Iraquiano, Ahmed Kadhim Ibrahim. Ibrahim era uma versão iraquiana de Kerik: um homem do povo com os instintos de um polícia de giro, que se ligara a um chefe poderoso. O Giuliani de Ibrahim não era outro senão o próprio Kerik. Antes da guerra, Ibrahim era apenas um oficial de patente média em Bagdad. (Foi preso em finais dos anos 70 por criticar Saddam e deixou de ser promovido por recusar aderir ao Partido Baas.) Despertou a atenção de Kerik por ser um dos poucos oficias da polícia que falavam inglês, ainda que mal. Mas aquilo que selou o relacionamento foi uma conferência de imprensa na qual se encontrava Bremer com vários oficiais da polícia iraquiana. No final, Ibrahim chamou a atenção para si próprio e agradeceu ao vice-rei em frente das câmaras. Poucas semanas depois, Kerik nomeou Ibrahim, que pedira a patente de general, chefe de investigações e vice-ministro do Interior.

Ibrahim ocupava um gabinete espaçoso na academia de polícia de Bagdad, que servia de quartel-general da polícia porque o edifício do Ministério do Interior tinha sido incendiado. O seu gabinete estava decorado com fotografias: Ibrahim com Kerik, Ibrahim com Bremer, Ibrahim com Rumsfeld. «Estamos a ensinar os polícias a serem novas pessoas», disse-me ele, certa vez. «Têm de esquecer a forma como agiam no passado.»

Com a anuência de Kerik, Ibrahim criou uma unidade paramilitar de cem homens para perseguir associações criminosas que se tinham formado desde o início da guerra. As pessoas que trabalhavam para Kerik não sabiam onde é que Ibrahim descobrira aqueles homens. Burke, que ficara no Iraque para ajudar na formação da polícia após a missão de reconhecimento do Departamento de Justiça, suspeitava de que faziam parte de uma unidade militar ou de uma organização de segurança que fora banida por Bremer. Mas ninguém o provou. A unidade estava armada com espingardas M16 e *walkie-talkies* americanos. Enquanto que Burke e outros da CPA no Ministério do Interior viam a unidade paramilitar de Kerik como uma distracção do objectivo de reconstruir toda a força policial, Bremer e um dos seus assessores principais, um sombrio antigo coronel do exército chamado James Steele, elogiavam Kerik.

Steele, que fora consultor de Bremer([16]) para as forças de segurança iraquianas, não podia ser mais diferente de Kerik. Era alto e magro, e fugia dos holofotes. Raramente falava com jornalistas e quando o fazia mostrava-se reservado e disciplinado. Mas tinha um gosto pela aventura em zonas hostis. Nos anos 80, liderou uma equipa de conselheiros militares americanos para auxiliar o governo de São Salvador na sua campanha contra as guerrilhas marxistas. Poucos anos depois, foi intimado a depor perante o Senado acerca do seu envolvimento com o programa de Oliver North para fornecer armas aos Contras da Nicarágua a partir de uma base aérea em São Salvador. Deixou o exército nos anos 90 para trabalhar na Enron e noutras empresas privadas. Antes da guerra, Paul Wolfowitz, seu velho amigo, telefonou-lhe e convidou-o para trabalhar como consultor no Ministério da Electricidade do Iraque. Mas quando Steele chegou a Bagdad, Garner colocou-o a treinar agentes da polícia.

A equipa do Ministério do Interior nunca percebeu muito bem o que Steele fazia. Saía frequentemente da Zona Verde, muitas vezes com grande risco pessoal, para visitar esquadras de polícia. Mas as suas missões raramente eram coordenadas com as dos outros colegas do ministério. Por vezes, parecia um xerife solitário que tentava pacificar Bagdad. Um membro da equipa de reconhecimento do Departamento de Justiça, que viajava de carro com Steele a caminho de uma reunião, lembra-se de o ver a tentar mandar parar um condutor iraquiano.

«Quem é você?», gritou o iraquiano.

Um dos acompanhantes de Steele, polícia iraquiano-americano de Filadélfia, serviu de tradutor a Steele, que empunhava a sua arma.

«Eu sou a lei», gritou ele. «Encoste imediatamente.»

Steele e Kerik costumavam juntar-se a Ibrahim em missões nocturnas, saindo da Zona Verde à meia-noite e regressando de madrugada, a tempo de Kerik assistir à reunião da equipa de Bremer, na qual dizia algumas anedotas, descrevia as aventuras da noite e lia as últimas estatísticas sobre crimes, preparadas por um assistente. Os Rangers de Ibrahim, como Burke lhes chamava, tinham apanhado alguns bandos de raptores e ladrões de automóveis, gerando uma corrente de novas histórias positivas, que Kerik apreciava e Bremer aplaudia. Mas as saídas nocturnas significavam que Kerik, durante o dia, não aparecia para supervisionar o Ministério do Interior. Estava a dormir.

Havia alegações persistentes sobre os Rangers de Ibrahim. Os militares descobriram que Ibrahim detinha dezenas de lança-granadas e morteiros confiscados durante as patrulhas, e uma máquina para falsificar moeda, que alguns diziam que continuava a funcionar. A sua unidade foi também acusada de torturar nove prostitutas detidas, com choques eléctricos produzidos por um telefone militar de campanha russo.

Estas saídas irritavam os militares americanos, que geralmente não eram informados quando dezenas de Iraquianos armados e alguns Americanos andavam pela cidade a arrombar portas. Houve ocasiões em que os militares abriram fogo contra os Rangers de Ibrahim, confundindo-

-os com rebeldes. «Não havia coordenação», disse o coronel Teddy Spain, que comandava uma brigada da polícia militar em Bagdad. «Não sei bem o que eles andavam a fazer, para além de agirem como *cow boys* para se divertirem.»

Vários membros da equipa da CPA no Ministério do Interior queriam denunciar Kerik, mas concluíram que todas as queixas cairiam em saco roto. «O pessoal de Bremer pensava que ele era um milagreiro», disse um membro da equipa de reconhecimento do Departamento de Justiça. «Ninguém queria pôr em questão o [homem que era] chefe da polícia durante o 11 de Setembro.»

Ninguém, excepto Jim Otwell, um bombeiro de Buffalo que tentava reconstruir a direcção dos bombeiros do Iraque. No tempo de Saddam, os bombeiros faziam parte da força policial nacional e pediam subornos a quem requeria os seus serviços. Uma das primeiras prioridades de Otwell era tornar a direcção dos bombeiros uma entidade independente, respondendo apenas ao ministro do Interior. Para isso, precisava da aprovação da Kerik, e Otwell tentou marcar uma reunião para discutir este assunto, bem como um pedido de orçamento para adquirir novo equipamento. Só um dos quartéis de bombeiros do país não fora pilhado. Não havia bombas de água, machados, máscaras ou escadas.

Otwell enviou ao assistente administrativo de Kerik uma nota a solicitar uma reunião. Esperou dois dias por uma resposta. Ao terceiro dia, foi ao gabinete de Kerik e confrontou o assistente.

«Quando lhe digo que preciso de falar com ele, e exijo falar com ele, espero ser colocado na sua agenda e atendido com prioridade», disse Otwell. Kerik, que estava ali perto, voltou-se para Otwell.

«Eu é que decido quem quero ver e quando quero ver alguém, e sou o único que chama quem quero ver. Compreende-me? Quem é que você pensa que é?», resmungou Kerik a Otwell, e depois foi-se embora.

Otwell acabou por recorrer a Bremer, que aprovou o pedido de financiamento.

A equipa da CPA no Ministério do Interior partilhava um gabinete modesto no palácio com alguns consultores americanos que trabalhavam com o Ministério da Justiça. Era frequente trazerem juízes iraquianos, com intérpretes, para fazerem reuniões.

«Bob, quem é esta gente?», perguntou Kerik, certo dia, a Gifford. «Quem são estas pessoas?»

«Oh, são Iraquianos», respondeu Gifford.

«Que raio estão eles aqui a fazer?»

«Bernie, é por isso que estamos aqui.»

Três meses depois de ter chegado, Kerik assistiu a uma reunião, no Centro de Congressos, com chefes locais da polícia. Quando chegou a sua vez de se dirigir ao grupo, levantou-se e disse adeus a toda a gente. Embora tivesse informado Bremer da sua decisão há uns dias atrás, Kerik não dissera nada à maioria das pessoas que com ele trabalhava. Abandonou Bagdad poucas horas depois.

«Eu estava no meu mundo», disse-me ele. «Fiz o que queria fazer.»

Na Autoridade Provisória da Coligação, a contratação de consultores de topo era decidida nas altas esferas da Casa Branca e do Pentágono. A selecção seguia normalmente o padrão da nomeação de Kerik: um republicano com bons contactos fazia um telefonema em nome de um amigo ou de um colega de confiança. Outros eram recrutados pessoalmente pelo presidente Bush. A Casa Branca também queria que uma nova equipa substituísse o pessoal de Garner, que era visto como suspeito porque os seus membros tinham vindo do Departamento de Estado e de outras agências federais sem que fosse confirmada a sua lealdade política.

O resto do pessoal da CPA foi reunido com a mesma atenção à lealdade. O guardião era James O'Beirne, o homem da Casa Branca que fazia a ligação com o Pentágono. Encarregava-se do recrutamento de pessoal, enviando instruções sobre currículos para gabinetes de congressistas republicanos, grupos consultivos conservadores e activistas do Partido Republicano. «O critério para enviar pessoas para lá era terem as credenciais políticas certas», disse Frederick Smith, que trabalhou como director assistente do gabinete da CPA em Washington.

Smith disse que, uma vez, O'Beirne apontou para o currículo de um jovem e pronunciou-o «um candidato ideal». A principal qualificação do jovem era o facto de ter trabalhado para o Partido Republicano na Flórida, durante a recontagem dos resultados das eleições presidenciais de 2000.

Nas entrevistas de emprego, o gabinete de O'Beirne fazia perguntas que, no sector privado, podiam levar um empregador a tribunal. (O Pentágono estava isento da maioria dos regulamentos laborais porque contratava pessoas – utilizando uma cláusula obscura da lei federal – como nomeações políticas temporárias.) Dois funcionários da CPA foram inquiridos sobre se eram a favor do aborto(*) e se tinham votado em George Bush. Um antigo funcionário da CPA ([17]), que tinha um gabinete junto ao pessoal de ligação com a Casa Branca, escreveu um *e-mail* a um amigo, descrevendo o processo de recrutamento: «Vi currículos de indivíduos extremamente talentosos, que tinham abordado a CPA para ajudarem o país, a serem atirados para o lixo por a sua adesão à "visão do Presidente para o Iraque" (uma frase frequentemente ouvida na CPA) ser "incerta". Vi altos funcionários públicos de agências como o Tesouro, a Energia ... e Comércio serem rejeitados para cargos consultivos em Bagdad, que foram atribuídos depois a contribuintes proeminentes da RNC [Comissão Nacional Republicana].»

Outro membro da CPA disse-me que, quando foi ao Pentágono para ser entrevistado, um dos assessores de O'Beirne lançou-se num solilóquio de dez minutos sobre política interna, que incluía declarações de oposição ao aborto e apoio à pena capital. O funcionário não concordava com o que ele dizia, mas acenava com a cabeça em sinal de acordo. «Senti-me pressionado a concordar se quisesse ir para Bagdad», afirmou ele.

Mounzer Fatfat, cidadão americano de origem libanesa, que se candidatara a um cargo de consultor superior no Ministério da Juventude e do Desporto, contou-me que, durante a sua entrevista no gabinete de ligação da Casa Branca, lhe perguntaram se era republicano ou democrata. Quando respondeu que era um democrata registado, perguntaram-lhe em quem votara nas eleições presidenciais de 2000.

«Evitei a questão», disse-me Fatfat.

Fatfat, que era muçulmano, foi então questionado acerca da sua religião. «Disse-lhes que era muçulmano, mas casado com uma cristã. Os meus filhos frequentam escolas católicas. Eu próprio frequentei uma escola católica», disse ele.

Fatfat tinha um doutoramento em Estudos de Política da Juventude. Trabalhara para as Nações Unidas durante quatro anos como ministro da Juventude e Desporto no Kosovo. Tinha também o apoio de um congressista republicano da Pensilvânia. Acabou por conseguir o cargo. Mas foi submetido a cinco entrevistas no Pentágono. A maioria dos funcionários passava apenas por uma entrevista.

(*) No original, era-lhes perguntado se apoiavam a decisão *Roe v. Wade*, decisão do Supremo Tribunal de Justiça que, em 1973, declarou a legalidade do aborto nos EUA. *(N. T.)*

Quando chegou a Bagdad, a sua fé foi novamente um problema. «Um dos assessores de Bremer perguntou-me qual era a minha religião. Quando respondi, ficou surpreendido. "Oh, você é muçulmano?", disse ele. "Mas não é um terrorista, pois não?"»

Quando se aproximavam as festividades do Eid al-Fitr, um outro consultor perguntou-lhe quando é que iriam começar exactamente. Fatfat explicou-lhe que não havia uma data certa; dependia de quando a Lua começasse a ser vista sobre Meca. «Ele disse-me: "Isso é estúpido. Falta menos de uma semana e você não sabe quando é que o vai celebrar?" Fiquei estupefacto.»

Assim que Bremer chegou a Bagdad, pediu mais pessoal. A CPA necessitava de centenas de outros funcionários, a maioria especialistas. Bremer e o seu chefe de pessoal falaram disso em telefonemas e videoconferências. Escreveram cartas a secretários do governo e à Casa Branca. Na primeira viagem de Bremer de volta a Washington, em fins de Junho de 2003, reuniu-se com Fred Smith e disse-lhe que a sua grande prioridade era mandar mais gente para Bagdad. Smith procurou ajuda em Washington. Algumas agências, como o Departamento do Tesouro, ofereceram logo alguns funcionários. Outras, especialmente o Departamento de Justiça, negaram-lhe a ajuda. «Aquilo que ouvíamos sempre deles era: "Sabe, temos uma guerra contra o terrorismo aqui no país." Mesmo que disséssemos que se tratava de uma das grandes prioridades do presidente, os nossos pedidos eram sempre rejeitados.»

Bremer acabou por enviar um dos seus assessores principais, Reuben Jeffrey III, para tomar conta do gabinete da CPA em Washington. As suas ordens de marcha eram para enviar mais gente para Bagdad. Jeffrey, antigo banqueiro do Goldman Sachs, abordou o problema como um homem de negócios: contratou dois executivos caçadores de talentos, para procurarem gente capaz nas empresas. Quando o gabinete de O'Beirne descobriu o que Jeffrey estava a fazer, ordenou aos caçadores de talentos que esvaziassem as suas secretárias e saíssem do Pentágono. Jeffrey intercedeu e conseguiu mantê-los no edifício, mas era evidente que tinha perdido a guerra pelo controlo. Disseram aos caçadores de talentos que o seu papel se limitaria a ajudar a entrevistar os candidatos que já tinham sido escrutinados pelo pessoal de Beirne.

«Se se escolhe consultores para uma administração, compreendo perfeitamente as ligações políticas e isso tudo», disse Smith. «Um presidente tem o direito de gerir um governo em tempo de paz nos Estados Unidos.

Mas estamos a lidar com uma situação de crise no Iraque. É uma situação especial, e acho que temos de acabar com todas as tradições políticas normais e maneiras de fazer as coisas e de nomear pessoas, e conseguir levar para lá a melhor equipa para resolver o problema.»

Mas isso nunca aconteceu. «Penso que não enviámos a melhor equipa», disse ele. «Não escolhemos – e isto devia ter começado pela Casa Branca – as pessoas certas para esta missão. Era uma tarefa muito difícil. Em vez disso, escolhemos pessoas por causa das suas tendências políticas.»

O processo de recrutamento funcionava mais rapidamente quando os únicos requisitos eram a lealdade política. Quando o responsável pelo orçamento de Bremer pediu «dez funcionários jovens» para desempenharem tarefas administrativas, o gabinete de O'Beirne tinha pronta uma lista de nomes. Nesta lista constavam Simone Ledeen, a filha do comentador neoconservador Michael Ledeen; Casey Wasson, recentemente formada numa universidade evangélica para crianças que estudam em casa; e Todd Baldwin, assessor jurídico do senador republicano Rick Santorum. Poucos dias depois, os dez receberam um *e-mail* do gabinete de O'Beirne. Só quando chegaram a Bagdad é que descobriram como os seus nomes tinham chegado à atenção do Pentágono: todos tinham enviado os seus currículos para a Heritage Foundation, um grupo consultivo de Washington.

Devido à falta de pessoal em Bagdad, seis dos funcionários foram nomeados para gerir o orçamento de 13 mil milhões de dólares do Iraque, ainda que não tivessem qualquer experiência anterior em gestão financeira. O grupo depressa ganhou a alcunha de «Brat Pack».

Antes da guerra, a bolsa de Bagdad em nada se parecia com as suas congéneres do resto do mundo. Não havia computadores, nem monitores electrónicos, nem homens com casacos coloridos a correrem de um lado para o outro. As compras e vendas eram anotadas em pedaços de papel e escritas em grandes quadros de ardósia. Se alguém quisesse comprar ou vender, tinha de ir pessoalmente à bolsa e gritar as suas ordens a um dos corretores. Não havia ar condicionado. O local era barulhento e turbulento. Contudo, as empresas privadas conseguiam ganhar centenas de milhares de dólares, e as pessoas comuns aprendiam o que era a livre iniciativa.

Depois da guerra, a bolsa foi pilhada. O primeiro contingente de especialistas americanos em reconstrução económica, do Departamento do Tesouro, ignoraram-na. Tinham problemas mais graves para resolver: pagar salários, reabrir os bancos e estabilizar a moeda. Mas os corretores queriam voltar ao trabalho e os investidores queriam o seu dinheiro.

Em Junho de 2003, Thomas Briggs, funcionário superior do Departamento do Tesouro no Iraque, decidiu que a estratégia da CPA devia ser pragmática e modesta. Concluiu que a Bolsa de Bagdad, conhecida por BSE [Baghdad Stock Exchange], devia ser reaberta num novo local e autorizada a operar como o fazia antes da guerra. Esta tarefa coube a Thomas Wirges, um reservista do exército que trabalhava em questões económicas para a CPA. Ainda que Wirges tivesse a patente de especialista, apenas um nível acima de soldado raso, sabia o que estava a fazer: já tinha trabalhado para a American Express como corretor. Wirges fora nomeado para a CPA a pedido do Departamento do Tesouro, com o objectivo de procurar uma nova localização para a BSE.

«Reabrir a BSE requer três coisas: (1) um edifício, (2) alguns telemóveis e (3) um quadro de ardósia», escreveu Briggs num *e-mail* enviado a dois outros funcionários do Departamento do Tesouro. «É tudo. A administração da BSE disse-me que isto era tudo de que necessitavam. Não precisamos de complicar as nossas vidas insistindo noutras coisas. A meu ver, o Departamento do Tesouro não precisa de mandar alguém para Bagdad para fazer essas três coisas. Pensei que usar o especialista Wirges era uma boa ideia. A realização destas três tarefas devia estar bem dentro das suas competências.»

Mas quando Wirges começou a perceber o processo de funcionamento da BSE, descobriu que o mercado «era corrupto da cabeça aos pés». As salvaguardas básicas para evitar a manipulação eram inexistentes. O licenciamento dos corretores era irregular. As regras de auditoria eram fracas. Então, Wirges esboçou um plano em duas fases. Reabriria o mercado, mas teria de fazer mudanças estruturais e regulamentares para que a Bolsa estivesse dentro dos padrões internacionais de transparência e eficiência. Descreveu os seus planos num longo memorando enviado a Thomas C. Foley, o funcionário da CPA a encarregado da privatização do Iraque.

Mais ninguém tinha analisado o mercado como Wirges o fizera. Quando Foley e outros funcionários superiores da CPA viram o seu memorando, ordenaram que o mercado continuasse fechado até que fossem resolvidas as questões da regulamentação. «Tornou-se num enorme problema político», disse Wirges.

Wirges disse a Foley que precisava de ajuda para criar os novos regulamentos. Foley prometeu enviar um perito em títulos financeiros. *Vou receber um especialista da Bolsa de Nova Iorque ou da Comissão de Títulos Financeiros e da Bolsa* [*Securities and Exchange Commission*], pensou Wirges. *Vão mandar-me alguém que sabe o que fazer.*

Em vez disso, mandaram-lhe um rapaz inquieto, de 24 anos de idade.

Jay Hallen não gostava muito do seu emprego([18]) numa empresa imobiliária. A sua paixão era o Médio Oriente e, embora nunca lá tivesse estado, era suficientemente curioso para, nos tempos livres, ter frequentado aulas de árabe e lido histórias da região.

Tinha sentimentos contraditórios sobre a guerra contra Saddam, mas via a ocupação americana como uma oportunidade única. No Verão de 2003, enviou um *e-mail* a Reuben Jeffrey, que conhecera quando, no ano anterior, se candidatara a um emprego na Casa Branca. Hallen só tinha uma pergunta para Jeffrey: havia algumas vagas em Bagdad?

«Tenha cuidado com o que deseja», escreveu Jeffrey em resposta. Em seguida, reenviou o currículo de Hallen para o gabinete de O'Beirne.

Três semanas depois, Hallen recebeu um telefonema do Pentágono. A CPA queria que ele fosse para Bagdad, o mais cedo possível. Poderia estar pronto em três ou quatro semanas?

«Fiquei realmente em estado de choque», recordou Hallen. «Foi, provavelmente, o telefonema que mais me mudou a vida.»

Apesar da sua pressa em partir, pediu alguns dias para consultar a família. Depois de ter aceite, ficou um mês à espera. Então, começou a pensar melhor. Tudo começou com a explosão da embaixada jordana com um carro armadilhado. Depois, a sede das Nações Unidas em Bagdad foi destruída por uma explosão, matando 22 pessoas. «Estive muito perto de recusar [o cargo]», disse Hallen. «Estive mesmo no limite e realmente atormentado por causa disso, e passei uma ou duas semanas quase sem dormir.»

A família disse-lhe que não queria que ele fosse. No fim, Hallen resolveu aceitar. «Eu sabia que era uma das poucas oportunidades que tinha para mudar de vida de uma forma positiva», disse ele. «Acredito firmemente que, nesta vida, só temos recompensas se corrermos riscos.»

Não era apenas Hallen que corria riscos([19]). A CPA também corria riscos. Hallen não conhecia os mercados bolsistas americanos. Não estudara economia nem finanças. Mas teve uma breve experiência como empreendedor – no palco. Na Universidade de Yale([20]), onde se formou em Ciências Políticas, participou numa peça universitária, uma adaptação de *The Lorax*, do Dr. Seuss. Desempenhou o papel de Onceler, um empresário ganancioso que corta árvores para produzir um tecido tipo poliéster, transformando uma floresta outrora bela numa terra devastada e infértil. O jornal *The Yale Herald* escreveu que o rosto notavelmente dócil, pintado de verde, cria um vilão simpático, que mostra ao público que os conceitos de bem e mal absolutos são, muitas vezes, demasiado simples para as complexidades do mundo real».

Depois de se licenciar, Hallen foi trabalhar para uma empresa privada de consultadoria em Washington. Ano e meio depois, enviou o seu currículo para a Casa Branca e foi chamado para uma entrevista por Jeffrey – mas não conseguiu o emprego. Hallen guardou o endereço de *e-mail* de Jeffrey e, quando soube que ele estava a trabalhar para Bremer, tentou novamente.

Antes da sua partida, Hallen foi enviado para uma base militar na Virgínia, para uma «sessão de treino». Deram-lhe duas vacinas e um colete à prova de balas, que não tinha as placas de cerâmica necessárias para travarem balas de AK-47. Foi depois para o Kuwait, onde lhe deram uma máscara de gás, uma aula sobre os tipos de engenhos explosivos mais comuns no Iraque e um conjunto completo de uniformes do exército (no caso de um ataque à Zona Verde, os civis americanos tinham instruções para vestirem o uniforme, para não serem confundidos com «o inimigo»). Visitou um parque de diversões e provou uma *margarita* sem álcool «com sabor a tequilla» antes de embarcar num avião de carga C-130 em direcção a Bagdad.

No dia em que chegou, encontrou-se com o seu novo chefe, Thomas Foley. Halley ficou chocado ao saber que Foley queria que ele se encarregasse da reabertura da Bolsa.

«Tem a certeza?», perguntou Hallen a Foley. «Não tenho experiência em finanças».

«Não faz mal», respondeu Foley. «Você será o gestor de projecto. A sua tarefa será arranjar outras pessoas para fazerem as coisas e contratar os trabalhos. Será apenas o principal ponto de contacto.»

Após a reunião com Foley, Wirges convidou Hallen para o acompanhar a uma das varandas do segundo andar do palácio. Enquanto desfrutavam da vista sobre a piscina, Wirges ofereceu um charuto cubano a Hallen e falou-lhe de si mesmo. Tinha 31 anos de idade. Era casado e tinha dois filhos. Esteve na marinha durante seis anos, antes de se tornar detective particular e, depois, ajudante de xerife, agente de seguros, vendedor de fundos mútuos e, por fim, consultor pessoal financeiro.

Hallen falou a Wirges sobre o seu tempo em Yale e os dois empregos que tivera desde que se licenciara.

Enquanto Hallen falava, Wirges pensava: *o lugar dele não é aqui*.

Wirges pensou ter feito um acordo com Hallen. Hallen iria interagir com as cúpulas da CPA. Ele iria às reuniões e informaria Foley. Wirges iria interagir com os Iraquianos. Hallen sairia da Zona Verde e construiria a bolsa.

Cinco dias depois de ter chegado([21]), Hallen enviou um *e-mail* à família e amigos:

> Toda a zona verde parece um *campus* universitário: mais ou menos o mesmo número de pessoas, toda a gente faz coisas diferentes durante o dia, mas nos mesmos edifícios, e usa as mesmas instalações para dormir, comer e se divertir. É um mundo pequeno, e nada há como um ambiente perigoso, desconfortável ou apenas diferente para criar um sentimento de proximidade entre as pessoas...
>
> Os Iraquianos que encontrei são extremamente simpáticos e grandes apoiantes nossos. Mas, mais uma vez, qualquer Iraquiano com que eu, como pessoa da CPA, contactasse provavelmente o seria (a não ser que, claro, me atirasse uma granada). Mas, a sério, são boas pessoas, e talvez seja a ingenuidade de estar aqui há menos de uma semana, mas tenho grandes esperanças para este país. O esforço de reconstrução está a dar resultados, há tantas iniciativas incríveis a desenvolverem-se que nunca recebem qualquer publicidade. Os Americanos e outras pessoas da coligação são muito dedicados à causa, e é gente muito talentosa e dotada, e os Iraquianos que conheci são muito prestáveis e solícitos.

Duas semanas depois, Hallen chamou Wirges para uma reunião. Houve uma mudança de planos, disse ele.

«Jay disse-me que isto já não era o meu projecto pessoal», recordou Wirges. «Eu deixara de estar envolvido. Já não é um assunto do exército. Tenha um bom dia.»

Hallen tinha um novo plano. Não queria apenas reabrir a bolsa; queria torná-la no melhor e mais moderno mercado bolsista do mundo árabe. Queria promulgar uma nova lei de títulos financeiros que tornaria a bolsa independente do Ministério das Finanças, com os seus próprios regulamentos e conselho de administração. Queria criar uma comissão de títulos financeiros e bolsas para supervisionar o mercado. Queria que os corretores tivessem uma licença e que as empresas cotadas tivessem transparência financeira. Queria instalar uma bolsa e sistemas de pagamento computadorizados. Tudo em menos de quatro meses.

A Zona Verde, Cena IV

As pizzas feitas à mão e cozidas no forno de lenha da Pizzeria Napoli eram comparáveis a qualquer uma que se encontrasse em Itália. A Napoli pertencia a Walid Khalid, que trabalhara dois anos numa pizzaria perto da Fontana di Trevi, em Roma. Regressou a Bagdad um mês depois da libertação para introduzir a verdadeira pizza no seu país. Mesmo que os Iraquianos não se interessassem pelas pizzas, pensou que teria clientes mais do que suficientes entre os milhares de Americanos que estavam em Bagdad.

Alugou um espaço numa zona de lojas na rua Yafa, logo à saída norte da Zona Verde, e resolveu criar um autêntico restaurante italiano. Contratou pedreiros para construírem um forno a lenha. Descobriu uma leitaria perto da prisão de Abu Ghraib, que se dispunha a fazer mozzarella segundo as suas especificações. Fez um acordo com um agricultor, que cultivava o mesmo tipo de tomates suculentos que se encontram na Toscana, e cultivava também manjericão e orégãos na sua horta. O seu irmão foi recrutado para receber encomendas.

Walid tinha o aspecto de um homem que passara demasiado tempo a cozinhar e a comer: estava sempre coberto de farinha e a sua barriga quase lhe fazia saltar os botões da camisa. Parecia estar sempre cansado. Acordava de madrugada para fazer a massa e o molho. Depois passava o dia frente ao forno. Tinha ar condicionado, mas a electricidade não era constante. Na maioria dos dias, tinha três horas de electricidade, seguidas de um corte de corrente durante três horas. Quando não havia electricidade, abrir a porta não refrescava o local. Lá fora, estavam 54°.

Conheci Walid num dia em que ia a sair da Zona Verde. Estava com fome e a sua tabuleta de madeira tricolor a anunciar pizzas levou-me a parar o carro para investigar. Não havia mesas, apenas um balcão estreito com quatro assentos. Walid subestimara o espaço de que precisava; quando o forno foi construído, já não havia espaço para mais nada.

Enquanto me preparava uma pizza de pimentos verdes, cogumelos e cebola, falou-me do seu tempo no exército, dos seus estudos na Uni-

versidade de Bagdad e dos seus anos passados em Itália. Depois da primeira dentada, percebi que tinha encontrado a salvação culinária em Bagdad.

Walid sentou-se ao meu lado e abriu uma Pepsi. «Onde estão os Americanos?», perguntou ele num inglês vacilante. «Construí este sítio, que é muito bom para encomendar pizzas, mas ninguém aparece.»

«Eles estão na Zona Verde», afirmei. «Têm de seguir as suas regras.»

«Regras?», replicou. «O que quer dizer com isso? Estou muito perto deles. Podem até vir a pé.»

Walid não fazia ideia de como era a vida no outro lado dos muros. Não sabia que as luzes estavam sempre ligadas, que os condutores obedeciam aos limites de velocidade, que havia um bufete de comida à descrição no palácio.

6

Temos de repensar isto

Tinham passado dois meses desde a queda de Bagdad e eu queria saber por que razão quase todas as fábricas do Iraque estavam ainda fechadas. Quando questionei Tim Carney, o conselheiro principal do Ministério da Indústria, tudo o que ele disse foi: «Vá visitar a fábrica de óleo vegetal.»

A Companhia Estatal de Óleos Vegetais situava-se num parque industrial arruinado, apenas a cinco quilómetros a oeste da Zona Verde, ao fundo de uma estrada ladeada por oficinas de automóveis. O chão estava cheio de poeira e uma camada espessa de sujidade oleosa cobria a maquinaria enferrujada. As janelas estavam partidas e não havia luz. Um homem cordial, vestido com um fato de macaco azul-escuro, informava os visitantes que a fábrica produzia produtos de limpeza e latas de óleo de cozinha. Mas parecia que, na fábrica, ninguém usava o sabão que produziam.

O elevador não estava a funcionar, por isso, subi três lanços de escadas para me encontrar com Faez Ghani Aziz, o director-geral da empresa. Aziz, um homem enérgico, de espesso cabelo preto e sorriso largo, apertou-me a mão e desculpou-se imediatamente por o elevador não estar a funcionar. «Não há electricidade», disse ele. «Agora, nada funciona.»

Sentámo-nos num gabinete com paredes de vidro, com vista para o que parecia ser um grande laboratório. As máquinas estavam paradas. Carney dissera que a companhia empregava 4000 pessoas. Não via mais do que um dúzia a vaguearem de um lado para o outro.

Aziz, químico dos solos, com 53 anos de idade, explicou-me que o gabinete onde estávamos não era realmente o seu. Pertencia ao chefe do laboratório de testes. Aziz estava ali porque o edifício da direcção da companhia tinha sido pilhado. Levaram tudo – computadores, mobília, arquivos, paletas de sabão e até os interruptores das luzes que estavam nas paredes.

Mandou vir chá. (Um paquete montara um fogão a gás no vão de escada para ferver água. O escritório podia funcionar sem luz, mas não sem chá.) Enquanto esperávamos, retirou da sua secretária uma brochura brilhante e desdobrável de produtos. Tinha fotografias de uma lata de óleo de cozinha al-Raie, uma garrafa de champô Yasmeen, uma lata de creme de barbear Anbar e uma barra de sabão al-Jamal. As fotografias estavam amareladas e desvanecidas. Percebia-se que a brochura tinha sido impressa há anos, nos tempos em que a companhia exportava produtos para a Síria e para a Índia.

«Somos uma boa oportunidade de investimento», disse-me Aziz. Eu tinha-me apresentado como jornalista, mas ele obviamente pensava que eu era um investidor. Quando lhe repeti que estava ali para escrever sobre a sua companhia e não para investir dinheiro, suspirou e disse: «Temos um futuro muito difícil pela frente.»

A linha de produção inactiva por baixo do seu gabinete constituía uma das seis fábricas detidas pela companhia de óleo vegetal, explicou-me ele. As outras produziam materiais de embalagem, detergentes e óleo de girassol. A própria companhia era uma das 48 empresas pertencentes ao Ministério da Indústria. Aziz afirmou que tivera um lucro de 3,3 milhões de dólares em 2002, mas quando descreveu como o governo subsidiava as fábricas estatais, tornou-se evidente que os seus problemas eram piores do que um edifício decrépito. De facto, a companhia nada tinha de lucrativo. As contas só pareciam boas porque a companhia recebia a matéria-prima quase de graça: por causa de uma lei governamental que valorizou a moeda iraquiana para as importações oficias à taxa anterior à Guerra do Golfo de 1991 – quando 1 dinar valia mais de 3 dólares, em vez de prevalecer a taxa de 2000 dinares para 1 dólar –, a companhia de óleo vegetal tinha de pagar apenas

1 dólar por cada 6000 dólares de produtos importados. O Ministério das Finanças pagava a diferença. A electricidade era grátis. A companhia não tinha de pagar reformas; o governo também tratava disso.

Mas toda esta ajuda financeira não resultava em produtos decentes. A linha de produção, construída há 50 anos por engenheiros russos, fabricava produtos que pareciam saídos das fábricas comunistas da antiga União Soviética. Quando perguntei a alguns amigos iraquianos por que compravam sabão al-Jamal e champô Yasmeen, a resposta era invariável: «Que alternativa temos?» Durante anos, os bens de consumo fabricados no Iraque gozaram de um verdadeiro monopólio no mercado local. Mesmo quando o governo começou a autorizar mais importações, os produtos da companhia de óleo vegetal eram muito mais baratos do que os concorrentes estrangeiros.

Aziz queria modernizar a companhia, mas, no tempo de Saddam, o Ministério da Indústria não o autorizava a solicitar investimento estrangeiro nem a entrar em parcerias com outras empresas. Tinha fornecedores a quem comprar obrigatoriamente matéria-prima. O preço não importava. Nem a qualidade. O que interessava era que o país que vendia os bens apoiasse Saddam. «Se alguém da Síria quisesse vender-nos alguma coisa, mesmo que não tivesse um preço competitivo, faziam negócio», disse Aziz.

Mesmo que o governo de Saddam aprovasse, isso não significava que Aziz tivesse o que queria. A compra à Alemanha de equipamento moderno de produção de sabão, para substituir as velhas máquinas com meio século a que Aziz chamava «primitivas», foi travada por uma comissão de sanções das Nações Unidas, por se recear que a tecnologia pudesse ser usada na produção de armas biológicas ou químicas.

Aziz também não precisava de 4000 empregados. Mas não podia despedir ninguém. Todos os anos o ministério enviava mais umas dezenas de homens. Alguns eram licenciados a quem tinham sido prometidos empregos vitalícios no governo. Outros estavam ligados ao Partido Baas. Como a fábrica só precisava de cerca de mil trabalhadores para funcionar, os outros andavam por ali e bebiam chá. Alguns nem se davam ao trabalho de aparecer.

Mas estas regras já não se aplicavam. E Aziz já não podia contar com os mesmos grandes subsídios. Estava a par dos factos. «Não éramos muito eficientes», disse ele. «Se não mudarmos, não sobreviveremos.»

Fez uma pequena pausa e, depois, continuou, quase a sussurrar. A companhia, disse ele, devia ser privatizada. Talvez devesse ser vendida aos empregados ou a um investidor privado. Não faz sentido que o governo tenha uma companhia de óleo vegetal.

Quando me levantei para sair, Aziz disse-me para eu não falar em privatização aos trabalhadores. «É uma questão muito sensível», afirmou. Os Iraquianos que tinham a sorte de trabalhar numa empresa do Estado pensavam que tinham emprego garantido até à reforma. Qualquer sugestão de que a rede de segurança desaparecera com Saddam podia inflamar os trabalhadores. «Não se pode resolver um problema criando um novo problema», disse ele. «É preciso preparar as pessoas para a decisão.»

Quando voltei a ver Tim Carney, num almoço de cordeiro grelhado e cerveja fresca no Nabil's, questionei-o sobre a companhia de óleo vegetal e a privatização. Disse que, a longo prazo, não fazia sentido que o governo iraquiano tivesse fábricas que produziam óleo de cozinha, tapetes, papel, pilhas e sapatos de pele. As empresas tinham de ser vendidas. O Iraque nem sequer precisava de um Ministério da Indústria. Mas Carney achava que a decisão sobre o que vender, quando vender e por quanto ficaria para os Iraquianos. A direcção do ministério concordava, bem como os líderes políticos que esperavam ter lugar no Conselho Governativo.

Como os Iraquianos não estavam em posição de tomar já essas decisões, a grande prioridade de Carney era pôr o ministério – e todas as suas empresas – a funcionar. Não importava que as fábricas fossem ineficientes. Achava que seria economicamente bom fazer com que as pessoas voltassem ao trabalho. E pensava que seria também uma ajuda na privatização: uma fábrica que produzisse alguma coisa, mesmo que fosse um champô de terceira qualidade, valeria mais do que uma fábrica fechada.

Carney sabia que não era a pessoa certa para lidar com os problemas ligados à reorganização de fábricas. Ele era embaixador. A sua área era a política externa e não a política económica. Nesta altura, tinha apenas uma pessoa a trabalhar consigo, um tenente-coronel da reserva chamado Brad Jackson, que não era especialista em folhas de balanço nem em relatórios financeiros. No entanto, Jackson tinha experiência no mundo real. No norte do estado de Nova Iorque, dirigira a agência de desenvolvimento industrial do condado de Franklin.

Como Carney começava a desesperar, Jackson anunciou que o auxílio vinha a caminho: um consultor importante chamado Glenn Corliss iria juntar-se à equipa. Jackon disse que Corliss trabalhava em Wall Street e era especialista na recuperação de empresas em dificuldades. E percebia de contabilidade empresarial.

«Muito bem», disse Carney. «Parece mesmo a pessoa de que necessitamos.»

Corliss chegou ao Palácio Republicano vestido de fato Armani e sapatos pretos. Dizia que trabalhara para o JPMorgan e para a Fidelity Investments. Tinha a autoconfiança de um general.

Só meses depois é que os outros, além de Jackson, conheceriam a verdadeira história.

Corliss era tudo aquilo que afirmava: tinha trabalhado para a Fidelity, como analista, e no departamento de capital privado do JPMorgan, onde investira em empresas industrias; tinha experiência em capitais de risco e era especializado na reestruturação de empresas em dificuldade.

O seu segredo era o facto de ser um militar na reserva. Não era um tenente-coronel como Jackson, nem sequer era oficial. Era um especialista – um nível acima de soldado raso.

No início de 2001, Corliss começou a sentir-se farto de Wall Street. Tinha um trabalho lucrativo em capitais de risco, mas perdera o interesse em enriquecer investidores já ricos. O desenvolvimento internacional parecia-lhe interessante. Começou a pensar ir trabalhar para o Banco Mundial, para o Fundo Monetário Internacional ou para a Agência Americana para o Desenvolvimento Internacional. Um amigo disse-lhe que podia trabalhar, a tempo parcial, «numa espécie de equipa especial, que ia para zonas de desastre e ajudava a reconstruir a economia».

«Bem, isso parece perfeito», respondeu Corliss. «Quem é que dirige essas equipas?»

O exército, disse o amigo, que lhe explicou que os militares tinham equipas para questões civis, compostas por reservistas que trabalhavam em reconstrução pós-guerra.

«Usam uniforme e andam armados?», perguntou Corliss.

«Sim», respondeu o amigo. «Mas não andam a arrombar portas. Eles ajudam a reconstruir.»

Talvez eu possa fazer isso, pensou Corliss. Mas queria ver primeiro. Não foi logo a correr para um centro de recrutamento militar.

Então veio o 11 de Setembro. Corliss estava em Nova Iorque. Alistou-se poucas semanas depois. Não queria passar meses a treinar para ser um oficial. Apenas queria trabalhar em projectos de desenvolvimento, para apoiar a nova guerra contra o terrorismo.

Antes de se alistar formalmente e de ir para um campo de treino, pôde passar alguns fins-de-semana a observar os treinos de soldados de assuntos civis em Nova Iorque. Foi aí que conheceu Brad Jackson.

Jackson era o director assistente da equipa de economia e comércio do comando de assuntos civis, onde Corliss fora colocado. Quando Jackson olhou para os currículos dos novos recrutas, o de Corliss despertou-lhe a atenção – não por causa da sua experiência profissional, mas devido ao seu local de nascimento: Pittsfield, Massachusetts. Jackson era da mesma cidade. Então, chamou Corliss ao seu gabinete.

«O que raio está a fazer?», disse Jackson a Corliss. «Ainda não recebeu nada do governo. Saia daqui enquanto pode.»

Um recruta de baixa patente, disse Jackson, «nunca desempenhará o tipo de trabalho de que você fala. O senhor tem demasiada experiência para ser uma pessoa alistada.»

«É apenas o bilhete de ida», respondeu Corliss. «Depois de lá estar, penso que qualquer pessoa criativa e activa poderá fazer o tipo de trabalho que eu quero fazer.»

«Não, Glenn», replicou Jackson. «Você não percebe o sistema militar.»

«Bem, não faz mal», disse Corliss. «Estou pronto a correr o risco».

Duas semanas após a queda de Bagdad, Corliss estava numa base militar iraquiana poeirenta e desordenada, 80 quilómetros a norte da capital. A sua missão era fazer a coordenação com as organizações não governamentais. Mas as poucas ONG que, nessa altura, operavam no Iraque estavam em Bagdad. Sem nada que fazer, esteve perto de ser relegado para trabalho de cozinha ou, ainda pior, para missões de guarda. Quando se tem uma patente logo acima de soldado raso, não importa que, dois meses antes, ganhasse um milhão em Wall Street; temos de fazer aquilo que nos mandam.

Nessa altura, Jackson estava em Bagdad, como parte de uma equipa avançada de soldados de assuntos civis, a trabalhar com o ORHA de Jay Garner. Quando o puseram a trabalhar com Carney na reorganização do Ministério da Indústria, sabia que podia usar a ajuda de Corliss. Uma busca nas listas de pessoas mobilizadas revelou que Corliss estava noutra zona do Iraque. Então, fazendo uso de todo o capital político que conseguiu reunir, Jackson tentou fazer com que Corliss fosse colocado no ORHA. Foi necessária mais de uma semana de papelada e de persuasão para que Corliss recebesse a ordem de ir para o palácio.

Quando ele chegou à Zona Verde, Jackson deu uma das muito poucas ordens oficiais que daria a Corliss: «Tire esse uniforme. Vista as suas roupas civis e vamos fazer de conta que o senhor é um alto consultor.»

«Qual é problema?», perguntou Corliss.

«Se andar com esse uniforme», disse Jackson, «não será muito respeitado. Terá de servir cafés às pessoas.»

A juventude e estatura de Corliss não ajudavam. Com 30 anos de idade e 1,70 m de altura, parecia um recruta acabado de chegar. De uniforme, ninguém acreditaria que tinha trabalhado em Wall Street.

Com o cuidado pretensamente exigido, a conta de *e-mail* de Corliss identificava-o inicialmente como «Corliss, Glenn (E-4)», o código para soldado especialista. Quando Jackson viu isto, foi ter com o pessoal dos computadores e ordenou-lhes que removessem o E-4. Noutra ocasião, uma lista de pessoal arrolava Corliss como condutor da equipa da CPA no Ministério da Indústria. No palácio, a maioria dos E-4 eram condutores; por isso, alguém pensara que Corliss era também condutor. Mais uma vez, Jackson teve de alterar as coisas.

Meses depois, quando o principal comandante americano no Iraque ordenou que todo o pessoal militar tinha de usar o uniforme, Corliss teve de seguir as regras. Usava o seu camuflado de deserto – na gola, tinha um triângulo invertido com a parte de cima curva, para o identificar como especialista E-4 – quando comia ou ia para o dormitório. Mas quando tinha reuniões no palácio, ia à casa de banho e vestia um fato.

Depois de uma ronda inicial de apresentações no palácio, recebeu a sua primeira missão. Peter McPherson, o assessor económico de Jerry Bremer, queria uma análise de todas as 150 fábricas pertencentes às 48 empresas do Ministério da Indústria, para determinar quais eram as mais viáveis e, por isso, mais merecedoras de ajuda financeira. A tarefa coube a Corliss, o único capaz de analisar muitos números e de criar uma grande folha de cálculo.

«Esta foi a primeira prova de que eles não faziam ideia do que estavam a falar ou a fazer», contou-me ele. «Eles disseram-me: "Bem, tem aqui 150 fábricas. Queremos que as avalie a todas".»

«Está bem», disse eu.«Onde está a minha equipa?»

«Bem, é só você», disse Jackson a Corliss.

«Ok. Onde estão os gestores dessas empresas?»

«Despedimos a maioria dos gestores, por causa da desbaasificação.»

«Está bem. Onde estão os relatórios financeiros?»

«Não há relatórios.»

«Bem, o que sabem sobre as companhias?»

«Nada. Temos uma lista de nomes. Aqui estão os nomes.»

«Quanto tempo tenho?»

«Duas semanas.»

Corliss ficou estupefacto. Jackson estava solidário. «Isto é um bocado parvo», afirmou ele a Corliss. Mas disse-lhe que não valia a pena protestar. «Se você tentar explicar-lhes isso, eles não querem saber», afirmou Jackson. «Dir-lhe-ão para se desenrascar com o que tem».

Nas duas semanas seguintes, Corliss não dormiu mais de algumas horas por noite. Pedia aos funcionários do ministério e aos directores das fábricas quaisquer registos que não tivessem sido pilhados. Os documentos que recebeu, que foram traduzidos de árabe para inglês, eram tão inúteis que concluiu que ninguém no ministério percebia nada de contabilidade. Entre outras declarações bizarras, os registos financeiros do ministério diziam que todas as 150 fábricas eram lucrativas. Quando Corliss soube da política do Ministério das Finanças de subsidiar as importações para as empresas estatais com a antiga taxa de câmbio, falou do assunto com alguns funcionários do Ministério da Indústria.

«Tentei explicar-lhes que se tratava de uma falsa aparência, que era apenas uma taxa de câmbio enganosa, financiada por dólares do petróleo», contou Corliss. «Eles não compreendiam isto, porque não conhecem propriamente as divisas internacionais. Diziam-me constantemente: "Nós somos lucrativos. Não tenho a culpa que vocês não avaliem o nosso dinar como deve ser. O nosso dinar vale 3 dólares. Somos lucrativos." Quando lhes digo que agora são necessários 2000 dinares para comprar um dólar, eles respondem: "Isso não é verdade. Um dinar vale três dólares. Vocês estão a destruir a nossa moeda. Voltem a pô-la como estava." Mas não se pode fazer isso. E depois ficávamos ali a discutir e eu a tentar explicar macroeconomia a alguém que nunca ouvira falar de tal coisa. Estavam convencidos, realmente convencidos, de que eram todos lucrativos. O único problema era a estúpida da moeda, "que vocês, os Americanos, estão a destruir"».

A discussão deu a Corliss uma ideia de como os Iraquianos e até os funcionários superiores do ministério viam a sua economia. Bremer e McPherson tinham começado a fazer reuniões às segundas-feiras à noite com um grupo selecto de Iraquianos, muitos deles antigos exilados, para falarem sobre a reforma económica. Mas aquilo que Bremer, McPherson e grande parte da equipa económica da CPA não percebia é que a maioria dos participantes educados no Ocidente não era, de modo algum, representativa da sociedade iraquiana. O desejo de reestruturarem a base económica – substituindo o Estado-providência centralmente planeado de Saddam por um sistema de mercado livre globalizado – tinha pouca ressonância nas ruas iraquianas. Para a maioria dos Iraquianos, mesmo para aqueles que depois se tornariam fervorosos críticos da ocupação americana, o lado político da equação era muito simples: Saddam era um tirano brutal que tinha de sair. Quando se tratava da economia, porém, já não havia o mesmo consenso.

Durante o governo baasista de Saddam, as fábricas do Estado produziam uma exuberância de bens, incluindo cadernos escolares (que eram tão maus que as páginas caíam), baterias de automóvel (que não eram muito melhores) e casacos de cabedal (que eram apreciados pelos membros da polícia secreta). Os cargos públicos, quer numa fábrica, num ministério ou nos serviços de segurança, eram numerosos e garantiam um salário para o resto da vida. As remunerações eram baixas, mas o custo da maioria dos bens e serviços era subsidiado pelo governo. A gasolina era vendida a menos de cinco cêntimos por galão. Ninguém pagava electricidade, nem sequer as fábricas do Estado, que consumiam centenas de megawatts. Cada família recebia do Estado rações de comida mensais. O ensino, mesmo o superior, era gratuito, bem como os cuidados de saúde. O custo do fertilizante era de tal modo subsidiado que os agricultores iraquianos vendiam a sua porção anual na Jordânia e na Síria, em vez de o usarem nas suas terras; bastava-lhes um camião e alguns dias, e ganhavam mais dinheiro do que terem de passar meses a trabalhar as terras.

Os Iraquianos tinham um nível de riqueza extraordinário devido aos grandes rendimentos provenientes do petróleo. Antes de a Guerra do Golfo de 1991 ter arruinado e isolado o país, os armazéns comerciais geridos pelo Ministério do Comércio vendiam sapatos italianos, gravatas Pierre Cardin e relógios Breitling a uma fracção dos seus preços de retalho no resto do mundo. As companhias aéreas eram subsidiadas, bem como os automóveis importados Volkswagen, Volvo, Mercedes e Chevrolet. Nos anos 70 e mesmo inícios de 80, antes do auge da guerra de oito anos do Iraque com o seu vizinho Irão, os sistemas de saúde e educação do Iraque eram considerados os melhores do mundo árabe. Dezenas de milhares de Egípcios, Somalis, Paquistaneses e Indianos iam para o Iraque trabalhar em enormes projectos de infra-estruturas: a construção de uma auto-estrada de seis faixas para a Jordânia, hotéis luxuosos em Bagdad, pontes sobre o Tigre e o Eufrates. «Tínhamos uma vida muito boa», disse-me Faez Ghani, director da fábrica de óleo vegetal. «Éramos o país mais rico do Médio Oriente.»

Os Iraquianos responsabilizavam Saddam e o Ocidente pela ruína financeira. O seu líder esvaziara os cofres nacionais – e criou uma dívida de dezenas de milhares de milhões de dólares – ao fazer a guerra com o Irão. Depois teve a ideia lunática de invadir o Kuwait, que resultou nas sanções das Nações Unidas, que isolaram o Iraque do resto do mundo. Para os Iraquianos, a América era também responsável porque se recusava a apoiar o levantamento das sanções, apesar de se saber que as sanções estavam a fortalecer Saddam e a empobrecer o povo. Mas, em todo o caso, entre o Iraquiano comum, havia pouca ou nenhuma consciência de que o seu sistema económico estava totalmente podre. Afinal de contas, era o mesmo sistema que lhes dera uma boa vida há uma geração atrás. Os Iraquianos pensavam que se Saddam e as sanções desaparecessem voltariam a ficar ricos.

«Quando lhes disse que não era apenas Saddam, mas sim todo o sistema económico que estava de rastos, ficaram a olhar para mim como se eu fosse um marciano», disse Corliss. «Deviam pensar: *Quem é este Americano louco*?»

Tal como Carney, Corliss achava que o governo do Iraque devia deixar de ter fábricas. Também pensava que o Iraque não precisava de um Ministério da Indústria. Mas o Iraque era ainda um país volátil. A guerra de três semanas para derrubar Saddam tinha terminado há pouco, mas o país estava longe de parecer calmo. Havia soldados americanos alvejados. Milhares de ex-soldados iraquianos tinham recentemente feito uma marcha, ao longo do Tigre, até à Porta dos Assassinos, para protestarem contra a decisão de Bremer de desmantelar o exército iraquiano. Corliss sabia que a privatização teria de esperar. A venda das fábricas a investidores privados provocaria certamente despedimentos.

Quem é que ficaria com 4000 empregados na companhia de óleo vegetal, quando o próprio director admitia que só precisava de mil? A última coisa que Corliss queria era aumentar o número de desempregados.

Corliss estava também preocupado com o facto de as empresas estatais serem avaliadas por baixo se fossem postas à venda imediatamente. Fazia uma comparação com o processo de tentar vender uma casa: investir em trabalhos de pintura e em algumas renovações pode fazer aumentar o preço de venda, muito para além do custo dos melhoramentos. Corliss descreveu as suas ideias num *e-mail* dirigido a Jackson:

> Deixe-me dizer que acredito FIRMEMENTE que a privatização é a melhor solução para quase todas as empresas. A minha questão é o ritmo em que isto se deve fazer. Ponho-me no lugar do investidor: se for investir hoje numa empresa que acabou de passar por todas estas contrariedades, não vou gastar muito dinheiro. O rendimento que exigiria pelo risco que vou correr tornaria o presente valor líquido dos rendimentos futuros num número muito pequeno. Usar dinheiro «público» para recuperar as empresas potencialmente viáveis permitir-nos-á obter um preço muito melhor para o povo iraquiano quando se privatizarem as empresas. Em suma, não devemos vender a baixo custo.

O caminho a seguir parecia muito claro para Corliss. No fim das duas semanas de análise, concluiu que 13 das 48 empresas do ministério tinham capacidade para dar lucro e, por isso, deviam receber atenção imediata. Precisariam de dinheiro e de consultores de gestão para ajudarem na reestruturação. Quanto às outras, não tinha tantas certezas. Algumas podiam ser salvas com o tempo. Outras eram tão pouco lucrativas, com equipamento tão antiquado e produtos tão maus, que nunca encontrariam comprador. Estas empresas tinham de ser encerradas. Era preciso tomar uma decisão sobre os trabalhadores. Corliss pensou que seria mais barato pagar uma remuneração vitalícia aos trabalhadores dessas empresas do que enterrar dinheiro em empresas arruinadas.

A companhia de óleo vegetal não fazia parte das 13 empresas viáveis. Corliss não tinha a certeza se poderia ser salva. Não desejava encerrá-la, mas, para a companhia sobreviver, Aziz, o director, tinha de arranjar maneira de obter bons resultados sem os lucrativos subsídios à importação. Outras empresas tinham muito mais potencial. Entre elas, havia empresas que produziam cimento, fertilizante, fosfato e produtos petroquímicos. Na lista de Corliss havia também uma firma chamada al-Faris Company.

A al-Faris Company localizava-se na zona ocidental de Bagdad, perto da agora infame prisão de Abu Ghraib. A operação consistia num modesto escritório de um só piso, que tinha sido esvaziado pelos saqueadores, e uma linha de montagem cavernosa, alojada numa estrutura gigante do tamanho de vários hangares de aviões jumbo. Quando visitei a al-Faris, o director da companhia, Abdulrahman Azzawi, recebeu-me numa sala de reuniões mobilada com uma mesa branca desmontável e uma dúzia de cadeiras de plástico. «É tudo o que temos agora», afirmou ele. Assim que eu lhe disse que era Americano, começou a falar do seu amor pelos Estados Unidos. «Se tivermos uma boa ideia e trabalharmos duramente, podemos fazer um milhão de dólares na América», disse ele. «Gosto disso.»

Embora tivesse feito o doutoramento na Grã-Bretanha, Azzawi disse que tinha sido membro da Ordem Americana de Engenheiros Mecânicos até ao embargo da ONU de 1991. «O grupo americano é o melhor», afirmou ele. Pretendia renovar a sua condição de membro assim que o serviço de correios iraquiano voltasse a funcionar. Ao contrário da Companhia Estatal de Óleos Vegetais, não era logo evidente o que a al-Faris fazia. Quando lhe perguntei, Azzawi olhou para mim seriamente. «Não ouviu falar de nós?», perguntou. Quando lhe respondi que não, explicou-me como a sua companhia tinha sido repetidamente revistada por inspectores de armamento das Nações Unidas. Aparentemente, alguém pensou que o edifício gigante poderia ser um bom local para esconder mísseis Scud. «Não tínhamos nada a ver com armas de destruição maciça», insistiu. «Talvez outras empresas, mas nós não.» Disse-lhe que não estava interessado em mísseis escondidos, mas naquilo que a sua fábrica produzia. Sistemas de purificação de água, disse ele, e equipamento pesado para a indústria petrolífera. «Há uma grande procura para os nossos produtos», afirmou.

A água canalizada de Bagdad já foi boa para beber, mas anos de sanções tinham restringido a capacidade do Iraque de importar cloro para as centrais de tratamento, que acabaram por encerrar. A água municipal era agora bombeada directamente do poluído Tigre. Portanto, novos sistemas de purificação seriam um produto muito interessante.

Mas nada estava a sair da linha de produção da al-Faris. A maioria dos 1200 trabalhadores estava em casa, à excepção de alguns guardas e gestores da fábrica. O problema era a electricidade e a matéria-prima. Não havia uma coisa nem outra.

Azzawi tinha uma solução. Tinha 1,5 milhões de dólares no banco. Se os bancos abrissem e se obtivesse autorização do Ministério da Indústria para aceder aos fundos da companhia, poderia encomendar um gerador de um megawatt. Poderia também importar directamente matérias-primas – à taxa de câmbio actual. «Vou falar com os meus fornecedores e fazer um acordo com eles», declarou. «Só preciso do meu dinheiro.»

Corliss achou que era uma boa ideia. Parecia bastante simples. Jackson e Carney também a apoiavam. O único problema era que nem Corliss nem Jackson nem Carney tinham a palavra final. Esse poder estava nas mãos de Peter McPherson.

Encontrei-me com Peter McPherson poucos dias depois da minha visita à al-Faris. Fui escoltado ao seu gabinete no segundo andar do palácio por uma jovem alegre, assessora de imprensa da CPA – alguém do departamento de relações públicas tinha de acompanhar sempre os jornalistas no palácio –, mas, para minha surpresa, ela foi-se embora assim que McPherson começou a falar. *Não é um bom sinal*, pensei. Ou ele era muito directo ou então muito, muito aborrecido.

McPherson tirara uma licença do cargo de presidente da Universidade do Estado de Michigan para servir no Iraque. Em vez das camisas apreciadas por outros altos funcionários da CPA, ou dos pólos usados pelos funcionários subalternos que costumavam andar pela cidade, ele vestia uma velha *t-shirt* verde e uns calções de caqui, largos e amarrotados. Careca e com óculos, tinha uma pequena barriga. A sua pele não mostrava sinais de bronzeamento. Na boca, tinha um cigarro por acender.

Eu tentava lembrar-me de que, apesar da sua aparência, McPherson estava longe de ser um académico descuidado. Dirigiu durante sete anos a Agência Americana para o Desenvolvimento Internacional, no mandato do presidente Ronald Reagan. Foi vice-presidente do Banco da América. Trabalhou para as Finanças e foi assistente especial do presidente Gerald Ford. Foi na Casa Branca, durante o mandato deste presidente, onde foi director assistente do departamento de pessoal, que forjou um estreito relacionamento profissional com Dick Cheney, que era então o chefe de gabinete do presidente.

Conservador assumido, com uma fé inabalável no poder do mercado livre, McPherson acreditava que a melhor maneira de promover o desenvolvimento económico era através de um sector privado activo. Nunca trabalhara no Médio Oriente ou num ambiente de pós-guerra, mas quando um alto funcionário do Departamento do Tesouro lhe telefonou e lhe ofereceu o cargo de director da política económica da CPA, não hesitou em aceitar. Bremer estava a levar a democracia para o Iraque. A missão de McPherson, disseram-lhe, seria levar o capitalismo.

Os arquitectos neoconservadores da guerra – Wolfowitz, Feith, Rumsfeld e Cheney – viam a mudança económica global do Iraque como parte integrante da missão americana de reconstrução do país. Para eles, uma economia livre e uma sociedade livre eram indissociáveis. Se os Estados Unidos falavam a sério sobre a criação de uma democracia no Iraque, então teriam de ensinar os Iraquianos a fazer negócios de outra maneira – à maneira americana.

Nos meses anteriores à guerra, enquanto que o Departamento de Estado e o Pentágono discutiam entre si sobre como é que a autoridade política devia ser devolvida aos Iraquianos, a USAID e o Departamento do Tesouro concordaram em colaborar na promoção das reformas agressivas no mercado livre desejadas pelos neoconservadores. Após meses de conversações secretas, a USAID e o Departamento do Tesouro conceberam um plano para a transformação económica. O plano foi apresentado num documento confidencial de 101 páginas intitulado «Mudar a Economia Iraquiana da Recuperação para o Crescimento Sustentado», que especificava o trabalho que a USAID queria que fosse feito por um contrato privado. O objectivo, segundo o documento, era criar «as bases para a recuperação económica de um sector privado orientado para o mercado». O plano previa a venda das empresas do Estado através de um «programa global de privatização», o estabelecimento de uma «bolsa de classe mundial» e de um «sistema completo de impostos sobre os rendimentos consistente com a prática internacional corrente».

Os Iraquianos, tal como muitos dos seus vizinhos árabes, receavam o controlo estrangeiro das empresas nacionais e a privatização da indústria petrolífera. Mas a USAID e o Departamento do Tesouro exigiam que o empreiteiro promovesse leis que fossem «iguais para qualquer investidor, nacional ou de outro lado qualquer». O empreiteiro devia também promover o «envolvimento do sector privado ... especialmente no petróleo e nos sectores de apoio». Notavelmente ausente do grande plano estava a consulta aos líderes iraquianos ou mesmo ao governo interino iraquiano. A USAID e o Departamento do Tesouro sabiam do que é que o Iraque necessitava.

Nos dias que se seguiram ao derrube do governo de Saddam, se se perguntasse a qualquer Iraquiano – desde o homem da rua até a um dos antigos líderes políticos exilados – qual era o maior problema económico do país, a resposta era sempre a mesma: o desemprego. Ninguém sabia exactamente quantos desempregados havia, mas parecia que mais de metade dos homens em idade de trabalho estavam desempregados; as estimativas apontavam para uma taxa de 40% de desemprego. Mas o documento da USAID e do Departamento do Tesouro não apresentava nenhum plano para criar empregos. As palavras *impostos* e *privatizar* eram mencionadas dezenas de vezes mais do que a palavra *emprego*.

No desenvolvimento do plano, a USAID foi ajudada pela Bearing-Point Incorporated, uma empresa de consultadoria com sede na Virgínia. Quando chegou a altura de entregar o contrato, avaliado em 79 milhões de dólares para o primeiro ano, a USAID escolheu a Bearing-Point. O inspector-geral da USAID repreendeu depois a agência pelo modo como esta lidou com o contrato, escrevendo num relatório contundente que o «extenso envolvimento da BearingPoint no desenvolvimento do programa de reforma económica do Iraque dá mostras de uma injusta vantagem competitiva». Mas a controvérsia não prejudicou o relacionamento entre a USAID e a BearingPoint. Em Setembro de 2004, a agência atribuiu à empresa um novo contrato no valor de 225 milhões de dólares.

McPherson não esteve envolvido na concepção do plano de 101 páginas. Mas nada encontrou de censurável no plano. A sua visão para a reforma económica do Iraque seguia a mesma filosofia. Em vez de usar dinheiro público para criar novos empregos, numa versão iraquiana do *New Deal*, preferia uma estratégia virada para a oferta: reduzir o papel da indústria estatal através da privatização, eliminar os subsídios à electricidade e ao combustível, cortar as tarifas, baixar os impostos, promover o investimento estrangeiro e promulgar leis que apoiem as empresas. Estas mudanças, pensou ele, fariam com que as empresas multinacionais, e até alguns Iraquianos ricos, se estabelecessem no Iraque, criando postos de trabalho para os desempregados. McPherson acreditava que a chave para o crescimento económico era o «desenvolvimento de um forte sector privado».

«Temos de reduzir o número de funcionários públicos», disse-me ele nessa primeira entrevista, «e não aumentá-lo».

McPherson chegou a Bagdad um mês após a libertação da cidade. Queria que a BearingPoint começasse a trabalhar o mais depressa possível, mas os consultores da empresa só deveriam chegar dali a várias semanas. Para McPherson, o tempo era fundamental. Queria avançar imediatamente com a privatização e a eliminação dos subsídios. Quanto mais depressa resolvesse estes problemas, pensou ele, mais depressa se alcançaria o crescimento económico. Estava também pessoalmente interessado em que as coisas se fizessem rapidamente Tinha pedido apenas 130 dias de licença ao conselho de administração do estado de Michigan.

McPherson reuniu a sua própria equipa. Levou consigo o conselheiro geral assistente do Departamento do Tesouro e dois brilhantes economistas do governo, um do Conselho de Consultores Económicos da Casa Branca e o outro do Banco da Reserva Federal de Boston. Mas McPherson não tinha pessoal para lidar com a privatização. Tinha de confiar em Corliss e Jackson.

Assim que chegou, ainda antes de pedir as análises das empresas estatais que Corliss faria em duas semanas, McPherson anunciou a sua intenção de avançar com a privatização. No Ministério da Indústria, Carney, Jackson e Corliss estavam ainda a tentar perceber como é que o ministério funcionava. Na equipa económica da CPA, toda a gente estava a pensar em como pagar os salários de centenas de milhares de funcionários públicos. «E depois chega McPherson, a querer falar da privatização das indústrias estatais», disse um membro da equipa económica. «Achávamos aquilo extremamente irrelevante.»

Havia também um obstáculo legal. O artigo 43.º da segunda secção da Convenção de Haia de 1899 – o primeiro conjunto de tratados internacionais sobre leis de guerra – exigia que uma potência ocupante respeitasse todas as leis do país ocupado, excepto quando fosse necessário promover a ordem pública e a segurança. Ainda que os Estados Unidos tivessem o aval do Conselho de Segurança das Nações Unidas, na Resolução 148-3 – promover a «reconstrução económica e as condições para o desenvolvimento sustentado» no Iraque –, os juristas da CPA eram, de uma forma geral, contra a venda das indústrias do Iraque, com a justificação de que essas vendas violavam a Convenção de Haia. E se um governo iraquiano soberano se opusesse à privatização? Não podíamos voltar atrás com a venda de uma fábrica. É melhor deixar isso para uma futura administração iraquiana, diziam os juristas da CPA.

Ainda mais significativo, na altura, era o desafio prático. Corliss, Jackson e Carney não o conseguiriam fazer sozinhos. Era preciso analisar registos financeiros, publicar e avaliar propostas e arranjar financiamentos. Quando o trio se encontrou com uma equipa de Alemães para falar de como as fábricas da antiga Alemanha de Leste tinham sido privatizadas, a equipa da CPA ficou a saber que os alemães puseram 8000 pessoas a trabalhar no projecto. «Quantas pessoas têm vocês?», perguntou um dos alemães.

«Está a olhar para eles todos», respondeu Corliss.

O alemão riu-se e perguntou outra vez. «Não, quantas pessoas trabalham para si?»

«Não, somos só nós. Três pessoas», afirmou Corliss.

«Nem vale a pena começarem», disse o alemão.

Corliss depressa começou a ver a privatização rápida como um trabalho inconsequente. «Portanto, imaginemos que toda a gente da CPA, todos os burocratas, desde Peter McPherson até aos quadros subalternos como eu, todos dizem que a privatização é o caminho a seguir. Então, vamos até ao ministério iraquiano e dizemos: "Sabem uma coisa? Vamos privatizar as vossas fábricas. A partir de hoje e a começar pela fábrica de óleo vegetal. Vamos privatizá-la com os nossos próprios fundos." Os Iraquianos olhariam para nós e diriam: "Verdade? Está bem. Obrigado. Vamos trabalhar nisso. Amanhã falamos convosco." E sairiam a dizer: "Americanos estúpidos." E simplesmente não o fariam.»

«Nunca chegámos a controlar realmente alguma coisa. Agora, mais uma vez, por que não? Bem, há 150 000 pessoas nesse ministério, todos com os seus pequenos interesses adquiridos, e estavam ali há anos, se não mesmo décadas. Nós éramos três responsáveis pelo ministério. Eles deviam ver-nos como uns palhaços, que vinham aqui com ideias e conceitos, mas nunca tinham fundos para os concretizarem. Nós dávamos ordens e eles olhavam simplesmente para nós e diziam: "Sim, claro. Parece bem. Voltarão amanhã, não é verdade? Perfeito, beberemos chá e falaremos um pouco mais sobre isso".»

«A questão essencial era que podíamos decidir privatizar ou não privatizar. Não importava. Não tínhamos poder para privatizar. Não tínhamos poder para fazer nada, "porque não tínhamos controlo sobre aqueles bens". Era como se um homem chegasse a um país – um país altamente militarizado – com um folha de papel e dissesse: "Esta folha de papel diz que agora sou eu quem dirige o país", e esse país tem 24 milhões de pessoas com armas. Vão olhar simplesmente para ele e dizer: "Oh, por que não se senta aí no canto, seu louco?" Era assim que os Iraquianos nos viam: "O que vocês querem? São apenas três. Nós somos 150 000. Não viram a maioria das fábricas. Por que pensam que vão tomar alguma decisão?" E então eles continuavam no seu trabalhos, e nós como que brincávamos no nosso pequeno mundo imaginário da CPA.»

McPherson depressa começou a perceber a dificuldade de vender as empresas estatais. Não só a equipa económica da CPA era demasiado pequena como também era difícil imaginar algum investidor a aventurar-se numa viagem de carro desde a Jordânia (o aeroporto de Bagdad estava encerrado ao tráfego comercial) para ver uma fábrica que não estava a funcionar porque não tinha electricidade nem empregados. Chegou à conclusão de que as vendas teriam de esperar até que o Iraque estabilizasse.

Mas havia algo que, entretanto, ele podia ainda fazer. As companhias estatais recebiam centenas de milhões de dólares por ano em subsídios. As fábricas de cimento não tinham de pagar electricidade. As fábricas petroquímicas não tinham de pagar o crude que recebiam. E ninguém tinha de pagar importações ao preço de mercado. A eliminação destes subsídios, pensou ele, resultaria num processo de selecção natural: as companhias viáveis sobreviveriam, e as não lucrativas desapareceriam. McPherson chamava a isto «encolhimento». Quando as empresas estatais encolhessem ou, simplesmente, desaparecessem, esperava que as importações aumentassem e que começassem a nascer novas empresas privadas. O desemprego não o preocupava, pois a CPA prometera que todos os que trabalhavam para o governo, mesmo os das fábricas encerradas, continuariam a receber um salário. Considerava o encolhimento «mais prático, pelo menos durante alguns anos, do que a privatização maciça.»

Para McPherson, a pilhagem era uma forma de encolhimento necessária. Se os ladrões da propriedade do governo promovessem a iniciativa privada – como quando os motoristas dos autocarros municipais de Bagdad começaram a fazer os seus próprios percursos e a ficarem com o dinheiro dos bilhetes –, seria, neste sentido, um desenvolvimento positivo. «Pensei que a privatização que acontece, mais ou menos naturalmente, quando alguém fica com o seu veículo do Estado ou começa a conduzir o camião que pertencia ao Estado, era positiva», disse ele. Os colegas da CPA ficaram estupefactos. Centenas de carros da polícia tinham sido roubados e transformados em táxis privados – bom para o sector privado, mas mau para a segurança. O mesmo problema assolava o sistema de distribuição de alimentos do Ministério do Comércio. Muitos dos camiões que transportavam rações mensais estavam a ser utilizados para transportar materiais para obras privadas de reconstrução. «A filosofia Robin Hood podia soar bem aos economistas do palácio», disse um consultor do ministério na CPA, «mas quando se olhava para o impacto no mundo real, era uma loucura».

McPherson acreditava também que esta estratégia de encolhimento ajudaria a resolver um assunto que era vexante para a sua equipa económica. Ninguém sabia ao certo quanto dinheiro é que as empresas estatais tinham no banco – ou qual o valor das suas dívidas. Os registos bancários tinham sido destruídos, bem como os arquivos do ministério da Indústria. Quanto é que a companhia de petróleo estatal devia à al-Faris pelos produtos que tinham sido entregues antes da guerra? Quanto é que a al-Faris devia, por sua vez, à Companhia Estatal de Ferro e Aço? E quanto é que esta empresa devia à companhia estatal de minérios? Para analisar o deve e haver de toda a gente seria necessário um batalhão de contabilistas. Segundo uma expressão de Walt Slocombe, o arquitecto da dissolução do exército, McPherson chamava a este desafio uma «confusão irremediável».

«Não havia registos para analisar», disse ele. «Se existissem, é claro que seria necessário muito tempo para resolver as coisas... E se não se conseguisse resolver as questões das dívidas das companhias, então ficavam por ali e não se podia criar outras novas. Além disso, era claro que iriam andar todas atrás umas das outras. Todo o sistema estava claramente em bancarrota.»

Para piorar as coisas, a equipa de McPherson descobriu que os bancos estatais iraquianos tinham uma dívida de mil milhões de dólares. Tinham cerca de dois mil milhões em depósitos – cerca de metade pertencia a entidades do Estado –, mas apenas mil milhões em activos. Independentemente do que acontecesse, McPherson estava desesperado para evitar uma corrida aos bancos, receando que um grande número de levantamentos acabasse com a pouca confiança pública que havia em relação à moeda iraquiana e à economia em geral.

A equipa de McPherson reuniu-se várias vezes no seu gabinete para tentar chegar a uma solução. Nenhum Iraquiano foi convidado. Nem sequer Carney e a sua equipa. McPherson via estes como «litigantes especiais».

McPherson defendia uma abordagem de limpeza. Todas as dívidas e activos seriam anulados. As empresas estatais começariam a partir do zero. Outros membros da equipa económica levantaram dúvidas. Citaram o precedente de Alexander Hamilton, que, enquanto primeiro secretário do Tesouro da América, insistia que o novo governo federal pagasse as suas dívidas externas e internas. O Iraque pós-Saddam devia seguir a mesma política, diziam eles. McPherson redefiniu o seu argumento. O governo pagaria as dívidas privadas. Afinal de contas, havia mil milhões de dólares nos bancos para pagar aos depositantes privados. Mas as dívidas intergovernamentais, entre os ministérios e as companhias estatais, seriam perdoadas. Para compensar as firmas estatais pelo desaparecimento dos seus activos, McPherson prometia atribuir 60 milhões de dólares do orçamento de 2003 ao Ministério da Indústria. Carney, Corliss e Jackson podiam congeminar como dividir o dinheiro. Para McPherson, parecia mais do que justo.

Quando Corliss soube da decisão de McPherson, viu «uma centena de sinais vermelhos». *Isto é mau*, pensou. *Isto é mesmo mau.*

A decisão de McPherson significava que a al-Faris Company, que tinha 1,5 milhões de dólares no banco, agora não tinha nada. Lá se ia a ideia de comprar aquele gerador para voltar a pôr a funcionar a sua linha de montagem. As companhias de cimento estavam na mesma situação. Tinham dinheiro no banco, ou assim pensavam, do qual precisavam para reiniciar a produção. Ao mesmo tempo, algumas das companhias menos lucrativas do país ganhavam a sorte grande. Para Corliss, o mais irritante era o caso da Companhia Estatal das Indústrias de Algodão. Tinha contraído um empréstimo de 75 milhões de dólares a um banco estatal para pagar o fornecimento de algodão durante três anos. (Junto à fábrica, havia literalmente uma pequena montanha de algodão em rama.) De repente, esse algodão passou a ser gratuito. Em vez de o usarem para produzir roupa, os administradores da fábrica venderam-no aos países vizinhos e encaixaram milhões de dólares em comissões por debaixo da mesa.

«As companhias que mais interessavam foram as que mais sofreram», afirmou Corliss. «As empresas que, na terminologia de McPherson e na minha, eram os cães que deviam ser apanhados e abatidos, foram as que mais beneficiaram... Quem devia muito dinheiro? As companhias fracas. Quem tinha muito dinheiro? As companhias fortes. Então, invertemos isto... Foi exactamente o contrário daquilo que estávamos a tentar fazer.»

Corliss dizia também que os 60 milhões de dólares que McPherson queria atribuir ao Ministério da Indústria não chegavam para nada. Os estudos preliminares sobre os prejuízos da pilhagem das 48 empresas estatais apontavam para mais de 400 milhões de dólares. Depois havia os custos relativos à compra de matérias-primas e outras operações financeiras. *Não há nenhuma possibilidade de o fazermos com 60 milhões de dólares*, pensou ele. Solicitou uma reunião com McPherson.

Os dois homens encontraram-se ao jantar no enorme refeitório do palácio. Durante mais de hora e meia, Corliss explicou por que pensava que a decisão de McPherson era errada. «E, no fim, a atitude dele foi a seguinte: "Vai passar a vida a pagar para resolver estas dívidas entre empresas. Eles vão enganá-lo, e você já me disse que a contabilidade está um caos. Como acha que vai resolver isso?... E, por falar nisso, os depósitos bancários deles? Não há dinheiro no banco para suportar isso. Portanto, se eu não implementar esta política, todas as companhias que têm dinheiro no banco irão querer levantá-lo e, sabe uma coisa? O dinheiro não está lá. Simplesmente não está".»

«E o que lhe disse eu? "Está bem. Concordo consigo. Tornou a minha vida muito mais simples e, acredite-me, agora tenho uma folha de balanços limpa... Mas a questão é que fica com problemas estranhos. Tem a companhia de algodão, com 75 milhões de dólares em algodão. A companhia petroquímica, a quem todas as outras companhias devem dinheiro. E, além disso, há o problema de todas as companhias com que eu vou falar, cujas primeiras palavras serão: 'Roubaram-nos a nossa conta bancária.' Posso dizer-lhes que o dinheiro nunca lá esteve. Mas não vão acreditar. Vão dizer: 'Vocês, Americanos, roubaram a nossa conta bancária', e é disso que estão convencidos".»

«Concordo que haja problemas associados», disse McPherson. «Mas sabe, há prós e contras em qualquer decisão. Esta é a decisão que tomámos. Vamos avançar.»

Ao levantar-se, Corliss anunciou que não desistia. «Senhor, vou tentar convencê-lo a mudar de ideias.»

No dia seguinte, Corliss escreveu um *e-mail* de uma página a Carney e a Jackson. Foi directo. Acerca do cancelamento dos activos e das dívidas, escreveu: «A maioria das companhias vai ficar com balanços de capitais negativos – um forte sinal vermelho para os investidores e um obstáculo para o desempenho futuro da Companhia... Esta política diz também às companhias que "todas as vendas realizadas até 1 de Junho, mas que não foram ainda pagas, ficam sem efeito. Desculpem, mas foram roubados. Espero que não tenham trabalhado muito para fazer esses negócios".» Disse que a decisão de atribuir apenas 60 milhões de dólares ao ministério era apenas «uma sentença de morte garantida a todas as empresas estatais, à excepção das mais fortes». «Reconheço que estas são opiniões controversas e não me esforcei muito para as comunicar de forma diplomática. No entanto, penso que se trata de um assunto suficientemente importante para estar com meias palavras. Além disso, não estou muito interessado em participar na destruição de empresas que, de outro modo, podiam ser viáveis.»

Dois dias depois, Carney enviou a McPherson uma nota intitulada «Falhas fatais na política orçamental para as empresas estatais». Dizia que a decisão violava a Convenção de Genebra ao destruir «os activos do povo iraquiano». Acusava também McPherson de conceber a política «sem a adequada participação iraquiana. Em vez de ser transparente, com o envolvimento de ministros e académicos iraquianos interessados, a política parece ser o pensamento de um pequeno grupo na Autoridade Provisória da Coligação».

«Temos de repensar isto», concluía ele.

Carney deixou Bagdad de vez no dia seguinte, já que terminava a sua comissão de 90 dias. Antes de partir, teve uma breve reunião com Bremer no palácio. «Boa sorte», desejou Carney a Bremer, «e não se esqueça de contar com os Iraquianos.»

Com a privatização abandonada em favor do encolhimento, McPherson virou a sua atenção para outras políticas com o desígnio de criar uma utopia capitalista no Médio Oriente. Convenceu Bremer, que partilhava com ele o sonho de um sector privado vibrante, a eliminar as taxas de importação. O governo de Saddam cobrava taxas de 200% sobre alguns produtos de luxo importados. Sem taxas, carregamentos de automóveis, televisões e aparelhos de ar condicionado eram enviados para o Iraque, vindos de todos os países vizinhos. A rua Karrada, em Bagdad, a principal avenida comercial da capital, estava cheia de novos veículos e aparelhos electrónicos para venda. Os Iraquianos curiosos olhavam para os produtos. Os mais abastados retiravam os dólares que tinham escondido nos colchões e compravam os produtos recém-chegados, que há muito que estavam fora do seu alcance. A cena era exactamente aquilo por que os estrategas de imprensa da Casa Branca há muito esperavam: os Iraquianos livres a divertirem-se num mercado livre.

Entusiasmado, McPherson tornou-se ainda mais ambicioso. Agarrou no código fiscal – sem esperar pelos consultores da BearingPoint – e procedeu a cortes. Reduziu a taxa mais alta de imposto para indivíduos e empresas de 45% para 15%. Era o tipo de revisão de impostos que os fiscalistas conservadores há muito desejavam implementar nos Estados Unidos. Não interessava que a maioria dos Iraquianos nunca se preocupasse em pagar impostos. Os pormenores seriam trabalhados depois pela BearingPoint, cujo contrato requeria que desenvolvessem um programa para atribuir números de identificação fiscal aos contribuintes iraquianos.

O ponto central da agenda de McPherson era uma nova lei sobre o investimento estrangeiro. O Iraque, tal como quase todos os seus vizinhos, restringia a dimensão dos investimentos estrangeiros na economia local. Na maioria dos casos, um estrangeiro não podia deter mais de 49% de uma empresa. Esta regra, concebida para proteger as firmas nacionais, não se coadunava com a economia mundial globalizadora, mas servia para acalmar os medos conspirativos e xenófobos do público iraquiano de que investidores de Israel tentassem apoderar-se das empresas iraquianas. Para McPherson, porém, o investimento estrangeiro era fundamental para a recuperação económica. A forma de criar empregos, pensava ele, era atrair empresas multinacionais para o Iraque, com a promessa de poderem deter não só 49%, mas 100% do negócio que estabelecessem. Pensava que essas empresas podiam estabelecer fábricas que empregariam milhares de Iraquianos, evitando assim que a CPA tivesse de ressuscitar muitas empresas estatais. Comunicou a sua ideia a Bremer, que depressa ficou convencido. Outros da equipa de McPherson também concordavam. Mas o Conselho Governativo tinha dúvidas. Os seus membros sabiam que a mudança seria controversa e não queriam ser responsabilizados por vender o país a estrangeiros. McPherson e Bremer esforçaram-se por vender a ideia, trazendo economistas do Banco Mundial, que explicaram que as políticas proteccionistas eram a razão por que o Médio Oriente estava atrás de África no investimento directo estrangeiro. As discussões prosseguiram durante semanas, com o conselho a propor vários esquemas para restringir a possibilidade de as empresas estrangeiras venderem bens, o que McPherson e Bremer rejeitaram. A questão foi encerrada por Colin Powell, que, durante uma breve visita, disse ao conselho que este devia apoiar a mudança. A nova lei sobre o investimento estrangeiro foi anunciada poucos dias depois, numa conferência internacional bancária, realizada nos Emirados Árabes Unidos. Foi o dia mais feliz de McPherson desde que chegara ao Iraque.

McPherson não se via como um ideólogo, mas como um Americano que trabalhava no melhor interesse do povo iraquiano. Estava ali para administrar alguns remédios amargos, mas pensava que seria mais fácil ser ele a fazê-lo do que um governo iraquiano inexperiente, que provavelmente não quereria esbanjar capital político ao liberalizar o investimento estrangeiro ou encolher as empresas estatais. Obrigou também Bremer e os arquitectos neoconservadores da guerra a engolirem notícias difíceis. Quando a CPA começou a ficar sem dinheiro para pagar os salários dos Iraquianos, McPherson resolveu voltar a imprimir notas de 250 dinares com a efígie de Saddam. Paul Wolfowitz opôs-se, mas McPherson insistiu. Disse que se a CPA deixasse de pagar salários em dinares e dólares – e usasse depois exclusivamente dólares –, enviaria um forte sinal aos Iraquianos de que a sua «moeda não valia nada». Mais tarde, McPherson dirigiu um dos mais bem sucedidos projectos da CPA: a impressão de uma nova moeda, sem a efígie de Saddam, e um programa maciço, a nível nacional, de troca das velhas notas por outras novas.

Um mês antes de McPherson se ir embora, Bremer disse-lhe que não precisava de se preocupar mais com o desenvolvimento do sector privado. Essa tarefa caberia agora a Thomas Foley, um banqueiro de investimentos e importante contribuinte para o Partido Republicano, que fora colega do presidente Bush na Harvard Business School.

Uma semana depois de ter chegado, Foley disse a uma consultora da BearingPoint que pretendia privatizar todas as empresas estatais iraquianas num prazo de 30 dias.

«Tom, isso levanta alguns problemas», disse a consultora. «O primeiro é uma lei internacional que proíbe a venda de bens por um governo de ocupação.»

«Não quero saber de nada disso», disse Foley à consultora, segundo o que esta se recorda da conversa. «Não quero saber da lei internacional. Prometi ao presidente que iria privatizar as empresas iraquianas.»

Quando a consultora tentou objectar novamente, Foley interrompeu-a.

«Vamos beber um copo», disse ele.

A Zona Verde, Cena V

Uma conferência de imprensa da Autoridade Provisória da Coligação.

DATA: 25 de Fevereiro de 2004.

LOCAL: Sala de Conferências n.º 3, Centro de Congressos de Bagdad.

PARTICIPANTES: o porta-voz da CPA, Daniel Senor, e o brigadeiro general Mark Kimmitt.

PERGUNTA (em árabe, de um jornalista iraquiano): general Kimmitt, o barulho dos helicópteros americanos, que voam muito baixo, está a aterrorizar as crianças, principalmente à noite. Por que insiste em voar tão baixo e a atemorizar o povo iraquiano?

GENERAL KIMMITT: O que dizemos às crianças do Iraque é que o barulho que ouvem é o som da liberdade. Estes helicópteros estão no ar para darem segurança e protecção. Claro que os nossos pilotos de helicóptero não voam a baixa altitude com o propósito de assustarem as crianças do Iraque. Estão ali para lhes darem segurança. E tal como a minha mulher, que é professora, diz às crianças que estão sentadas na sala de aula, quando ouvem os disparos da artilharia em Fort Bragg: «meninos, este é o som da liberdade». Elas parecem ficar muito contentes com esta explicação. Recomendamos que digam o mesmo às crianças do Iraque, que esse barulho dos helicópteros que ouvem por cima das vossas cabeças garante que não tenham de se preocupar no futuro.

7
Traz uma mochila

Sempre que eu passava pela rotunda principal do palácio, a minha atenção concentrava-se imediatamente numa lona azul pendurada na parede. Só aqueles que tinham chegado nos primeiros dias da ocupação sabiam o que estava por detrás daquela lona: um retrato de Saddam a entregar tijolos aos trabalhadores que estavam a reconstruir o palácio bombardeado durante a Guerra do Golfo. Ali perto, havia dois modelos poeirentos do edifício, feitos à escala e do tamanho de uma mesa. Um representava os estragos provocados pelo bombardeamento; o outro mostrava a estrutura maior que seria reconstruída. Alguns meses após o início da ocupação, os modelos desapareceram.

Num dos lados da rotunda, havia um detector de metais perto de três guardas corpulentos. Era a entrada do gabinete de Jerry Bremer. No outro lado ficava a Sala Verde, sede da equipa de Comunicações Estratégicas.

O StratComm, como era conhecido no palácio, era o gabinete de relações públicas da CPA. Era dirigido por Daniel Senor, um homem magro, de 32 anos de idade, com umas entradas no cabelo e uma atitude arrogante para com os jornalistas. Chegara a Bagdad com Garner, mas ficou depois da chegada de Bremer. A sua experiência em relações com a imprensa limitava-se a um curto período de tempo como porta-

-voz de um senador, mas Senor era um republicano fervoroso e depressa se tornou um membro fiel do círculo mais próximo do vice-rei. Ajudava Bremer, tal como ele um licenciado da Harvard Business School, a decidir quando fazer conferências de imprensa, a que jornalistas dar entrevistas e quais as oportunidades de ser fotografado que mereciam uma viagem perigosa fora da Zona Verde.

Enquanto a ocupação prosseguia, Senor tornou-se no membro da CPA mais visível depois de Bremer. Vestido de fato, dava conferências de imprensa várias vezes por semana no Centro de Congressos. A sala de conferências fora decorada por um consultor de imagem da Casa Branca, que foi a Bagdad para especificar as dimensões e localização do fundo – um selo dourado brasonado com as palavras «Autoridade Provisória da Coligação». O consultor mandou também colocar dois grandes televisores de plasma afixados na parede, para que Senor pudesse apresentar gravações vídeo. Enquanto que os membros da CPA tinham de esperar meses por equipamento e pessoal vindos dos Estados Unidos, as necessidades da sala de imprensa foram rapidamente satisfeitas.

Por detrás do pódio(22), Senor nunca admitia um erro, e os seus esforços para transformar fracassos em sucessos chegavam, por vezes, ao nível do absurdo. «A maioria dos Iraquianos ... quer que as forças da coligação saiam? Eles dizem que não», afirmou certa vez. As próprias sondagens da CPA sugeriam o contrário. Questionado por que razão havia filas intermináveis nas bombas de gasolina do Iraque, Senor insistiu que isso eram «boas notícias» – havia mais Iraquianos a andar de carro porque a CPA autorizara a importação de 250 000 novos veículos. Não se referiu aos atrasos da CPA em fazer com que a Halliburton e os outros empreiteiros resolvessem o problema com a reparação das refinarias. Quando Senor falava a sério, não era para ser publicado. Em Abril de 2004, alguns jornalistas fizeram-lhe perguntas sobre um recrudescimento de violência que estava a obrigar os Americanos a refugiarem-se na Zona Verde. «*Off the record*: Paris está a arder», disse-lhes ele. «*On the record*: a segurança e a estabilidade estão a regressar ao Iraque.»

Senor não falava árabe. Quando um jornalista iraquiano fazia uma pergunta, as câmaras registavam Senor a colocar um par de auscultadores para ouvir a tradução. O seu desconhecimento da língua tornava algumas conferências quase cómicas. Questões básicas colocadas por jornalistas iraquianos – Quando vai pagar as reformas? Quando é que vai aumentar a produção de electricidade? – tinham respostas frequentemente insatisfatórias porque a pergunta ou a resposta eram deturpadas pelo intérprete. Outros pedidos de informação sobre os serviços do governo eram remetidos para o Conselho Governativo, para perpetuar o mito de que este tinha verdadeira autoridade. O gabinete de imprensa do conselho era ineficiente e, por isso, os jornalistas iraquianos raramente recebiam uma resposta adequada.

Nestas conferências de imprensa, Senor falava sobre as visitas de delegações do Congresso e de secretários do governo. Havia outra sessão para os que falavam árabe, mas era feita por um britânico que só repetia os pontos já referidos por Senor, desconsideração que irritava muitos jornalistas iraquianos. «Os Iraquianos querem saber o que se passa no Iraque», declarou um correspondente de um dos maiores jornais de Bagdad após uma conferência de Senor. «Mas ele só fala de política americana.»

A prioridade de Senor era informar os meios de comunicação social americanos, particularmente aqueles que eram apreciados pelos apoiantes do presidente Bush. A Fox News, cuja cobertura da ocupação era, de uma forma geral, solidária e de apoio, era um dos órgãos favoritos. (Após a ocupação, Senor ingressou na Fox como comentador do Iraque.) Certa vez, quando entrei no seu gabinete, só uma das suas três televisões estava ligada. Tal como a maioria das televisões no palácio, incluindo a do gabinete de Bremer, estava sintonizada na Fox. Nenhuma das outras televisões do gabinete de Senor estava sintonizada na al-Iraqiya, o canal nacional, que o Stratcomm devia supervisionar.

Como o governo de Saddam instalara uma rede de transmissores terrestres, a al-Iraqiya era o único canal acessível em todo o Iraque. Antes da guerra, as antenas parabólicas eram proibidas. O canal nacional era a única alternativa, apesar dos seus noticiários sem interesse e dos elogios a Saddam em horário nobre. Após o derrube do governo, os Iraquianos, como era previsível, correram a comprar parabólicas para assistirem à al-Jazeera e a outros canais pan-árabes. Mas o entusiasmo inicial depressa se desvaneceu e os Iraquianos estavam ansiosos por notícias acerca do seu país. Quando sintonizavam a al-Iraqiya, raramente as tinham.

Numa tarde de Agosto, um camião pesado armadilhado explodiu frente ao quartel-general das Nações Unidas. A explosão fez tremer as casas a 10 quilómetros de distância. Foi a maior explosão em Bagdad desde a guerra e os Iraquianos subiram aos telhados para ver o que tinha acontecido. Ao verem apenas uma cortina de fumo negro no céu, voltaram para dentro de casa para ligar a televisão. Quando o meu amigo Saad ligou para a al-Iraqiya, estavam a transmitir um programa de culinária egípcio. Saad, tal como quase toda a gente em Bagdad, tinha uma antena parabólica. Mudou para a al-Jazeera, que estava a transmitir uma reportagem em directo sobre o incidente. Assistiu à al--Jazeera nas horas que se seguiram, enquanto a estação transmitia imagens da cena. Os repórteres no local eram objectivos, mas nos comentários que se seguiam, os auto-intitulados analistas consideravam a ocupação americana ilegal e mais não faziam do que elogiar os rebeldes responsáveis pelo ataque.

«Será que os Americanos querem que nos tornemos todos jihadistas?», perguntou-me depois Saad. «Por que não tentam competir com este lixo?»

A resposta chegou-me através de um produtor veterano de televisão, chamado Don North.

North fora *cameraman* no Vietname, chefe de redacção no Cairo, consultor de comunicação social do comandante militar da Arábia Saudita e professor de jornalismo nos Balcãs. Poucos meses antes de as tropas americanas invadirem o Iraque, recebeu um telefonema da Science Applications International Corporation (SAIC), uma grande empresa ligada à defesa, a propor-lhe que ajudasse a construir uma estação de televisão independente no Iraque. North, homem de cabelo grisalho, cuja rispidez de correspondente no estrangeiro era atenuada pela delicadeza canadiana, trabalhava como *freelancer* perto de Washington. Já tinha a sua conta de guerras no Médio Oriente. Mas o trabalho no Iraque era demasiado apelativo. Era uma combinação de tudo o que fizera desde o Vietname.

A SAIC fora contratada pelo Pentágono para dirigir a Iraqi Media Network (IMN), que incluiria a estação nacional de televisão, uma estação nacional de rádio e um jornal com seis edições por semana. A SAIC não tinha experiência em dirigir operações de comunicação social em ambientes pós-guerra; a sua especialidade era conceber sistemas informáticos para o Departamento de Defesa e agências de informação. No entanto, o Pentágono ofereceu o contrato dos *media* iraquianos à SAIC sem pedir propostas a outras empresas. O contrato foi redigido pelo gabinete de Doug Feith. O braço direito de Feith, Christopher Ryan Henry, fora vice-presidente da SAIC antes de ir para o Pentágono. A SAIC contratou Robert Reilly, ex-director da Voice of America, para dirigir o projecto da IMN. Durante a administração Reagan, Reilly dirigira uma campanha de informação da Casa Branca sobre as operações na Nicarágua, para fomentar o apoio aos rebeldes Contras.

A primeira missão de Don North para a SAIC foi cumprida em solo americano. Ajudou a produzir um documentário sobre os crimes de Saddam contra a humanidade, que o governo americano queria transmitir nas nações muçulmanas, de modo a conseguir apoio para a guerra. Quando terminou, North perguntou aos seus novos chefes o que podia fazer para preparar a criação da estação de televisão do Iraque. «Mas eles disseram: "Ok, Don, pode ir agora para onde quiser. Vemo-nos de novo em Bagdad, depois da queda da capital"», recordou ele. «Eu disse: "Mas, não há nada que eu possa ir fazendo? Planeamento? Quer dizer, segundo a minha experiência, são necessários anos para planear a programação e a estrutura de uma nova estação de rádio e televisão".»

«Não, não. Temos algumas pessoas que vão comprar equipamento. Não temos bem a certeza do que encontraremos quando chegarmos a Bagdad, mas não se preocupe com isso.»

Quando North chegou ao Kuwait, olhou para a lista de equipamento que a SAIC adquirira. Havia 13 tripés, mas nenhum deles com base para a câmara. O receptor para transmissões de satélite não tinha fio de corrente. Nada tinha manuais de instruções. «Era como se tivessem comprado tudo numa feira da ladra em Londres», disse North.

Alguns dias depois, o seu plano de reserva – usar o equipamento de transmissão do Ministério da Informação iraquiano, foi ao ar quando os militares arrasaram o edifício com mísseis de cruzeiro. Quando estava de partida para Bagdad, North soube que a SAIC tinha adquirido algumas novas câmaras de vídeo, mas quando tentou ficar com uma delas, disseram-lhe que o equipamento tinha sido prometido à equipa de segurança da SAIC.

Ao chegar a Bagdad, ele e dois Iraquianos exilados contactaram com uma unidade militar que tinha um transmissor de rádio. Um dia depois, estavam a transmitir notícias e declarações de serviço público em árabe. O esquema era primitivo: um dos Iraquianos ouvia a BBC em onda curta e redigia resumos noticiosos, que North editava e o outro Iraquiano lia ao microfone. Uma semana depois, quando Jay Garner tinha marcado a sua primeira conferência de imprensa, a equipa de North pensou que devia cobri-la. Mas quando North pediu um gravador aos seus colegas da SAIC, disseram-lhe que não havia nenhum.

Mais uma vez, o Pentágono falhara no fornecimento dos recursos necessários para o cumprimento da missão. A SAIC recebeu apenas 15 milhões de dólares. Num memorando para pedir mais fundos, Reilly referia que a al-Arabiya, uma nova estação noticiosa pan-árabe, tinha um orçamento anual de 60 milhões de dólares. A SAIC, notava ele, não fazia apenas televisão, mas também rádio e um jornal.

Mas, para North, nunca foi muito claro o que a SAIC fez aos 15 milhões de dólares que recebera inicialmente do Pentágono. Reilly declarava ter gasto 1,2 milhões em equipamento de estúdio de rádio e televisão antes da guerra, mas North não viu grande coisa em termos de equipamentos. Meses depois, o inspector-geral do Departamento da Defesa forneceu uma explicação parcial: a SAIC comprara um Hummer H2 e uma carrinha Ford C350 e pagara o aluguer de um avião de carga DC-10 para transportar os veículos para Bagdad. Os auditores do Pentágono não conseguiram determinar exactamente quanto custaram os veículos e a viagem de avião, mas calculavam que deve ter sido mais de 380 000 dólares. Os auditores descobriram que a compra tinha sido inicialmente rejeitada por um funcionário do Departamento da Defesa, mas a SAIC contornou o problema e obteve a aprovação do gabinete de Feith. O Hummer branco, com ar condicionado e vidros fumados, era usado pelo pessoal da SAIC para andar por Bagdad. Depressa se tornou um espectáculo na Zona Verde. De repente, os Suburban da CPA já pareciam modestos.

Um mês depois de North ter chegado a Bagdad, a IMN estava pronta para a sua primeira transmissão televisiva. Mais de 200 Iraquianos, muitos dos quais tinham trabalhado para a estação nacional de televisão antes da guerra, juntaram-se à IMN como técnicos, editores e repórteres. Alguns levavam até câmaras e equipamento de edição que tinham guardado em casa para os protegerem das pilhagens.

A equipa da IMN decidiu que a primeira transmissão seria um noticiário. Mas, na noite antes de irem para o ar, Dan Senor disse a North que o seu pivô, um conhecido antigo exilado que dirigia uma estação de rádio da oposição, era inaceitável. Senor não queria um exilado. Instruiu também North para que levasse o noticiário, que devia ser gravado previamente, a casa do líder político curdo Jalal Talabani, para que a mulher de Talabani pudesse dar o aval ao programa.

North anuiu na questão do *pivot*, prometendo acrescentar uma mulher que não fosse uma exilada. Mas recusou mostrar o programa à mulher de Talabani.

«Dan, você não está a par destas coisas», disse ele a Senor. «Estas coisas não vão avançar. Os Iraquianos não o vão permitir.»

A IMN gravou o noticiário no dia seguinte. Abria com uma breve oração do Alcorão. Mas, mesmo antes de o programa ser transmitido, Senor foi ao estúdio e disse a North para cortar a oração.

«Por ordem de quem?», perguntou North.

«De Washington», respondeu Senor. «Vamos começar por separar a religião da programação televisiva.»

«Um momento», replicou North. «Vivi muito tempo em países árabes. É tradicional que assim seja.»

«Não», disse Senor. «Estas são as ordens.»

North abanou a cabeça e afastou-se. *Isso não vai acontecer*, pensou. *Que se danem*.

Quando contou a conversa aos Iraquianos da IMN, insistiram em que as orações fossem incluídas. Nessa noite, o noticiário foi transmitido no seu formato original.

Tinha um estilo amador. A edição era tosca e o vídeo tinha a qualidade de uma produção caseira. Mas era um noticiário iraquiano e gerou imediatamente um burburinho nas ruas de Bagdad.

Para North e os seus colegas iraquianos, a IMN devia ser como a BBC, uma rede de rádio e televisão financiada pelo governo com independência editorial. Os jornalistas iraquianos, com o auxílio inicial de conselheiros americanos, decidiriam como cobrir as notícias. Mas, para algumas pessoas da CPA, a IMN era um instrumento de propaganda: estávamos a pagar por ela, portanto podíamos decidir o que passava. Os administradores da SAIC, disse North, não queriam fazer ondas. Se a CPA queria controlar o que fosse transmitido, por eles estava tudo bem.

Após as primeiras transmissões, North pediu a Senor que marcasse uma data para que Bremer fosse entrevistado pelo *pivot* da IMN. Senor disse que iria tentar, mas que Bremer estava muito ocupado. Vários dias depois([23]), Senor viu uma equipa da IMN no palácio. Bremer tinha meia hora livre, disse ele. Querem entrevistá-lo? O repórter era um Iraquiano que falava pouco inglês, por isso, Senor gesticulou para que o seguissem e montassem o equipamento no gabinete de Bremer. Quando a câmara começou a filmar, Senor moderou a entrevista, fazendo apenas perguntas suaves a Bremer.

Quando North e a sua equipa iraquiana viram a gravação, consideraram-na uma manobra de propaganda. Decidiram usar apenas um fragmento em que Bremer elogia a IMN como a «voz do Iraque». No dia seguinte, Senor perguntou a North por que razão não tinha usado toda a entrevista. «Bem, Dan», disse North. «Se Ari Fleisher [o ex-porta-voz da Casa Branca] conduzisse a entrevista de Dan Rather ao presidente, acha que a CBS a transmitiria?»

O incidente mais não fez do que espicaçar a CPA, que ordenou à IMN que cobrisse conferências de imprensa intermináveis e momentos fotográficos, deixando pouco tempo aos jornalistas iraquianos para cobrirem aquilo que North considerava «notícias genuínas». Quando as transmissões em directo se tornaram possíveis, a CPA ordenou que as conferências de imprensa fossem transmitidas na sua totalidade.

A CPA exigia também que a IMN transmitisse um programa diário de uma hora financiado pelo governo britânico. Intitulado *Towards Freedom* [Em Direcção à Liberdade], o programa publicitava a libertação do Iraque com peças exageradamente elogiosas e declarações supérfluas de elementos do governo americano e britânico. A equipa da IMN([24]) receava que a transmissão de programas produzidos pelo governo antes do noticiário da noite lhes arruinasse a credibilidade como estação independente. «Queremos respeitosamente saber de quem é a agenda política aqui envolvida», escreveram cinco empregados da IMN numa carta de protesto aos administradores da SAIC. «Certamente que não parece uma decisão de programação profissional usar programas medíocres de propaganda estrangeiros para substituírem o nosso próprio noticiário! Após uma hora exaustiva de *Towards Freedom*, só os mais dedicados viciados em notícias podem tolerá-lo sem mudar de canal.»

Entretanto, a IMN foi usando equipamento que seria inadequado para um programa universitário de jornalismo. Quando o DC-10 depositou o Hummer em Bagdad, North pensou que a SAIC iria finalmente começar a financiar a IMN. Fez um pedido de uma antena parabólica de 500 dólares para receber vídeos de uma agência noticiosa internacional, para serem usados no noticiário da noite. A SAIC recusou. A companhia rejeitou também uma requisição de 200 dólares para North imprimir um manual de formação em árabe.

Poucos dias depois, um funcionário da SAIC abordou North e disse: «Vamos ter um novo equipamento maravilhoso.»

«Muito bem», disse North. «Serão as baterias para as câmaras, que pedimos há semanas?»

«Não», disse o oficial. «Vamos ter um teleponto.»

«Mas onde está o teleponto na minha lista de equipamento?», perguntou North. «Os nossos apresentadores desenrascam-se muito bem a ler por um papel, obrigado. Precisamos tanto de um teleponto como de um segundo ânus.»

Oh, não, disse o funcionário. O teleponto era para Bremer. Iria para um estúdio de televisão no palácio, para que ele pudesse fazer discursos semanais ao povo iraquiano.

«E as minhas baterias?», perguntou North. O funcionário não tinha resposta.

O contrato da SAIC, que foi redigido pelo Pentágono, não requeria que a IMN transmitisse 24 horas de notícias por dia, como a al-Jazeera e a al-Arabiya. O tempo fora do horário nobre podia ser preenchido com filmes, programas infantis e programas de culinária. Mas, disse North, uma falta de planeamento para essa programação resultou na transmissão ilegal de filmes americanos com direitos protegidos, filmes esses confiscados No palácio do filho mais velho de Saddam, Uday.

Seis meses depois da guerra, o Departamento de Estado realizou um estudo sobre os hábitos de visionamento da televisão iraquiana: 63% dos Iraquianos com acesso a uma antena parabólica afirmaram ver as suas notícias na al-Jazeera e na al-Arabiya; 12% viam a IMN. A IMN, concluiu então North, «tornou-se um veículo irrelevante para a propaganda, notícias fabricadas e programas medíocres da Autoridade Provisória da Coligação». Em Washington, o presidente Bush falava no «envolvimento na guerra das ideias no mundo árabe». Mas, em Bagdad, disse North, «já perdemos a primeira batalha».

Quando o contrato da SAIC terminou, o Pentágono recusou renová-lo com a mesma firma. O Departamento de Defesa queria uma empresa com mais experiência na criação de meios de comunicação social em ambientes pós-conflito. Em Janeiro de 2004, o Pentágono anunciou que o novo contrato, no valor de 95 milhões de dólares para o primeiro ano, iria para a Harris Corporation, empresa produtora de equipamento de telecomunicações. A Harris nunca instalara uma estação de televisão numa zona de guerra.

* * *

Michael Battles chegou a Bagdad([25]) um mês depois da guerra com 450 dólares na carteira e planos para ganhar milhões com contratos de reconstrução. Não tinha nenhum dos recursos que os outros prospectores de negócios tinham em Bagdad – nenhum plano de segurança, nenhuma caravana de equipamentos, nenhum recinto murado. Viajou da Jordânia num táxi, que pagou com dinheiro que um amigo lhe emprestara. Mas Battles, que tinha 33 anos de idade, não tinha falta de ousadia nem de contactos. Estudara em West Point e trabalhara para a CIA. Tinha montado touros de *rodeo* e fora candidato ao Congresso. Tinha contactos no Iraque e na Casa Branca.

A sua primeira paragem foi no Palácio Republicano. Nessa altura, bastava ter um passaporte americano para se poder entrar. Enquanto andava pelos corredores, a distribuir o seu cartão de negócios, soube que a CPA procurava uma empresa de segurança para guardar o aeroporto internacional de Bagdad. A CPA queria abrir o aeroporto ao tráfego civil no prazo de dois meses, e precisava de uma empresa privada que pudesse colocar guardas armados e controladores de bagagens no aeroporto em poucas semanas. Battles convenceu um funcionário da CPA a pô-lo numa lista de empresas que podiam ser convidadas a candidatar-se ao trabalho. «Para nós», disse ele, «o medo e a desordem ofereciam verdadeiras oportunidades».

Battles era o tipo de pessoa com quem não nos devemos travar de razões. Tinha os ombros largos de um defesa de futebol americano e a mesma pêra usada pelos operacionais da CIA e soldados das Forças Especiais. Mas tinha também um pouco de político. Sorria, dava fortes apertos de mão e falava como se soubesse tudo sobre segurança privada.

Ele e o sócio, um antigo colega dos Rangers do Exército chamado Scott Custer, nunca tinham guardado um aeroporto. Nem sequer tinham alguma vez recebido um contrato federal. A empresa deles tinha feito um reconhecimento de segurança do aeroporto de Cabul para o ministério afegão da Aviação, mas quando a guerra do Iraque começou, o seu trabalho no Afeganistão já terminara. Era altura de procurarem novas oportunidades. Enquanto Battles procurava negócios em Bagdad, Custer dava aulas de contra-terrorismo a gestores públicos em Reno.

O par baptizou a sua empresa como Custer Battles LLC, o que provocava risos em Bagdad. Custer dizia às pessoas que era parente afastado de George Custer, o famoso general derrotado na batalha de Little Big Horn. Quando os Americanos comentavam que o general Custer fora vencido pelos locais, o empresário Custer não era capaz de dar uma boa réplica.

Battles sabia que ele e o sócio precisariam de ajuda para fazer o trabalho do aeroporto. Contactou outras quatro empresas, uma das quais dirigidas por Robert Isakson, um ex-agente do FBI que se tornara empresário. Isakson, um homem de meia-idade, do Alabama, com um faro canino para a oportunidade, dirigia uma empresa que fornecia serviços de gestão pós-conflito. Se alguém precisasse de caravanas para alojamento, ele arranjava-as. Mobília? Não havia problema. Cozinheiros e empregados de limpeza? Era logo. A empresa de Isakson, DRC Incorporated, construíra estradas, heliportos e instalações provisórias para as tropas da NATO estacionadas no Kosovo. Em 1993, a DRC enviou pessoal para a Somália três dias depois de as tropas americanas terem aterrado, para fornecer alojamentos, casas de banho portáteis e alimentos aos soldados e aos trabalhadores das empresas contratadas. Battles disse-lhe que os ministros iraquianos, e não o governo americano, iriam entregar contratos de reconstrução, e a única forma de os conseguir era ter sócios iraquianos. Battles, que disse ter vários contactos iraquianos, ofereceu-se para agir como intermediário de Isakson. «Conheço lá toda a gente», afirmou ele.

Três semanas depois da visita de Battles ao Palácio Republicano, a CPA publicou um pedido de propostas para a guarda do aeroporto. Battles telefonou a Isakson e anunciou-lhe uma mudança de planos. Em vez de fazer de intermediário num negócio com a DRC, Battles tinha o seu próprio negócio. «Vamos candidatar-nos a ele, mas queremos que se junte a nós», disse ele. A Custer Battles precisava da ajuda de Isakson para construir alojamentos no aeroporto e recrutar dezenas de guardas num curto prazo de tempo.

Custer, que continuava a dar aulas em Reno, redigiu no seu portátil a proposta da companhia em três noites. O documento de 23 páginas prometia que a firma teria 138 guardas – «uma equipa completa de segurança e de controlo para o serviço de passageiros» – no terreno em 14 dias. A empresa dizia também que só contrataria guardas da «coligação das nações voluntárias». A proposta era eloquente e audaciosa. A Custer Battles descrevia-se como uma «empresa internacional líder em gestão de risco, com larga experiência em ajudar grandes organizações em reduzir e gerir o risco em ambientes extremamente voláteis.»

Duas empresas privadas de segurança bem estabelecidas – a DynCorp International e a ArmorGroup International – apresentaram também propostas. Mas a da Custer Battles era a mais barata. Mais importante, a empresa prometia ter guardas no terreno semanas antes do que qualquer outra firma, ainda que, quando apresentou a proposta, tivesse apenas uma dúzia de seguranças.

Dois dias depois de a proposta ter sido entregue, a CPA informou a Custer Battles que tinha sido a escolhida. O contrato valia 16 milhões de dólares.

«Ganhámos esse contrato([26]) porque éramos jovens e insensatos, e não sabíamos mais», disse Custer, mais tarde. «Qualquer pessoa com experiência teria dito que eles estariam lá em oito semanas.»

Franklin Willis, assessor da CPA no Ministério dos Transportes, ficou pasmado com a decisão do painel de selecção composto por três membros. «Deram três dias às empresas [para apresentarem propostas]. Publicaram este pedido muito geral – ou seja, aqui está um aeroporto com 25 km^2 – para fazer a segurança dos voos civis. Um dos candidatos, uma empresa muito conhecida e experiente, disse: "Preciso de mais informações antes de apresentar uma proposta." Então, foram desqualificados por não terem respondido. Outro disse: "Podemos fazer isso, mas demorará seis semanas para ser bem feito.» Foram desqualificados porque não estariam prontos em duas semanas. E depois havia a Custer Battles a dizer: "Podemos fazê-lo". E escolheram esta empresa.»

«Era tudo muito duvidoso», disse Willis.

Assim que o contrato foi anunciado, Battles enviou um *e-mail* a Isakson. «Conseguimos», disse ele. «Mobilizar imediatamente.»

Isakson apanhou um avião para a Jordânia, onde comprou mobiliário e contratou uma empresa saudita para transportar caravanas de alojamento para o aeroporto. Enviou o irmão para o Nepal, para contratar antigos Gurkhas, apesar da promessa de contratar apenas guardas da coligação das nações voluntárias.

Embora a Custer Battles tenha dito na sua proposta que tinha um empréstimo «pronto a ser activado» para financiar os primeiros custos, o dinheiro não vinha. Por isso, Battles foi pedi-lo à CPA.

«Traga uma mochila», disse Willis a Battles. Quando Battles chegou ao gabinete de Willis, estavam em cima da secretária dois milhões de dólares em maços embalados de notas novas de 100 dólares, vindas da Reserva Federal de Nova Iorque. Willis não queria avançar o dinheiro, mas os membros da CPA ligados aos contratos tinham-no exigido. Battles guardou os maços de notas numa mochila grande e regressou ao aeroporto. Poucas horas depois, embarcou num avião em direcção a Beirute, para depositar o dinheiro num banco libanês.

A Custer Battles tinha-se proposto a um grande trabalho. O aeroporto de Bagdad estava um desastre. Os soldados iraquianos tinham destruído o terminal quando as tropas americanas entraram na cidade. Lançaram até granadas para as casas de banho. Com dezenas de guardas a caminho, os empregados da Custer Battles esforçavam-se por limpar e renovar os edifícios. Instalaram chuveiros nas casas de banho, converteram parte do terminal num dormitório e transformaram a cozinha do aeroporto num refeitório.

Não tinham um sistema de pagamento de salários nem uma rede de computadores, mas conseguiram pôr os guardas em Bagdad no prazo prometido de duas semanas. Então, Bremer resolveu não abrir o aeroporto. Havia demasiados mísseis terra-ar nas mãos dos revoltosos. Mas a CPA disse à empresa para ficar no aeroporto. Os guardas da Custer Battles patrulhavam o aeroporto vazio e a CPA fez outro pagamento de dois milhões de dólares em dinheiro.

Poucas semanas depois, Isakson foi abordado por um negociante paquistanês de petróleo, que trabalhava como conselheiro da Custer Battles. O negociante sugeriu que apresentassem propostas para contratos governamentais «*cost-plus*», que reembolsavam as despesas mais um pagamento fixo. Quando Isakson disse que as margens de lucro eram demasiado baixas para si, o negociante propôs usar uma empresa de fachada no Líbano para inflacionar o custo dos produtos fornecidos ao governo, dando assim um lucro de 100% à empresa.

«Se você fizer isso, vamos presos», disse Isakson.

«Oh, não. Fazemos sempre isso», replicou o negociante.

«Com Americanos, não o fazem», respondeu Isakson. «Não conte comigo. Não faço isso.»

Nos dias que se seguiram, disse que o chefe de operações da Custer Battles, Joseph Morris, referiu também o assunto dos contratos *cost-plus*. Isakson repetiu o que dissera sobre ir para a prisão. Então, Custer mencionou a questão. «Se fizer isso, vai preso», disse Isakson a Custer.

Nesta altura, o relacionamento de Isakson com a Custer Battles começava a deteriorar-se. Isakson afirmava que era por não querer cobrar demasiado ao governo. A Custer Battles dizia que era porque os alojamentos que Isakson montara eram de má qualidade, uma acusação negada por Isakson.

Como a disputa não se resolvia, Isakson trouxe o seu filho de 14 anos para Bagdad. Isakson fora diagnosticado há alguns meses com uma doença auto-imune e não sabia quanto tempo teria de vida. Queria passar o máximo de tempo possível com o filho Bobby.

Uma semana depois da sua discussão com Custer, Isakson disse que Morris lhe ordenou que ele, o filho e o irmão abandonassem o recinto da Custer Battles. Os guardas da empresa apontaram-lhes as armas antes de lhes retirarem as armas e cartões de identificação e os expulsarem do aeroporto. «Seus filhos da puta», gritou Isakson ao sair, «seus patifes». Sem sítio para ficar no Iraque, o trio foi de táxi para a Jordânia. Para lá chegarem, tiveram de passar pelas perigosas cidades de Falluja e Ramadi.

Um mês depois de Isakson ter sido obrigado a sair, a Custer Battles ganhou o seu primeiro contrato *cost-plus*. A empresa deveria ajudar a CPA a substituir a velha moeda, construindo campos no Sul, Norte e centro do Iraque, onde centenas de empreiteiros privados envolvidos na troca iriam ficar alojados. A Custer Battles forneceria também camiões e outros veículos para o transporte de milhares de toneladas da nova moeda que tinha sido impressa no estrangeiro e enviada para o aeroporto de Bagdad. O contrato dava à Custer Battles um lucro de 25% sobre o custo do trabalho e equipamento fornecidos à CPA.

Foi então que a Custer Battles criou «companhias de fachada», registadas nas Ilhas Caimão e no Líbano para produzirem facturas falsas, que mostravam que estas empresas alugavam camiões e outros equipamentos à Custer Battles, segundo um memorando redigido, mais tarde, pelo conselho geral do Pentágono. Os custos eram muito inflacionados, permitindo que a Custer Battles obtivesse lucros muito superiores aos 25% oferecidos pelo contrato, dizia o memorando.

Dois meses depois, alguns representantes da Custer Battles deixaram sem querer uma folha de cálculo numa mesa após uma reunião com funcionários da CPA. Na folha, de forma clara, estavam os números que mostravam que a companhia cobrara à CPA 9 801 550 dólares por trabalho que custara 3 738 592 dólares – um acréscimo de 162%. Havia o heliporto de Mossul, por exemplo, cuja construção custou 97 000 dólares, mas cuja factura somava 175 000. William "Pete" Baldwin, administrador de instalações da Custer Battles, escreveu num *e-mail* que «cada item dessa factura» era «falso, fabricado e inflacionado». Até os destroços eram transformados em lucro: a empresa repintou alguns empilhadores das Linhas Aéreas Iraquianas encontrados no aeroporto e depois cobrou à CPA milhares de dólares por mês pelo uso do equipamento, dizendo que o alugara no estrangeiro. Ao todo, a Custer Battles recebeu 21 milhões de dólares da CPA pela troca de moeda.

Baldwin escreveu aos seus superiores, durante a troca de moeda, para os informar acerca das facturas fraudulentas e inflacionadas. Peter Miskovich, o responsável pela troca, também fez soar o alarme. Num memorando enviado ao director nacional da Custer Battles, escreveu que uma factura de 2,7 milhões de dólares se baseava em «alugueres falsificados, facturas inflacionadas e duplicação de facturas». Os registos que analisara forneciam «provas evidentes de um comportamento consistente com actividade e intenção criminosa», escreveu ele.

Poucos dias antes de Miskovich redigir o seu memorando, Isakson e Baldwin interpuseram um processo de denúncia contra a empresa em nome do governo americano. A Custer Battles considerou as alegações de má conduta uma acusação sem fundamento inventada por um «empregado descontente».

O processo levou o Pentágono a proceder a uma investigação e, em Setembro de 2004, mais de um ano depois de a Custer Battles ter obtido o contrato da troca de moeda, o Departamento de Defesa anunciou que a empresa ficaria impedida de obter mais contratos militares. O departamento citou provas evidentes de «comportamento gravemente inadequado».

Nessa altura, porém, a Custer Battles já recebera mais de 100 milhões de dólares do governo americano.

Ben Thomas esforçava-se por ganhar a vida na Flórida como *ultimate fighter* – um desporto semelhante ao boxe, só que sem luvas nem regras – quando um amigo lhe sugeriu que se candidatasse a um emprego numa empresa chamada Custer Battles. *Belo nome*, pensou Thomas. A empresa tinha obtido um contrato para guardar o aeroporto de Bagdad, disse o amigo, e havia muito trabalho para fazer. Thomas queria continuar a lutar, mas estava sem dinheiro. No dia seguinte, telefonou para os recursos humanos da empresa e disse as palavras mágicas: «Fui do Destacamento de Acções Especiais da Marinha [SEAL].»

Na pressa de contratar seguranças privados para o Iraque, ninguém olhava para os currículos. Se um indivíduo tivesse pertencido às Forças Especiais ou aos SEAL da Marinha – unidade de comandos de elite –, era logo contratado. Bastavam referências orais.

Thomas tinha 27 anos de idade. Não tinha mais de 1,70 m de altura, mas parecia suficientemente duro para vencer alguém duas vezes maior. Ao andar, movia-se como se dissesse para não se meterem com ele. Nos seus bíceps musculados tinha tatuados os caracteres japoneses dos SEAL; no antebraço tinha uma âncora da marinha. Praguejava como um marujo, mas sempre que nos encontrávamos perguntava educadamente sobre o tratamento de cancro da minha mãe. Tinha um fascínio pela escultura romana, mas o seu computador portátil continha fotografias e vídeos de ataques dos rebeldes e das suas carnificinas sangrentas. O seu nome *on-line* era DiabloBoy.

Antes de Thomas ser contratado, a Custer Battles disse-lhe que ele iria fazer «protecção de proximidade», o que significava que iria ser um ilustre guarda-costas de um alto funcionário. Parecia mais empolgante do que patrulhar o aeroporto.

Quando Thomas chegou a Bagdad, em Julho de 2003, a Custer Battles deu-lhe uma pistola e uma espingarda automática M4. Recebeu sete carregadores, cada um com capacidade para 30 munições. Mas deram-lhe apenas 20 balas. «Se cairmos numa emboscada, 20 balas não vão chegar», disse ele. Uma M4 pode disparar 90 balas por minuto em modo de rajada. Com 20 balas, teria apenas 13 segundos de poder de fogo.

«Temos falta de balas», disse-lhe um supervisor da Custer Battles.

O seu colete à prova de bala não era melhor. Concebido para os agentes de polícia dos Estados Unidos, podia aguentar a bala de uma pistola, mas não de uma espingarda AK-47. No Iraque, toda a gente tinha uma AK-47.

«Já lhes ocorreu que este colete não vai travar nenhuma bala disparada no Iraque?», perguntou Thomas ao receber o colete.

Quando Thomas estava pronto para ir para o terreno, a Custer Battles perdeu o contrato de protecção de proximidade. Mas a empresa tinha outro trabalho para Thomas. Recebera autorização escrita para recolher armas aprendidas pelos militares americanos. Thomas e outro empregado iriam visitar abrigos das Forças Especiais e postos de observação dos SEAL para levarem as armas iraquianas.

Thomas e um colega andavam num camião pelo centro do Iraque. Recolheram 400 espingardas AK-47 e outras metralhadoras, caixas de granadas e meio milhão de balas. Recolheram até alguns canhões anti-aéreos russos ZSU-23. Quando Thomas perguntou a Custer por que estavam a reciclar armas, disseram-lhe que a empresa estava a candidatar-se a um contrato para treinar o novo exército iraquiano e que as armas eram necessárias para o treino. Thomas desconfiava que a Custer Battles estava a enviar as armas para fora do Iraque e a vendê-las, mas fez o que lhe mandaram.

O campo da Custer Battles consistia em caravanas estacionadas numa zona poeirenta do aeroporto, para cuja guarda a empresa estava a ser paga. Pelos padrões iraquianos, era suficientemente confortável. Thomas trouxe garrafas de vodka a nove dólares cada da loja *duty-free* do aeroporto. Descansava entre turnos, fumando cigarros e vendo vídeos. De vez em quando, era chamado para ir à cidade buscar provisões ou escoltar um funcionário da empresa até à Zona Verde.

Numa manhã de Setembro, Thomas e outros três empregados da Custer Battles dirigiam-se para o centro de Bagdad num jipe. Tinham saído do aeroporto por uma estrada secundária que dava para a estrada principal, em direcção ao centro da cidade, quando depararam com uma barreira da polícia. Em vez de acenarem para os estrangeiros passarem, como faziam a maioria dos polícias no Iraque, o comandante do posto de controlo ordenou que o veículo abrandasse. Quando Thomas e os colegas iam a passar, um dos polícias virou a cabeça. Era um sinal, mas Thomas, que ia a conduzir, não estava no Iraque há tempo suficiente para reconhecer o movimento de cabeça como um sinal.

Segundos depois de passar pelo posto de controlo, depararam com pedras, latas de gasolina e outros destroços espalhados pela estrada. Para contornar os obstáculos, Thomas tinha de sair para o lado esquerdo da estrada, passar por um pequeno edifício e virar à direita para voltar à estrada. Não hesitou. Assim que saiu do asfalto, ouviu um som invulgar. *Tac! Tac! Tac!*

Merda, pensou Thomas. *Estamos a ser alvejados.*

Tentou acelerar, mas o jipe não se movia. Fazia apenas um forte barulho de pancadas. Os três homens que estavam com ele saíram do carro e correram em direcção ao edifício. Thomas refugiou-se debaixo do carro. «Isto foi antes de aprender que os carros não protegem das balas», disse ele depois.

Do seu abrigo debaixo do veículo, Thomas calculava que havia meia dúzia de inimigos a dispararem contra ele e contra os seus colegas. Podia ver apenas um deles. O brilho do disparo da arma denunciava a sua posição.

Thomas agarrou na sua M4, apontou-a ao homem que conseguia ver e premiu o gatilho. Falhou. Então, lembrou-se de uma lição do seu treino militar. Se tentares disparar contra alguém e estiveres debaixo de um carro, tens de te deitar de lado para obter um ângulo melhor. Rolou sobre si mesmo, alinhou a pélvis do homem com a sua mira e disparou novamente. No instante antes de premir o gatilho, o homem voltou-se. Thomas atingiu-o nas nádegas.

Thomas esperava disparar outra vez, mas o seu alvo tombara no chão. «Era como se Deus tivesse aparecido e o atirasse ao chão.»

Os outros atacantes fugiram. Quando o caminho ficou livre, Thomas e os colegas foram examinar o homem alvejado.

A anca dele estava despedaçada e o abdómen estava pulverizado na zona por onde a bala saíra. «As tripas dele estavam espalhadas como se alguém o tivesse aberto e esvaziado», disse Thomas.

Foi então que Thomas confessou aos colegas que, em vez das munições normais usadas pelos militares e outras forças de segurança, tinha algo especial. As balas que usava eram do mesmo tamanho das munições normais – pouco maiores do que uma pilha AAA –, mas não tinham um acabamento de cobre. Eram pretas. A companhia que distribuiu as balas, que dera a Thomas algumas caixas para levar para o Iraque, dizia que eram fundamentalmente diferentes das munições normais: em vez de um núcleo de chumbo, estes projécteis eram feitos de uma mistura de vários metais, incluindo platina, para que pudessem furar blindagens de aço, mas que se despedaçariam na carne, provocando ferimentos catastróficos.

As afirmações da companhia foram contestadas por vários peritos em balística, incluindo um cirurgião da Universidade de Stanford, que testou as balas para o governo americano. Afirmava que as balas tinham um núcleo de chumbo. Aquilo que as tornava diferentes, disse ele, era o facto de terem mais pólvora e uma ponta macia. As balas de ponta macia, sem um invólucro de metal, deformam-se e espalham-se quando entram na carne. Ainda que a maioria dos departamentos de polícia nos Estados Unidos use balas de ponta macia – porque têm menos probabilidade de trespassar o alvo e ferir outras pessoas –, a sua utilização no campo de batalha foi banida pela Convenção de Haia de 1899. Os Estados Unidos nunca assinaram o tratado, mas o Pentágono há muito que obedece às suas proibições. Os soldados americanos de carreira usam apenas balas com invólucro de metal.

Se Thomas fosse um soldado no activo, teria ido a tribunal de guerra por ter usado munições não estandardizadas. Para as empresas de segurança privada, porém, as regras eram mais obscuras. A Custer Battles tinha um contrato com a CPA. Esse contrato não especificava o tipo de balas que eram permitidas.

Quando os comandantes militares souberam das balas usadas no tiroteio, enviaram um memorando às empresas de segurança advertindo-as contra o uso de munições não estandardizadas. Mas não havia maneira eficiente de impor o cumprimento da regra – ou nenhuma das outras regras que os militares queriam impor às empresas de segurança. Estavam acima das leis de guerra.

Quando na comunidade de empresas de segurança se espalhou a notícia do tiro mortal nas nádegas, aumentou a procura das balas. Thomas deu todas as que tinha. Outros tinham mais caixas de balas nas suas malas.

«Lá fora, não há regras», disse Thomas. «Fazemos o que for preciso para nos protegermos.»

A Zona Verde, Cena VI

Os livros e revistas trazidos de casa eram bens preciosos. Era considerado má educação não os passar aos amigos depois de lidos. Os romances policiais e de suspense eram os mais populares. Os livros sobre o Iraque, o mundo árabe e o Islão ganhavam pó. Depois de passarem o dia a pensar no Iraque, a última coisa que queriam era ler sobre o país antes de dormirem. Mas alguns livros sobre o Iraque eram apreciados. Um empregado da Halliburton encontrou exemplares do Complete Idiot's Guide to Understandig Iraq *quando limpava os quartos de pessoal da CPA no al-Rasheed. Quando um intérprete iraquiano-americano se ofereceu para emprestar a um alto funcionário da CPA um exemplar do livro* The Old Social Classes and the Revolutionary Movements of Iraq, *de Hanna Batatu, uma obra fundamental sobre a história regional, o funcionário recusou. Apontou para um livrinho que tinha na secretária. «Tudo o que preciso está aqui», disse ele. O intérprete agarrou no livro. Era um guia turístico do Iraque, escrito nos anos 70.*

8

Saudade dos velhos tempos

«Não sei se consigo suportar isto por mais tempo», lamentou-se Walid Khalid. Gotas de suor pingavam-lhe do rosto para o balcão, perigosamente perto da pizza que ele me estava a preparar. «Por que voltei para aqui?»

No exterior, estavam 54 °C, e a electricidade novamente cortada. Sem ar condicionado nem uma ventoinha, o seu forno a lenha transformara o restaurante num sétimo círculo do Inferno. Fora da Cidade Esmeralda, no verão após a chegada dos Americanos, toda a gente tinha apenas 12 horas de electricidade por dia. As luzes ficavam ligadas durante três horas. Depois, havia um corte de outras três horas.

Os homens das lojas de conveniência junto à pizzaria deixaram de vender bens perecíveis, porque não podiam mantê-los frescos. Punham os seus balcões no passeio e emprestavam lanternas aos clientes para andarem no interior das lojas. O negócio estava terrível. Tinham gasto centenas de dólares a importar caixas de *Coca Cola*, uma bebida inacessível em Bagdad antes da guerra. Mas quem é que queria *Coca Cola* quente?

Walid e os seus vizinhos queixavam-se dos constantes cortes de electricidade. «Parece que estamos a viver na Idade da Pedra», observou um dos comerciantes ao entrar na pizzaria.

«Tem razão», respondeu Walid. «Dantes nunca era assim.»

A 50 metros dali, no interior da Zona Verde, os aparelhos de ar condicionado arrefeciam os edifícios até uns agradáveis 20° centígrados. A Cidade Esmeralda não estava ligada à rede eléctrica do Iraque. Uma central eléctrica alimentada a gasóleo, do tamanho de uma pequena casa, mantinha os aparelhos eléctricos ligados no Palácio Republicano. Os outros que viviam dentro dos muros – as empresas privadas, o gabinete da CIA, os militares – tinham geradores quase da mesma potência. A CPA considerava a electricidade uma «missão crítica». Camiões de combustível chegavam do Kuwait todos os dias e uma equipa de engenheiros eléctricos estava sempre de serviço. «Temos uma capacidade eléctrica de 24 horas por dia, sete dias por semana», declarou um dos engenheiros.

Para os que viviam fora da Zona Verde, a electricidade vinha das centrais de todo o país, que alimentavam uma rede nacional. A que estava mais perto de mim era a Bagdad Sul. Depois de comer a minha pizza, limpei o suor da testa e fui até lá.

Construída em 1959 ao longo do serpenteante rio Tigre, Bagdad Sul narrava a história da prosperidade e pobreza do Iraque. No início, os seus geradores hidroeléctricos alemães produziam electricidade mais do que suficiente para as necessidades da capital. Em 1965, quando a procura aumentou, o Iraque virou-se para os Estados Unidos, adquirindo mais dois geradores à General Electric. As seis chaminés altaneiras da central eram símbolos da riqueza petrolífera do país. «Nesse tempo, era a central eléctrica mais avançada do mundo árabe», disse Bashir Khallaf, o director de Bagdad Sul.

Em 1983, antes de a guerra de Saddam com o vizinho Irão ter esvaziado os cofres nacionais, os quatro geradores alemães foram substituídos por turbinas americanas da General Electric. Nessa altura, disse Khallaf, a central nunca teve de funcionar com toda a sua capacidade de 350 megawatts, porque o Iraque produzia mais electricidade do que necessitava. As novas centrais eléctricas e linhas de transmissão de alta voltagem estendiam-se pelo deserto, pagas com as grandes receitas do petróleo. Os arquitectos neobaasistas da cidade aproveitaram a abundância de electricidade, construindo altos complexos de apartamentos de betão e vidro e torres de escritórios que exigiam elevadores e grandes aparelhos de ar condicionado. A cidade ficou tão dependente da electricidade como qualquer outra metrópole ocidental.

A central deixou de produzir electricidade em 1991, depois de ter sido atingida por seis bombas americanas durante a Guerra do Golfo. Segundo estimativas das Nações Unidas, os bombardeamentos americanos, durante a guerra, afectaram cerca de 75% da capacidade de produção eléctrica do país. Khallaf e outros trabalhadores conseguiram ressuscitar a central quatro meses depois, usando peças sobresselentes e alguma capacidade de improviso. Mas a central não era, de modo algum, tão eficiente quanto antes. Os geradores funcionavam com fita adesiva, fio de embalar e bocados de metal vindos do ferro-velho.

As sanções económicas das Nações Unidas proibiam o Iraque de importar novo equipamento durante cinco anos. Mesmo depois de as sanções terem sido revistas para permitir que o Iraque vendesse petróleo em troca de bens humanitários, incluindo peças para as centrais eléctricas, os obstáculos burocráticos continuavam a limitar a importação de equipamentos necessários. Quando alguma coisa avariava, ou não era reparada ou então era substituída por peças temporárias. Com a falta constante de electricidade, os funcionários do governo não podiam deixar a central fechar para a manutenção anual. A central, que já fora moderna, tornou-se gradualmente num monte de tubos deteriorados, manómetros avariados e aparelhos desengonçados. Fendas nos tubos de vapor transformavam o complexo numa sauna gigante. A central era dos poucos locais no Iraque em que não se podia fumar; havia demasiado combustível derramado. Antes da guerra de 2003, a Bagdad Sul não chegava a produzir 185 megawatts. «Era como um idoso a perder a sua energia», disse Khallaf.

Os habitantes de Bagdad não davam conta disso. Saddam não queria privar de electricidade os seus constituintes mais importantes – os amigos e os generais que podiam fazer um golpe de Estado –, que viviam todos na capital; por isso, ordenou que Bagdad recebesse toda a electricidade de que necessitava da rede nacional. Para ir ao encontro das necessidades, outras partes do Iraque, especialmente o Sul dominado pelos xiitas, ficaram sem electricidade.

Numa viagem a Bagdad, em Outubro de 2002, quatro meses antes do início da guerra, conheci um holandês, corpulento, com óculos, chamado Marcel Alberts. Trabalhava no Programa de Desenvolvimento das Nações Unidas e a sua tarefa consistia em garantir que o equipamento eléctrico adquirido com os fundos do programa «Petróleo por

Alimentos» era realmente para centrais eléctricas e não para produzir armas de destruição maciça. Alberts visitava todas as centrais iraquianas. Tomava muitas notas e guardava-as em grandes pastas brancas de arquivo no seu gabinete. Calculava que a necessidade eléctrica do Iraque era de 6200 megawatts durante os períodos de pico, mas a sua capacidade máxima de produção era de apenas 4400 megawatts – menos de metade daquilo que o país produzia em 1990. (Um megawatt chegava para as necessidades de cerca de 1500 lares.) «Quando vejo algumas das centrais, fico admirado por ainda funcionarem», disse-me Alberts. «As condições são terríveis.»

De três em três meses, Alberts resumia as suas observações em relatórios que eram enviados para a sede das Nações Unidas em Nova Iorque e que ficavam acessíveis a todos os países membros. Um desses documentos, publicado em 2002, notava que os geradores do Iraque eram «técnica e economicamente obsoletos», o que resultava numa falta de 2500 megawatts no abastecimento eléctrico nacional e em cortes prolongados.

Alberts não era o único a alertar para a catástrofe. O relatório sobre infra-estruturas do Projecto Futuro do Iraque previa que o sector energético necessitaria de 18 mil milhões de dólares para reparações, e as imagens nocturnas de satélite da CIA das cidades do sul do Iraque mostravam muito poucas luzes. «Os sinais de alarme estavam lá», disse um engenheiro eléctrico americano que trabalhava no Iraque.

Em Março de 2003, dez dias depois de os tanques americanos terem entrado no Iraque, a Casa Branca publicou um comunicado de imprensa que declarava que o Iraque produzia 5500 megawatts de energia eléctrica – mais 1100 megawatts do que a estimativa de Alberts. Antes da guerra, a administração Bush reservou 230 milhões de dólares para a reconstrução do sector energético do Iraque. «O Iraque é um país rico com uma população instruída, recursos naturais abundantes e valiosos como petróleo e gás natural, e um moderno sistema de infra-estruturas», dizia o comunicado da Casa Branca. «Os Estados Unidos estão empenhados em ajudar o Iraque a recuperar deste conflito, mas o Iraque não precisará de ajuda continuada.»

Nas duas primeiras semanas de guerra, a central Bagdad Sul funcionou como habitualmente. Então, certa noite, uma descarga eléctrica parou a central, tal como acontecera com todas as centrais na região do centro do Iraque, mergulhando Bagdad na escuridão e no pânico. Ninguém – nem os engenheiros militares americanos, nem os técnicos iraquianos – sabia o que acontecera. Teria Saddam ordenado o corte? Teriam os Americanos bombardeado uma central eléctrica? Meses depois, concluíram que um circuito de linhas de alta voltagem que rodeavam a capital fora afectado durante os combates, desequilibrando a rede eléctrica e enviando sobrecargas para todas as centrais da rede.

Sem fazerem ideia do que causara o problema e com combates ao redor da capital, Khallaf e os outros empregados resolveram ir para casa. Regressaram ao trabalho três dias depois da queda de Bagdad, para encontrarem um contingente de fuzileiros instalados na central. No dia seguinte chegaram alguns oficiais do corpo de Engenharia do Exército americano. Viram os tubos rotos, os cabos descarnados e a sala de controlo sem computadores, onde os mostradores antiquados tinham o tamanho de relógios de parede. «Quando vi aquilo pela primeira vez, disse: "Meu Deus. Isto não é bom"», recorda o tenente-coronel John Comparetto, que era o principal engenheiro eléctrico militar no Iraque. «Esperava que fosse um incidente isolado. Mas não. Era típico.»

Foi então que Comparetto percebeu que o planeamento da guerra tinha sido demasiado optimista. «Não há dúvida de que subestimámos a situação», disse ele.

Sem energia na rede nacional, ele e Khallaf chegaram à conclusão de que seria impossível voltar a pôr a funcionar rapidamente Bagdad Sul. As centrais eléctricas, tal como os automóveis, precisam de corrente para funcionarem. A Bagdad Sul precisava de cerca de 8 megawatts, muito mais do que a capacidade do maior gerador portátil do exército. Os engenheiros acabaram por arranjar uma solução: desviar a energia de uma estação hidroeléctrica, uma das poucas instalações produtoras em funcionamento. Duas semanas depois, a Bagdad Sul estava novamente a funcionar. Mas estava a produzir menos 25 megawatts do que antes da guerra. Quando as outras centrais voltaram a funcionar, apresentavam o mesmo problema. O choque de um corte súbito, a falta da manutenção anual por causa da guerra e a fadiga geral tinham piorado a saúde de um sistema já enfermo. Embora os engenheiros iraquianos e americanos tenham ligado o maior número possível de centrais, não conseguiam uma produção nacional superior a 3500 megawatts – muito abaixo dos 6500 megawatts necessários para satisfazerem a procura do país, ou até dos 4400 megawatts produzidos antes da guerra.

Bremer esperava aumentar a produção para 4400 megawatts autorizando reparações de emergência financiadas com os 230 milhões de dólares reservados antes da guerra. Orientou nesse sentido o seu conselheiro em electricidade e começou a prometer aos Iraquianos que o fornecimento de electricidade regressaria em breve aos seus níveis de antes da guerra.

Então, com a sua assinatura, colocou a CPA numa situação de impasse. Alguns membros da CPA achavam que, em vez de se desviar a maior parte da electricidade para Bagdad, devia ser partilhada equitativamente pelos Iraquianos. Fazia muito sentido para os Americanos: numa democracia, o governo não tem favoritos. A equipa de engenharia eléctrica da CPA consultou a Comissão de Electricidade do Iraque. «Eles pensavam que estávamos loucos», disse Robyn McGuckin, que trabalhou na equipa de engenharia eléctrica. «Avisaram-nos de que isso iria provocar todo o tipo de problemas.» Mas ninguém ligou. Bremer assinou uma ordem a impor que a electricidade fosse distribuída igualmente a todo o Iraque.

Os habitantes de Baçorá, Najaf e do resto da região sul ganharam mais algumas horas de electricidade por dia. A população estava contente, mas não levou a CPA a conquistar algum admirador. Bagdad, contudo, estava em curto-circuito. A capital, que estava habituada a ter electricidade ininterrupta, viu-se sem corrente por pelo menos 12 horas por dia. Os cortes de electricidade começaram, quase de repente, a criar uma nostalgia por Saddam nas pessoas que tinham festejado a sua queda. «Pensávamos que os Americanos, que são uma superpotência, nos dariam pelo menos electricidade», disse Mehdi Abdulwahid, um engenheiro desempregado do sector petrolífero, enquanto vendia bebidas num passeio movimentado. «Agora, temos saudades dos velhos tempos.» Saddam, disse Abdulwahid, «era um homem impiedoso, mas ao menos tínhamos o básico para viver. Como podemos nós querer saber da democracia quando nem sequer temos electricidade?»

Bremer mantinha-se impassível. Insistia que distribuir equitativamente a electricidade era a decisão acertada, e isso agradou aos políticos xiitas do Sul, que ele tentava atrair para o Conselho Governativo. A falta de electricidade em Bagdad, pensou Bremer, terminaria assim que a produção aumentasse.

Mas isso nunca aconteceu. As informações sobre a produção que recebia todas as manhãs mostravam pouco movimento acima dos 3500 megawatts. Como as temperaturas no Verão ultrapassavam os 54° centígrados, milhares de jovens revoltavam-se em Baçorá, que recebia apenas 12 horas de electricidade por dia. Era mais do que tinham antes da guerra, mas não era o suficiente. As torneiras estavam sem água porque não havia energia para pôr a funcionar as estações de bombeamento de água. Os cortes de electricidade fechavam as bombas de gasolina, provocando filas com vários quilómetros nas estações de serviço.

As revoltas alarmaram Bremer, que resolveu que precisava de uma pessoa para supervisionar a infra-estrutura do Iraque. Escolheu Steve Browning, o especialista do Corpo de Engenharia do Exército dos Estados Unidos que dirigira quatro ministérios nas primeiras semanas da ocupação. Browning não era perito em electricidade. Era um especialista em resposta a desastres, mas tinha jeito para a organização e liderança. Tinha também a confiança de Bremer. E, ao contrário da maioria dos membros da CPA, falava um pouco de árabe.

Browning era um homem aprumado com cabelo esparso. Gostava mais de ouvir do que de falar; quando falava, a sua voz era suave e sempre cortês. Quando lhe ofereciam chá, bebia-o, e quando os Iraquianos vinham falar com ele, era dos poucos Americanos que lhes serviam chá. «Não nos podemos esquecer de que somos hóspedes no seu país», dizia ele aos colegas. «Temos de respeitar os seus costumes.»

O seu novo cargo era director da infra-estrutura. Estradas, sistemas de água, linhas telefónicas – estava tudo na sua esfera de acção. Mas a grande prioridade era a electricidade. As suas ordens eram simples: perceber qual era o problema e resolvê-lo.

Browning pediu à equipa de electricidade da CPA que lhe mostrasse o plano que tinham para repor o fornecimento de electricidade nos níveis de antes da guerra. Não havia plano. Nem havia um orçamento para usar os fundos operacionais do ministério. Todos os outros aspectos do governo do Iraque estavam a ser geridos de forma minuciosa. Os consultores de educação liam atentamente os manuais escolares para determinar aquilo que devia ser retirado. A equipa da saúde estudava todas as prescrições médicas usadas pelo Ministério da Saúde. Os Americanos colocados no Ministério dos Negócios Estrangeiros examinavam todos os diplomatas iraquianos. Mas o Ministério da Electricidade fora deixado sozinho. Os gestores e técnicos iraquianos foram autorizados a voltar às centrais. Uma empresa americana andava a fazer reparações de emergência em algumas centrais eléctricas, mas o grande desafio de aumentar a produção tinha sido, inexplicavelmente, entregue aos Iraquianos. A equipa de electricidade da CPA, formada por quatro pessoas, desempenhava um papel apenas consultivo. O grupo era liderado por um especialista em hidroeléctrica da Engenharia Militar, ainda que apenas algumas centrais do Iraque fossem hidroeléctricas; a maioria funcionava a petróleo ou a gás natural.

Browning estava pasmado. A CPA parecia estar a tratar o problema de restaurar a electricidade como se fosse algo secundário.

«Quando fui à primeira reunião entre os Americanos e os Iraquianos que trabalhavam na electricidade, tudo o que vi foi eles a culparem-se uns aos outros», recorda ele. «Era, de facto, muito embaraçoso.»

Poucos dias depois, Browning disse a Bremer que era impossível fazer a distribuição eléctrica chegar aos níveis de antes da guerra «porque não havia nenhum plano para tal».

A resposta de Bremer foi que o objectivo tinha de ser cumprido. Se lhe dissessem o que era necessário, ele fornecê-lo-ia, fosse o que fosse.

Browning afirmou que, em dois meses, seria possível fazer reparações de emergência suficientes para recuperar os níveis anteriores à guerra. Disse que poderia dirigir as operações sob duas condições: «não iríamos arranjar electricidade à pressa numa maneira que, a longo prazo, destruiria o equipamento»; Bremer tinha de entender que, depois de terem alcançado o objectivo de 4400 megawatts, as centrais teriam de ser desligadas para manutenção.

Bremer disse-lhe que queria receber informações actualizadas todas as manhãs, às sete. Seria a primeira reunião diária de Bremer.

«Força», disse Bremer a Browning. «Conto consigo.»

A primeira decisão de Browning foi mudar a equipa da electricidade para uma sala maior, perto do refeitório. Depois, instruiu um jovem britânico especialista em desenvolvimento internacional para que fizesse um orçamento para o ministério. Browning orientou a Bechtel, a empresa americana de engenharia que recebera do governo o contrato de 230 milhões de dólares para fazer reparações no sector energético, para concentrar os seus recursos no objectivo a alcançar. Em seguida, criou uma nova equipa. Escolheu dois especialistas em electricidade que trabalhavam para a USAID, agarrou num perito do Corpo de Engenharia do Exército e pediu ao principal comandante militar no Iraque, o tenente-general Ricardo Sanchez, o maior número possível de engenheiros militares que pudesse dispensar. Uma semana depois, Sanchez ordenou a cada uma das 12 brigadas do exército no Iraque que contribuísse com dois engenheiros para a equipa de Browning. Os engenheiros foram enviados para centrais eléctricas em todo o país, com ordens para falarem com os directores das centrais de modo a poderem ter uma ideia pormenorizada sobre as reparações que podiam ser feitas em dois meses para aumentar a produção. Browning convocou então todos os directores das centrais e os engenheiros militares para uma reunião de dois dias em Bagdad. Queria que cada um deles partilhasse os seus planos de reparação com o grupo. Se um director dissesse que lhe faltava uma certa peça, Browning perguntava aos outros se tinham essa peça em armazém. Mandou-os de volta, exortando-os a cumprirem o prazo. «Vocês são Iraquianos», disse-lhes. «São inteligentes, competentes e habilidosos. Sei que podem vencer este desafio.»

Os engenheiros militares enviavam relatórios para Browning, que compilava uma actualização diária, que, por sua vez, era apresentada a Bremer e enviada para Washington, onde Paul Wolfowitz e Condoleezza Rice a liam quase todos os dias. Quando uma central tinha de ser desligada por causa de um incêndio acidental, o que fazia a produção baixar durante uma semana, Browning era inundado por mensagens vindas do topo do governo americano. *O que se passa? Vamos cumprir o prazo?*

A equipa de Browning alcançou o seu objectivo com um atraso de cinco dias, mas, mesmo assim, era uma razão para celebrar. Depois de terem trabalhado 18 horas por dia, durante semanas, conseguiram fazer aquilo que, no palácio, muitos julgavam impossível.

A glória não durou muito. As centrais começaram a ser desligadas para manutenção no dia seguinte. Em duas semanas, a CPA tinha voltado ao ponto de partida: a produção global baixara para 3600 megawatts. Anda mais preocupante para Browning foi a decisão de Sanchez em mandar regressar os engenheiros, o que fez com que a equipa da CPA ficasse sem os engenheiros no local e sem uma forma segura de comunicar com cada uma das centrais. E os fundos da Bechtel, reservados para reparações de emergência, estavam a acabar.

Se a CPA queria restaurar a sério o sistema eléctrico do Iraque, Browning achava que tinha de fazer mais do que apenas reparações de emergência. Precisaria de gastar centenas de milhões de dólares a mais para renovar e reconstruir centrais decrépitas, como a Bagdad Sul.

Certa manhã, falou do assunto a Bremer.

Quando os economistas da CPA começaram a elaborar um orçamento nacional para o Iraque, descobriram que o rendimento do país, cuja maior parte vinha das receitas do petróleo, não chegava para pagar as suas despesas. Saddam tinha lidado com o défice cortando o financiamento dos ministérios e não investindo na infra-estrutura da nação. As centrais eléctricas, como a Bagdad Sul, nunca receberam peças novas ou actualizações. Se os engenheiros dessas centrais precisassem de equipamento, tinham de ir procurá-lo ao ferro-velho.

Para Bremer, isso era inaceitável. A construção de uma democracia estável exigia um governo que pudesse equilibrar as contas e cumprir as suas obrigações para com o povo iraquiano. Cortar os subsídios para alimentos e combustíveis pouparia dinheiro a longo prazo, mas isso era algo que a CPA não podia fazer para já. Acabar com a rede de segurança podia provocar tumultos.

Bremer estava também preocupado com o investimento em infra-estruturas. Equilibrar o orçamento era apenas metade do problema. Achava que, para a economia do Iraque se desenvolver, teria de haver empresas estrangeiras a investir em fábricas, em poços de petróleo e minas. Talvez os investidores adquirissem empresas estatais quando estas fossem privatizadas. Talvez estabelecessem novas empresas. De qualquer modo, empregariam milhares de pessoas, ressuscitando assim a economia. Mas antes de as empresas estrangeiras poderem investir, tinham de ter a certeza de que as suas fábricas teriam electricidade e água suficientes. Restaurar os níveis de antes da guerra não chegava. O Iraque tinha de produzir electricidade suficiente não só para colmatar as necessidades do momento, mas também para as fábricas do futuro, que consumiriam grande quantidade de energia eléctrica. A mesma teoria aplicava-se à segurança. Era necessário muito mais dinheiro para treinar os agentes de polícia já existentes e para contratar outros milhares. Para Bremer, não era possível adiar os melhoramentos na segurança e infra-estrutura do Iraque. A electricidade era fundamental para recuperar o país. Esperava que, com um modesto investimento inicial, o Iraque pudesse aumentar a produção de petróleo e, em poucos anos, atrair investimento estrangeiro suficiente para equilibrar as contas.

David Oliver, o responsável pelo orçamento na CPA, calculava que o Iraque precisava de investir entre 5 e 10 mil milhões de dólares por ano na sua infra-estrutura, e isto sem contar com o dinheiro necessário para compensar a falta de investimento de Saddam durante anos. (Os cálculos realizados pelos Estados Unidos, pelas Nações Unidos e pelo Banco Mundial apontavam para 55 mil milhões de dólares para quatro anos.) O Iraque não tinha esse dinheiro. As receitas do petróleo mal chegavam para pagar os salários do Estado, os fornecedores e outras despesas operacionais. Oliver decidiu que pedir contribuições às outras nações demoraria demasiado tempo. Afastou a hipótese dos empréstimos. O Iraque já tinha uma dívida externa de dezenas de milhares de milhões de dólares. Para Oliver, só havia uma solução: «O buraco tinha de ser tapado com dinheiro americano.»

Foi falar com Bremer, que defendia o investimento na infra-estrutura, mas não tinha ideia de quanto isso poderia custar, antes de Oliver lhe mostrar uma folha de cálculo. Dezenas de milhares de milhões. Dezenas de milhares de milhões de dólares dos *contribuintes americanos*. A quantia ultrapassava o custo, sem o ajuste da inflação, do Plano Marshall, a iniciativa americana de 13 mil milhões de dólares para reconstruir a Europa após a Segunda Guerra Mundial, e parecia representar um suicídio político. Afinal de contas, a Casa Branca e o Pentágono tinham prometido aos Americanos, antes da guerra, que as receitas do petróleo iraquiano pagariam a reconstrução. Bremer disse a Oliver que iria pensar no assunto.

Bremer via as declarações anteriores à guerra sobre a reconstrução como previsões baseadas em informações vagas. Só depois de os funcionários da CPA terem visto bem instalações como a Bagdad Sul é que a grandeza do problema se tornou clara. Embora tenha aceite o conselho de Wolfowitz e de Feith sobre a desbaasificação e outras matérias nas suas primeiras semanas de trabalho, Bremer nunca partilhara a opinião deles, segundo a qual o Iraque seria uma operação de entrar e sair. Quando ele e Bush se encontraram na Sala Oval, o presidente expressara grande desejo de transformar o Iraque numa democracia modelo no Médio Oriente. Sem que as equipas de busca conseguissem encontrar quaisquer armas de destruição maciça, a principal justificação americana para a invasão, o vice-rei achava que o desenvolvimento da democracia já não era apenas um objectivo importante. Era *o* objectivo. O Iraque devia ser um farol no mundo árabe. E, para conseguirem isso, os Estados Unidos não podiam ignorar o desenvolvimento da infra-estrutura do Iraque. Para Bremer, a progressão lógica era simples: uma infra-estrutura melhorada provoca o desenvolvimento económico, que, por sua vez, origina a estabilidade, pré-requisito para a democracia.

Bremer encontrou-se com Oliver quatro dias depois. Reúna todos os consultores principais e elabore uma lista pormenorizada das necessidades do Iraque, disse Bremer a Oliver. O vice-rei disse que se encarregaria de a vender à Casa Branca. Tinha capital político. Se havia uma altura para o usar, era agora. Mas seja discreto, disse Bremer a Oliver. Se se soubesse que a CPA queria gastar milhares de milhões de dólares para reconstruir o Iraque, isso podia ser politicamente desastroso. O anúncio teria de ser encenado em Washington.

Oliver informou os consultores principais de que tinham uma semana para entregar as suas listas de necessidades. Browning e a sua equipa elaboraram documentos realistas de projectos que a CPA podia realizar. Outros pediam a Lua. Uma proposta pretendia reconstruir todas as mesquitas do país. Quando Oliver fez as contas, o custo rondava os 60 mil milhões. Não podia ser, por isso começou a cortar, e havia muito para cortar. Quando acabou, estava em 35 mil milhões.

Levou a lista a Bremer, que tinha estado envolvido em discussões intensas com a Casa Branca. O Pentágono planeava enviar ao Congresso um pedido de suplemento substancial de dotação para financiar as operações militares no Iraque e no Afeganistão. Um pedido de financiamento para a reconstrução podia ser ligado àquele, disse a Casa Branca. Mas Bremer achava que 35 mil milhões de dólares era demasiado. Ele e Oliver resolveram reduzir o valor para metade. O novo objectivo era agora cerca de 18 mil milhões de dólares. Bremer pediu a Oliver para preparar um orçamento pormenorizado com esse valor. Seria enviado à Casa Branca e, depois, ao Congresso. Na CPA, os 18 mil milhões de dólares passaram a ser conhecidos como o Suplemento.

Oliver distribuiu os 18 mil milhões de dólares. A electricidade era o sector mais importante; receberia 5700 milhões. Para a água e rede de esgotos iriam 3700 milhões. O petróleo receberia 2100 milhões. As propostas que Oliver recebera dos consultores eram apenas estimativas vagas. Disse-lhes para lhe entregarem um plano pormenorizado sobre como pensavam gastar o dinheiro.

Isto é estranho, pensou Browning.

«Começámos com um número e íamos construindo a partir daí», recorda ele. «Nunca tinha elaborado um orçamento desta maneira. Era assim: "Você tem 5700 milhões. Agora preencha os espaços em branco." Não era um método muito inteligente.» Não havia muito tempo para Browning consultar os seus congéneres iraquianos ou especialistas internacionais. Oliver queria o plano no prazo de uma semana.

Andrew Bearpark, um veterano britânico especialista em reconstrução pós-conflito que era o director de operações da CPA, tinha um mau pressentimento sobre o Suplemento. «O processo de planeamento foi feito com tanto secretismo e rapidez que nunca poderia ser um processo muito racional em termos de elaboração de projectos realmente necessários», disse ele. «Estávamos destinados ao insucesso. Há um ritmo segundo o qual se devem fazer estas coisas. Se fizermos uma coisa em cinco minutos que devia levar cinco meses, não vai sair bem.»

Bearpark era um fumador compulsivo, que falava como um marinheiro, não tolerava a estupidez, e não se esforçava por esconder o hábito de beber à noite um ou dois copos de Johnnie Walker. Quando o trabalho o mantinha até tarde na secretária do seu gabinete no palácio, o que acontecia com frequência, começava a beber. Mas, apesar de todas as suas excentricidades, Bearpark tinha muito mais experiência em desenvolvimento pós-guerra do que qualquer outra pessoa na CPA. Entre os seus colegas britânicos, questionava a premissa básica do Suplemento. «Temos um país cuja infra-estrutura não se enquadra nos padrões desta região», disse ele. «Não é tão boa como a do Kuwait, da Arábia Saudita ou dos Emirados Árabes Unidos. Não tem os padrões de um grande país produtor de petróleo. Queremos que fique tão bom como os outros e vamos torná-lo bom. Somos Americanos e vamos despejar dinheiro no problema. Bem, o mundo não funciona assim.» Era necessário mais planeamento para garantir que o tipo certo de centrais eléctricas e de hospitais eram construídos nos locais certos, disse ele. Os projectos precisavam de ser reajustados para que se tornassem sustentáveis, para permitir que os Iraquianos os construíssem e operassem.

Bremer e Oliver ouviram Bearpark, mas não seguiram o seu conselho. Nessa altura, as estrelas estavam alinhadas em Washington para o Suplemento. Se esperassem mais alguns meses por mais planeamento, essa janela podia fechar-se, disse Bremer. E, mais importante, queria que a CPA iniciasse os projectos de infra-estruturas o mais depressa possível. Haverá melhor maneira de fazer com que os Iraquianos nos adorem do que dar-lhes electricidade?

Browning pretendia utilizar a maior parte do dinheiro para construir pequenas centrais eléctricas em redor da cidade. Pensou que centrais mais pequenas, que podiam ser instaladas em cidades e vilas, seriam menos susceptíveis a ataques, porque a população teria um incentivo para proteger a fonte da sua própria electricidade. Mas a maioria dos dirigentes da CPA desejava criar grandes centrais eléctricas construídas por empresas americanas. Se mostrassem que as empresas americanas podiam beneficiar com o Suplemento, seria mais provável que o Congresso o aprovasse. Bremer pensava também que os grandes projectos gerariam mais produção eléctrica, o que promoveria o desenvolvimento económico.

O pedido formal do Suplemento tinha 43 páginas e totalizava 20 300 milhões de dólares. Bremer pedia 4200 milhões para financiar e equipar a polícia e o exército iraquianos, 900 milhões para construir e recuperar hospitais, 800 milhões para melhorar a infra-estrutura de transportes e comunicações e 900 milhões para o desenvolvimento da «sociedade civil». Os 5700 milhões de dólares para a energia dariam para 8000 megawatts de electricidade; a CPA previa que fosse o suficiente para fazer face às necessidades do Iraque durante os próximos 3 anos.

O documento constituía uma imagem do país que Bremer queria construir, um país que seria muito parecido com os Estados Unidos. Havia 4 milhões de dólares para criar um sistema nacional de códigos de zona e números de telefone, 9 milhões para um projecto nacional de códigos postais, 19 milhões para serviços de *internet* sem fios e 20 milhões para «formação de actualização empresarial», que iria «desenvolver e formar um quadro de empresários em bases e conceitos empresariais que não existiam no anterior regime iraquiano». Um Fundo Empresarial Americano-Iraquiano no valor de 200 milhões de dólares promoveria o desenvolvimento de um sector privado no Iraque. Bremer pedia até 150 milhões de dólares para um hospital pediátrico «ultramoderno» em Baçorá, que teria cirurgia plástica e oncologia pediátrica, apesar dos avisos da equipa de saúde da CPA, segundo os quais o Iraque não tinha recursos para pagar o funcionamento corrente de um tal estabelecimento.

Em Setembro de 2003, Bremer viajou para Washington para depor diante de quatro comissões do Congresso acerca do Suplemento. Comparou o pacote de auxílio com o Plano Marshall.

> A ajuda que o presidente pretende dar ao Iraque mostra uma grandeza de visão igual àquela que criou o mundo livre no fim da Segunda Guerra Mundial... Os Iraquianos a viverem em liberdade com dignidade darão um exemplo nesta região conturbada, que tantos terroristas gera. Um Iraque estável, pacífico e economicamente produtivo servirá os interesses americanos ao tornar a América mais segura.

Quando iniciámos as operações militares contra o Iraque, assumimos uma grande responsabilidade, que ia muito para além de derrotar militarmente Saddam. Não podemos simplesmente dar palmadinhas nas costas dos Iraquianos, dizer-lhes que têm sorte por se verem livres de Saddam e, depois, pedir-lhes para irem lutar num mercado global – competir sem as ferramentas para a competição. Fazer isso seria um convite ao colapso económico, seguido pelo extremismo político e pelo regresso ao terrorismo. Se, depois de chegarmos onde chegámos, virarmos as costas e deixarmos o Iraque cair no caos sectário, numa nova tirania e no terrorismo, cometeremos um erro grave. Não só abandonaremos o já sofredor povo iraquiano a um futuro de perigo e privação, como também atiçaremos o dragão, que criará mais terroristas e custará mais vidas americanas.

Cinco semanas depois, o Congresso aprovou o Suplemento, após cortar os códigos postais, o serviço de *internet* sem fios e outros pequenos projectos. O total final ficou em 18 400 milhões de dólares.

Na noite em que o presidente Bush assinou o Suplemento, encontrei-me com Bremer no seu gabinete. Eram quase dez horas da noite. A sua gravata estava desapertada e as mangas arregaçadas. Prepare-se para uma grande mudança, disse ele. Previa que os fundos do Suplemento começariam a chegar ao Iraque dentro de poucas semanas. «Vamos transformar este país», afirmou.

A ambição de Bremer não se limitava ao Suplemento. Estendia-se a tudo. No Verão de 2003, o Gabinete de Planeamento Político da CPA elaborou uma lista de 28 páginas de objectivos a ser cumpridos antes de a soberania ser devolvida ao povo iraquiano. O documento estava dividido em três fases: de Agosto a Outubro de 2003, de Novembro de 2003 a Janeiro de 2004 e de Fevereiro de 2004 para a frente. A lista de objectivos passou a ser o manual dos Americanos em Bagdad.

O primeiro objectivo era «eliminar as ameaças armadas internas». A tarefa foi confiada à CJTF-7 – Combined Joint Task Force Seven, o nome formal das forças militares no Iraque lideradas pelos EUA. Todo o inimigo devia estar eliminado na primeira fase, até 31 de Outubro. A produção de electricidade devia atingir os 5000 megawatts em Janeiro, ainda que Browning não conseguisse manter o sistema acima dos 4000. O aeroporto devia abrir em Outubro, apesar dos avisos segundo os quais os rebeldes dispunham de centenas de mísseis antiaéreos.

No que dizia respeito à reforma económica, Bremer e os seus estrategas políticos não se intimidavam com os problemas que Glenn Corliss e Brad Jackson enfrentavam no Ministério da Indústria. A privatização das empresas estatais deveria iniciar-se em Outubro. Um fundo de crédito criado segundo um do estado do Alasca seria estabelecido para dar aos Iraquianos reembolsos anuais das vendas de petróleo. As rações mensais de alimentos seriam convertidas em pagamentos em dinheiro no mês de Novembro. Os subsídios para alimentos, bem como os preços abaixo do mercado da gasolina e da electricidade seriam eliminados a partir de Fevereiro. O Iraque devia preparar-se para entrar na Organização Mundial do Comércio, o que significava a eliminação das tarifas, a criação de novas leis para proteger as empresas e a entrada de bancos estrangeiros. «É uma mudança económica global», disse Bremer. «Vamos criar a primeira economia autêntica de mercado livre no mundo árabe.»

O plano político era igualmente ousado. Bremer rejeitara o parecer de Wolfowitz e de Feith para dar mais autoridade aos antigos exilados e, em vez disso, formou o Conselho Governativo. O órgão de 25 membros era a resposta de Bremer ao debate sobre a transição política que agitara Washington durante meses. O conselho era a sua menina dos olhos: um grupo multiétnico e multirreligioso que incluía homens de turbante e homens de fato, mulheres e xeques tribais, sunitas e xiitas, árabes e Curdos. Os membros do conselho ficavam bem no papel e nas fotografias, mas o seu desempenho real exasperava a CPA. O conselho demorou semanas para escolher um presidente e, depois, optou por uma presidência rotativa entre nove membros, oito dos quais eram antigos exilados. Quando a liderança ficou resolvida, muitos membros deixaram de ir às reuniões. Usavam o seu novo estatuto para se apoderarem de moradias frente ao rio e para viajarem para o estrangeiro às custas do governo.

O conselho era apenas o primeiro dos sete passos do plano de Bremer de transição para a soberania total iraquiana. Os outros passos eram a escolha de «uma comissão provisória» para pensar numa forma de redigir uma Constituição, a aceitação por parte do conselho de mais tarefas governamentais quotidianas, a redacção de uma Constituição, a ratificação popular da Constituição através de um referendo nacional, a eleição de um governo e, por último, a entrega da soberania. Quando isso aconteceria, Bremer não dizia. Esperava que acontecesse em finais de 2004, mas muitos dos seus assessores previam que a ocupação se estendesse a 2005. Sempre que lhe perguntavam quanto tempo duraria a ocupação, repetia a mesma declaração vaga: «Não desejamos permanecer nem mais um dia do que o necessário.»

Bremer discutia partes do seu plano em videoconferências com altos funcionários da administração Bush, mas não havia uma discussão cabal e intergovernamental sobre a estratégia de saída da América. Não partilhava um esboço com o Departamento de Estado, com o Conselho de Segurança Nacional ou com a CIA. A primeira vez que Colin Powell viu o plano foi nas páginas do *Washington Post*, que publicou um artigo de Bremer intitulado «O Caminho do Iraque para a Soberania».

O vice-rei estava totalmente convencido de que o seu plano era o melhor. Disse que rejeitou a ideia de organizar eleições mais cedo, porque não havia registos nem leis eleitorais. Mas a verdadeira razão era que temia que os baasistas ou os extremistas religiosos ganhassem as eleições. Recusou a ideia de uma Constituição provisória, invocando o apoio de Saddam a constituições temporárias como um exemplo que os Estados Unidos não queriam seguir. «Eleger um governo sem uma Constituição permanente que defina e limite os poderes do governo convida à confusão e ao eventual abuso», escreveu ele no artigo. E abanou a cabeça à noção de entregar simplesmente o poder ao conselho. Para o Iraque ser um farol da democracia na região, insistia ele, necessitava de um governo democraticamente eleito.

Continuou a ignorar a *fatwa* do grande *ayatollah* al-Sistani, afirmando que a Constituição do Iraque tinha de ser redigida por representantes eleitos. Mas era evidente para qualquer pessoa que passasse algum tempo entre a maioria xiita do Iraque, tanto no bairro de Sadr City em Bagdad como em Baçorá ou qualquer outra cidade do Sul, que a autoridade religiosa de al-Sistani não tinha paralelo. Era o líder espiritual. Todos os outros clérigos estavam subordinados ao grande *ayatollah*. Dentro da Cidade Esmeralda, porém, al-Sistani era apenas mais um homem velho com um turbante preto.

Alguns dos conselheiros políticos do vice-rei percebiam a influência do grande *ayatollah*, mas mesmo assim recusavam prestar atenção à sua *fatwa*. Para eles, era uma questão de princípio. Queriam estabelecer uma separação entre Igreja e Estado, ao estilo americano. Reconhecer al-Sistani, diziam eles, representaria um precedente perigoso.

Para os veteranos do Médio Oriente no Departamento de Estado, o plano de Bremer parecia terrivelmente irrealista. Os políticos iraquianos tiveram a mesma reacção. «Parece impossível», afirmou um membro do Conselho de Governo.

Mas Bremer mantinha-se inflexível. «É o único caminho a seguir», disse-me ele. «Não vejo mais nenhuma opção.»

John Agresto chegou ao Iraque com duas malas, uma almofada de penas e muito optimismo. O seu cargo era assessor superior do Ministério do Ensino Superior, mas via a sua tarefa em termos mais ambiciosos. Não se tratava apenas de supervisionar, mas também de reformar o sistema universitário do país. Queria introduzir o conceito de liberdade académica e abrir faculdades de humanidades e ciências. Esperava reabastecer as bibliotecas com os livros mais recentes e colocar ligações de *internet* de alta velocidade nas salas de aula. Via as pilhagens dos dias após a guerra, que tinham esvaziado muitas universidades, como um benefício. Davam «a oportunidade de começar de novo» e de dar aos Iraquianos «o equipamento mais moderno».

Agresto era um republicano de longa data. Filho de um estivador de Brooklyn, foi o primeiro da sua família a ir para a universidade. Fez um doutoramento em Ciências Políticas na Cornell University. Após uma breve carreira de professor, ingressou no National Endowment for the Humanities(*) durante as guerras de cultura dos anos 80. Com Lynne Cheney e William Bennett, considerava liberal e preguiçoso o ensino superior. Depois de sair do NEH, foi durante 11 anos presidente do St. John's, uma pequena faculdade de humanidades e ciências conhecida pelo seu currículo Grandes Livros. Em 2000, reformou-se e criou uma empresa de consultadoria. Nos tempos livres, fazia salsichas italianas caseiras e relaxava com a mulher na sua casa junto ao rio Pecos, no Novo México.

Poucas semanas depois de as tropas americanas terem entrado em Bagdad, Agresto recebeu um telefonema do seu antecessor no St. John's, Edwin Delattre, que lhe perguntou se estaria interessado em ir para o Iraque. Professor de Filosofia na Universidade de Boston e membro do American Enterprise Institute, Delattre tinha sido abordado sobre o trabalho no Iraque por John Silber, presidente emérito da Universidade

---

(*) O National Endowment for the Humanities (NEH) é uma agência federal independente que se dedica ao apoio a programas de educação e investigação em humanidades *(N. T.)*.

de Boston, que tinha sido contactado por Jim O'Beirne, o representante da Casa Branca no Pentágono. O'Beirne pensara que Silber, um dos poucos conservadores na academia americana, podia recomendar candidatos que apoiassem a decisão do presidente Bush em invadir o Iraque. Agresto apoiava certamente. Descrevia-se como um «forte apoiante» da guerra.

Mas foi mais do que a ideologia que o levou a aceitar. Agresto estava na faculdade durante a Guerra do Vietname. Embora o seu estatuto de recrutamento fosse 1A(*), o seu número nunca saiu no sorteio. Ir para o Iraque, pensou ele, «era uma forma de servir finalmente» o seu país. *Tenho quase 60 anos*, pensou para si mesmo. *Não tenho muito mais tempo para fazer algo de bom.*

«É isto que os Americanos fazem: eles vão e ajudam», explicou-me ele depois. «Acho que sempre quis ser um bom Americano.» E, disse ele, «tinha um pressentimento de que esta seria uma aventura irrepetível».

Antes de aceitar partir, telefonou a Don Rumsfeld, cuja mulher pertencera à direcção do St. John's. Não tinha o número de telefone de Rumsfeld no Pentágono, por isso, deixou-lhe uma mensagem em casa. «Se existir alguma razão por que eu não deva ir, ligue-me urgentemente», disse Agresto. Nunca recebeu nenhum telefonema. Mas quando voltou a falar com O'Beirne, este disse-lhe que Rumsfeld tinha pensado seriamente na escolha de Agresto. «Convença-o depressa», disse o secretário da Defesa.

Agresto não sabia quase nada sobre o sistema de educação do Iraque. Mesmo depois de ter sido seleccionado, o antigo professor não leu um único livro sobre o Iraque. «Queria vir com a mente tão aberta quanto possível», disse ele. «Preferia aprender directamente do que ter as informações filtradas por um autor.»

A sua formação no Departamento de Defesa não foi maior. «Ensinaram-me a colocar uma máscara de gás, a apertar o capacete e a vestir o colete à prova de bala», disse ele. «Mais nada.»

Nada disso o surpreendeu. As imagens na televisão dos Iraquianos a festejarem quando a estátua de Saddam foi derrubada na praça Firdaus pareciam a versão do Médio Oriente do derrube do Muro de Ber-

(*) Segundo o sistema de mobilização militar americano, o estatuto 1A significa «apto para todos os serviços militares» *(N. T.)*.

lim. «Depois de ver aquilo, só podia pensar: bem, isto vai funcionar», disse Agresto.

Em Setembro de 2003, viajou do Texas para o Kuwait num *charter* 747 e, depois, para Bagdad num C-130 da força aérea, um cargueiro a hélices que servia de transporte ao pessoal da CPA. O avião aproximou-se do aeroporto a elevada altitude e depois virou rapidamente para baixo, para evitar os mísseis, nivelando-se apenas junto à pista. Depois de desembarcar, Agresto foi levado à pressa para uma fila de veículos fortemente armados, para a viagem pela traiçoeira estrada de 12 quilómetros até à Zona Verde. Foi a sua primeira experiência de como, no Iraque, a segurança estava acima de tudo – do trabalho, do conforto e do prazer.

Enquanto consultor, Agresto não tinha orçamento. Se quisesse fazer alguma coisa, tinha de falar com a USAID, que reservara 25 milhões de dólares para as universidades iraquianas. Esperava receber mais alguns milhões – centenas de milhões – do Suplemento e de outras nações. Uma estimativa das necessidades realizada pelo Banco Mundial e pelas Nações Unidas afirmava que o Iraque precisava de quase 2 mil milhões de dólares para «assegurar os padrões mínimos de qualidade do ensino». Grande parte do dinheiro era necessário para reparar e reequipar as universidades pilhadas. Na Universidade Mustansiriya de Bagdad, a pilhagem começou no dia em que caiu o governo de Saddam. Em três dias, o *campus* de edifícios amarelos e relvados verdejantes ficou sem os seus livros, computadores, equipamentos de laboratório e secretárias. Até os fios eléctricos foram arrancados das paredes. Aquilo que não roubaram, foi queimado, espalhando fumo negro sobre a cidade. Quando Agresto viu os estragos na Mustansiriya e na vizinha Faculdade de Tecnologia – onde 3000 computadores e todos os equipamentos de laboratório foram roubados em quatro horas – deixou de pensar na pilhagem como uma «oportunidade para começar de novo». Reconstruir os *campus* seria o seu primeiro desafio. Sem secretárias, livros ou laboratórios de ciências, Agresto não poderia falar de liberdade académica nem de um currículo de humanidades e ciências.

Um mês depois de ter chegado, os representantes das nações doadoras reuniram-se em Madrid para falarem das necessidades da reconstrução do Iraque. Agresto elaborou aquilo que esperava que fosse um pedido persuasivo de ajuda internacional, que incluía planos para «uma rede nacional de bibliotecas electrónicas» e uma «escola superior de gestão de estilo ocidental». Pediu dinheiro para novos manuais, novas salas de aula e para 16 «Centros de Estudos Avançados» em campos como a biotecnologia, resolução de conflitos e tecnologia de informação. O custo total para que o Iraque «ocupasse o seu lugar de direito na comunidade intelectual, cultural, económica e política mundial» era de 1200 milhões de dólares.

«Temos agora a oportunidade de começar de novo e de dar ao Iraque, por exemplo, algumas das melhores salas de aulas, laboratórios e bibliotecas possíveis», escreveu Agresto no pedido da CPA aos doadores.

> Não é exagero dizer que temos muito poucos anos para concluir e muito poucos meses para iniciar a reconstrução do ensino superior do Iraque. Os excelentes líderes das faculdades formados na Europa e nos Estados Unidos nos anos 50, 60 e finais de 70 estão agora no fim ou perto do fim das suas carreiras. Os que lhes sucederem na liderança nunca estiveram expostos à investigação de classe mundial ou ao ensino superior internacional. Sem exposição imediata e profunda ao mundo académico contemporâneo e à tecnologia para nele participar, não haverá experiência necessária para reconstruir um ensino de qualidade e a infra-estrutura para as próximas gerações. A falta de trabalhadores com formação em conhecimento e de líderes com educação internacional ameaça a estabilidade do Iraque e, por arrasto, a segurança do resto do mundo.

As nações doadoras prometeram 400 milhões de dólares. Agresto não estava desapontado. Era um princípio, pensou ele. Dali a seis meses haveria outra conferência. Poderia então pedir mais dinheiro.

Para Agresto, a reconstrução física era um meio para um fim([27]). O que realmente o entusiasmava eram Iraquianos como Asmat Khalid, o presidente da Universidade de Dohuk. Homem baixo, entroncado e ríspido, Khalid parecia a Agresto «mais o chefe de uma organização de camionistas do que o fundador e presidente de uma grande universidade». Fundou a sua universidade no início dos anos 90, quando os caças americanos começaram a impor a proibição de voos na zona sobre Dohuk e o resto do Norte do Iraque controlado pelos Curdos, mantendo o exército de Saddam à distância e dando uma autonomia de facto aos Curdos. Asmat queria fundar aquilo a que chamava uma «Universidade de Humanidades», que ofereceria cursos de filosofia política, teoria democrática, civilização ocidental, história da liberdade e direitos humanos. Ninguém podia ficar licenciado sem fazer a cadeira de direitos humanos. Haveria até um curso de religião comparada. Agresto perguntou a Khalid se, nesse curso, haveria mesmo introduções ao Antigo e Novo Testamentos. «Sim, claro», disse ele. E será que, perguntou-lhe Agresto, contrataria um judeu para leccionar a cadeira do Antigo Testamento? Khalid não hesitou. «Claro que sim, por que não?», respondeu ele.

Quando o Pentágono lhe perguntou por quanto tempo ficaria no Iraque, Agresto não respondeu três meses, o compromisso mínimo exigido pela CPA e a resposta mais frequentemente ouvida no palácio.

«Enquanto durar», respondeu ele.

Parte II

Sonhos desfeitos

9

Que isto acabe

O hotel al-Rasheed era um edifício monstruoso de betão e vidro construído pelo Oberoi Group, da Índia, nos anos 80, antes da orgia maníaca dos gastos de Saddam em armas para derrotar o Irão, e antes de a invasão do Kuwait tornar o Iraque num pária internacional. Quando o al-Rasheed abriu, os seus 428 quartos tinham cadeiras de pele, televisores a cores, telefones modernos, carpetes e casas de banho com chão de mármore. No rés-do-chão, o Sheherezade Bar servia Johnnie Walker Black Label, a discoteca 1001 Nights estava cheia de prostitutas embonecadas e uma zona comercial vendia perfume francês. Uma clínica dirigida por um médico europeu tratava as dores e as indisposições dos hóspedes.

Depois da guerra do Kuwait, as sanções das Nações Unidas obrigaram o Oberoi Group a sair do país. O governo de Saddam apoderou--se do al-Rasheed e de todos os outros hotéis estrangeiros no país, incluindo o Ishtar Sheraton e o Méridien, que foi rebaptizado como Palestine Hotel. O Ministério das Finanças, agora sem dinheiro, eliminou o orçamento para a manutenção do al-Rasheed. Durante alguns anos, ninguém deu por isso. Depois, os elevadores avariaram-se, os lençóis ficaram puídos e os canos das casas de banho começaram a verter água. Quando visitei o hotel pela primeira vez, em 2002, as cadeiras de pele estavam velhas e partidas, os colchões afundavam-se e tive de subornar o homem da limpeza para ter um rolo de papel higiénico. A maioria dos telefones não funcionava e as televisões só tinham meia dúzia de canais, todos eles dirigidos pelo governo. O regime de Saddam não permitia que se visse a CNN ou a BBC no hotel. Eu e os outros hóspedes desconfiávamos que a polícia secreta de Saddam tinha escondido escutas nos televisores.

Uma semana antes da guerra, o Pentágono avisou os meios de comunicação social americanos para saírem do al-Rasheed. Um grande abrigo que havia debaixo do hotel colocava-o na lista de alvos. Mas nós conhecíamos o terreno. Por muito decrépito que se encontrasse, era ainda o melhor sítio para dormir na cidade. Quando viessem, os Americanos iriam querer ali ficar.

A primeira vaga de civis americanos – Jay Garner e o ORHA – foi para o Palácio Republicano. Os conselheiros de segurança diziam que o edifício de 14 andares do al-Rasheed, que se erguia sobre os prédios vizinhos, era demasiado vulnerável a um ataque. Mas quando o palácio começou a transbordar de gente, o nível de ameaça mudou: os oficiais de segurança da CPA consideravam o hotel suficientemente seguro para alojar centenas de funcionários que, até então, dormiam em divãs no palácio à espera das caravanas de alojamento que a Halliburton se comprometera a levar para Bagdad.

A tarefa de gerir o al-Rasheed coube à Halliburton, que logo voltou a contratar dezenas dos empregados que lá trabalhavam antes da guerra, incluindo vários que eu suspeitava serem ex-agentes dos serviços secretos. Pouco se fez para renovar os quartos, mas a empresa reabriu a discoteca e instalou um bar desportivo no abrigo subterrâneo. O hotel tornou-se no centro de diversões da Cidade Esmeralda.

O coronel Elias Nimmer bocejou e virou-se. Abrira os olhos há dez minutos, às seis horas, quando os primeiros raios de sol se ergueram no horizonte e mudaram a cor do céu do deserto de um índigo escuro para um azul claro. O seu companheiro de quarto estava fora e Nimmer não se dera ao trabalho de fechar as cortinas antes de se deitar. Depois de quase três décadas no exército, o seu corpo estava habituado a acordar de madrugada.

Quando Nimmer olhava pela janela virada para oeste, no quarto 916, podia ver uma auto-estrada de oito faixas e, mais à frente, o jardim zoológico da cidade e um parque em seu redor, um espaço poeirento com plantas murchas e edifícios decrépitos. À esquerda, estavam os mais famosos monumentos erigidos por Saddam: um zigurate para celebrar a guerra com o Irão e uma parada militar ladeada de arcos enormes na forma de braços humanos – cujo modelo se diz terem sido os próprios braços de Saddam – a erguerem espadas cruzadas.

Tenho de me levantar, pensou Nimmer. Era domingo e só teria de se apresentar ao serviço no Palácio Republicano às 11 horas, mas pressentiu que iria ser uma manhã agradável. Pensava ir dar um passeio antes de começar a trabalhar. Nimmer era o oficial encarregado do orçamento da equipa da CPA que trabalhava com o ministério iraquiano da Saúde. Era um trabalho extremamente complexo, mas Nimmer, cidadão naturalizado americano que nascera no Líbano e falava árabe, tinha muita experiência. Fora o oficial responsável pelo orçamento no Centro Médico Militar Walter Reed, em Washington. Antes disso, geria um orçamento de mil milhões de dólares em Fort Detrick, o principal centro de investigação médica do exército.

Nimmer era um homem robusto, de queixo quadrado, nariz pontiagudo e tez morena. O seu cabelo grisalho, já em recessão, fora cortado rente. Bocejou e pensou preguiçar durante mais alguns minutos. *Vou ou não vou? Vou ou...* – uma explosão enorme atingiu o hotel e o edifício abanou. Nimmer despertou imediatamente.

Oh, meu Deus, pensou. *Finalmente fizeram-no*.

O instinto veio ao de cima e Nimmer atirou-se para o chão. *Nunca se dispara apenas um rocket. Vêm aí mais*, pensou. O sítio mais seguro era no chão, o mais longe possível da janela. Não podia ir para debaixo da cama porque era demasiado grande para lá caber. Fez então a segunda melhor coisa a fazer: deitou-se de barriga para baixo entre a sua cama e a do seu companheiro de quarto. *É como uma trincheira. Aqui ficarei a salvo*.

Estávamos a 26 de Outubro de 2003 – seis meses e meio depois de as tropas americanas terem chegado a Bagdad. Um mês antes, os rebeldes tinham alvejado o al-Rasheed com *rockets*, mas fora um caso menor. Os projécteis foram lançados de uma plataforma improvisada num bairro residencial a norte da Zona Verde. Um deles atingiu o último piso, mas provocou poucos danos. Outro caiu no jardim. Um terceiro atingiu uma casa perto do local de lançamento. A estreita fachada norte do hotel não era motivo de preocupação, nem a sul, que dava para um espaço com mais de um quilómetro de extensão na Zona Verde. Os pontos de maior vulnerabilidade eram os lados este e oeste – que tinham fachadas com janelas.

Os oficiais de segurança da CPA tinham afastado a hipótese de um ataque sério, pensando que os rebeldes não tinham capacidade nem equipamento para alvejar o hotel com precisão. Mas os residentes ficaram assustados com o incidente.

Fora da Zona Verde, os ataques de atiradores furtivos e as explosões de bombas na estrada tinham-se tornado mais frequentes. Carros armadilhados tinham destruído a embaixada da Jordânia e o quartel-general das Nações Unidas, matando o chefe da missão, o diplomata brasileiro Sérgio Vieira de Mello. Os agentes dos serviços de informação começaram a ouvir falar de planos de rapto de estrangeiros. Mas a Cidade Esmeralda, com os seus muros de cinco metros de altura e os seus postos de controlo, devia ser segura.

Vinte segundos após o primeiro impacto, um segundo foguete atingiu uma cobertura de betão por cima da janela de Nimmer, espalhando vidros e destroços pelo quarto.

Nimmer começou a rezar. *Por favor, meu Deus, que isto acabe.*

O terceiro *rocket* seguia a mesma trajectória do anterior, mas atravessava o brilhante céu matinal num ângulo ligeiramente mais elevado. Tal como os outros, era um Katyusha de 85 mm, de fabrico russo. Provavelmente, fora vendido ao Iraque nos anos 80 para ser usado contra o Irão. Milhares de foguetes tinham sido roubados dos arsenais depois da guerra.

Um Katyusha desloca-se a três vezes a velocidade do som. Se estivermos perto do local de lançamento, o seu som assemelha-se a um guincho agudo amplificado por um megafone. Se estivermos na zona do alvo, não se ouve nada até ao impacto.

O terceiro *rocket* entrou pela janela despedaçada do quarto 916 e despenhou-se na parede à direita de Nimmer. Viu um *flash* brilhante – como se alguém lhe pusesse uma câmara fotográfica à frente do rosto – da explosão fosforescente da ogiva. Então, sentiu uma poderosa pressão de ar provocada pela onda de choque da explosão. Fragmentos em brasa do foguete, pedaços da parede, lascas das vigas de ferro e vidros dos candeeiros penetraram-lhe no corpo como chumbos de caçadeira. Os destroços atingiram-lhe a cabeça, as costas e as pernas, queimando-lhe a pele.

Nimmer gritou. Pensava que iria morrer.

No fôlego seguinte, tentou falar. «Socorro», gritou roucamente. «Preciso de ajuda».

À sua volta ardiam destroços. Os fios eléctricos soltavam faíscas. O quarto estava cheio de fumo e do cheiro acre de cordite. À distância, podia ouvir gritos.

O hotel abanou com o impacto de outro foguete. Depois, fez-se silêncio.

«Está aí alguém?», perguntou ele num gemido. «Alguém me ajude, por favor.»

Ninguém lhe respondeu.

É melhor não gritar mais. Tenho de poupar as minhas energias.

Tentou rastejar, mas isso apenas o levaria mais para dentro dos destroços.

Sei que eles virão. Tenho de poupar forças.

Outro *rocket* atingiu o hotel. E mais outro. Nimmer contou mais sete foguetes depois daquele que o atingira.

Na altura, ele não sabia, mas o foguete que entrara pela janela não explodiu no seu quarto. Se assim fosse, não estaria vivo. O projéctil atravessara a parede e explodira na casa de banho. Grande parte da força da explosão passou-lhe ao lado, rebentando com o guarda-roupa, a porta da frente e o *hall* de entrada.

Um dos colegas de Nimmer da equipa do Ministério da Saúde, o tenente-coronel Charles Fisher, residia mesmo em frente, no quarto 915. A explosão foi de tal modo violenta que o atirou ao chão. Entre as explosões, conseguia ouvir os gritos de socorro de Nimmer, que se iam desvanecendo. *Merda*, pensou Fisher. *Ele deve estar gravemente ferido.*

«Elias», gritou. «Vou aí buscar-te.»

Não ouviu qualquer resposta.

Fisher agarrou na espingarda e na mochila, que continha o seu equipamento médico, e começou a remover os destroços que lhe bloqueavam a porta. Nimmer não podia ter mais sorte. Fisher era médico – não um médico qualquer, mas o ex-director dos cuidados intensivos da Cleveland Clinic – e pertencia às Forças Especiais de elite do exército.

Quando chegou ao corredor, havia um monte de destroços a bloquear a porta do quarto de Nimmer. Removeu o que podia. Quando entrou no quarto 916, deparou com um cabo eléctrico de 220 volts pendurado do tecto e a soltar faíscas como se alguém estivesse a soldar alguma coisa. A rastejar por baixo do fio, dirigiu-se até onde estava Nimmer.

Está morto, pensou Fisher quando o viu. Grande parte do seu corpo estava coberto de entulho. A sua *t-shirt* branca estava ensopada de sangue e um grande bloco de madeira tinha caído em cima da sua cabeça.

Quando Fisher retirou os destroços de cima dele, Nimmer gemeu.

«Chuck, não consigo mexer-me», sussurrou. «Estou paralisado da cintura para baixo.»

No corredor, dois seguranças sul-africanos gritaram para dentro do quarto: «está aí alguém?»

Fisher disse-lhes para abrirem um caminho com largura suficiente para retirar o homem ferido e, depois, pediu-lhes que o ajudassem a levá-lo para o átrio. Fisher e os seguranças sul-africanos enrolaram Nimmer num cobertor e desceram nove lances de escadas. A cada solavanco, Nimmer gritava com dores.

O átrio do al-Rasheed estava cheio de funcionários da CPA em pânico e desorientados. Paul Wolfowitz e a sua equipa do Pentágono tinham passado a noite no hotel. Estavam todos juntos num canto, cercados por guardas. Wolfowitz estava mais bem vestido do que qualquer outro – calças desportivas e uma camisa azul clara –, mas tinha o cabelo despenteado e o rosto pálido.

As pessoas abriram caminho quando os salvadores de Nimmer o levaram para o átrio e o depositaram no chão de mármore. Um médico aplicou-lhe uma solução intravenosa e Fisher fez um exame completo ao amigo. Não parecia em bom estado. Suspeitava não só de danos cerebrais e fracturas, mas também de sérios problemas abdominais e espinais.

Uma ambulância veio buscar Nimmer para o levar ao hospital da Zona Verde, que ficava ali perto. Fisher foi com ele. A meio do caminho, Nimmer retirou o crucifixo que tinha ao pescoço e colocou-o na mão de Fisher.

«Chuck, acho que não vou conseguir», disse ele. «Por favor, entrega isto à minha mulher. É uma herança de família.»

No hospital, Nimmer foi posto numa maca e levado para as urgências. «É urgente», gritou Fisher. «Levem-no depressa.»

Depois de Fisher ter ido à procura do chefe da neurocirurgia, um funcionário do hospital confundiu Nimmer com um prisioneiro de guerra iraquiano e levou-o para uma sala de espera para Iraquianos que tinham sido feridos por militares americanos.

«Você não está a perceber», gritou ele. «Sou um coronel do exército americano. O meu lugar não é aqui.»

Depois, desmaiou.

Os cirurgiões removeram dois estilhaços enormes das pernas e costas de Nimmer. Retiraram pedaços de metal das vértebras, que tinham provocado a paralisia temporária. Ao examinarem o ouvido esquerdo, descobriram que o tímpano tinha rebentado. Trataram-lhe ainda algumas queimaduras no rosto, provocadas pelo combustível que ainda restava no foguete.

Quinze horas depois, Nimmer era evacuado de avião para um hospital militar na Alemanha. Foi então enviado para o centro médico Walter Reed. Passaria ainda por mais uma dúzia de operações. Seria doloroso, penoso e, por vezes, exasperante, mas iria recuperar.

O mesmo não se podia dizer da Cidade Esmeralda.

Quinze horas antes do ataque, o major-general Martin Dempsey estivera no meio da ponte 14 de Julho e declarara que «a calma e a segurança tinham sido conseguidas» em Bagdad. Uma banda do exército americano tocou o hino nacional iraquiano e Dempsey e três membros da Assembleia Municipal de Bagdad cortaram uma fita azul esticada de um lado ao outro da estrada.

«Passem, está aberta», disse um polícia iraquiano. Centenas de crianças e adultos passaram a correr, festejando e aplaudindo.

A ponte, baptizada com a data da revolução de 14 de Julho de 1958, que derrubou a monarquia apoiada pela Grã-Bretanha, atravessava o rio Tigre a sudoeste do Palácio Republicano. A ponte tinha saída para uma via rápida de oito faixas que passava ao lado do al-Rasheed, a oeste, antes de se ligar à auto-estrada para Mossul, a norte. Tanto a ponte como a via rápida, que formavam um cruzamento junto da Zona Verde, estavam fechadas desde o dia em que os Americanos apareceram.

Mas, quando chegou o Outono, a «Força de Protecção» militar americana, a unidade responsável pela segurança da Cidade Esmeralda, concordou, de má vontade, em abrir a ponte e a via rápida. Muros fortificados com cinco metros de altura tinham sido construídos em redor do perímetro da Zona Verde, reduzindo as hipóteses de alguém poder atacar o palácio a partir da ponte. Havia também muros fortificados ao longo da via rápida, formando um túnel de superfície até à Pequena América. Os Americanos atravessavam a via rápida por uma passagem inferior junto ao al-Rasheed.

Os políticos iraquianos queixavam-se de que o encerramento estava a provocar engarrafamentos enormes noutras estradas e pontes. Ainda que os ataques na capital estivessem a aumentar, a CPA insistia na ideia de que o país estava cada vez mais seguro. Quando os oficiais da Força de Protecção se opuseram, os funcionários da CPA disseram que o jardim zoológico da cidade e o parque circundante, que ficava no outro lado da via rápida e do al-Rasheed, tinham sido abertos há um mês sem que se registassem incidentes.

Às 5h30 da manhã seguinte, uma carrinha branca, que rebocava aquilo que parecia ser um gerador eléctrico azul, percorreu a via rápida e entrou no parque frente ao al-Rasheed. O condutor parou numa clareira com vista para o hotel. Ele, e provavelmente um cúmplice, abriu os painéis do pretenso gerador. Lá dentro, estavam cerca de 40 foguetes, arrumados de forma meio caótica. Metade eram franceses. Os outros 20 eram de fabrico russo. O lançador estava armadilhado e o relógio alimentado a pilhas estava activado.

Mais tarde, Dempsey disse a Wolfowitz que o ataque revelara a debilidade das forças que se opunham à ocupação americana. O lançador era um dispositivo improvisado. Só um dos ocupantes do hotel, um especialista de operações psicológicas da equipa de Comunicações Estratégicas, tinha sido morto. O hotel fora danificado, mas não destruído.

Na Zona Verde, muitos eram os que chegavam a conclusões diferentes. Para eles, o ataque demonstrara que a Cidade Esmeralda já não era um oásis de segurança. Os rebeldes tinham atacado o centro do poder americano no Iraque e morto um membro da CPA. Dempsey e outros generais acabaram por admitir que, provavelmente, o ataque fora precedido de meses de vigilância e de planeamento.

A visão de Americanos feridos, estendidos no chão do átrio do hotel, assustou muita gente da CPA. Até então, nunca tinham testemunhado o impacto da guerra. Alguns dos funcionários foram para a rua vomitar.

A ponte 14 de Julho e a via rápida foram novamente encerradas para os Iraquianos, mas os oficiais da segurança, com medo de um ataque semelhante, decidiram encerrar também o hotel. De qualquer modo, os *rockets* tinham danificado as canalizações e os sistemas eléctricos. Alguns pisos estavam inundados de água ou queimados por pequenos incêndios.

Os residentes do hotel não tiveram outra alternativa senão mudar-se para o palácio. Alguns dormiam nos seus gabinetes. A Halliburton e o exército montaram divãs no enorme salão de dança, nos corredores e até nos quartos de arrumações. O edifício parecia agora um grande orfanato. O moral desceu quando os funcionários da CPA, que já se queixavam por ter de partilhar quartos no hotel, foram obrigados a dormir com centenas de colegas e a usar casas de banho portáteis.

O único aspecto positivo era o facto de se sentirem mais seguros. O palácio situava-se suficientemente no interior da Zona Verde para que o pudessem alvejar directamente, e as paredes grossas pareciam uma boa protecção contra futuros ataques de *rockets*. Mas, dois dias depois do ataque ao al-Rasheed, os rebeldes lançaram morteiros para o interior da Zona Verde. Fizeram-no também no dia seguinte e nos muitos outros dias da ocupação. Raramente atingiam algo importante. Em vez de irem calibrando os disparos para melhorar a precisão, os rebeldes instalavam os seus lançadores ao longo do rio Tigre e faziam vários disparos rápidos antes de fugirem. Os radares americanos podiam determinar a origem do lançamento em questão de segundos, mas o exército não queria retaliar imediatamente, pois não tinha a certeza se os ataques vinham de zonas residenciais. O exército não pretendia bombardear um bazar.

Embora os rebeldes não atingissem praticamente nada, o simples facto de lançarem alguns morteiros para dentro da redoma fazia aumentar a ansiedade entre os residentes da Cidade Esmeralda. O perigo estava em toda a parte.

Sempre que havia um ataque de morteiros, os altifalantes do palácio gritavam: «Protejam-se! Protejam-se!» O pessoal chamava-lhes a Voz Gigante, e estavam sempre um ou dois minutos atrasados. Normalmente, quando o anúncio ecoava pelos corredores de mármore, já os morteiros tinham caído. Mas, mesmo assim, toda a gente se preparava. Vestiam os coletes à prova de bala, punham os capacetes e corriam para o abrigo subterrâneo.

Os berros quase diários da Voz Gigante começaram a mexer com os nervos das pessoas. Muitos funcionários tinham dificuldade em dormir. Outros refugiavam-se no fumo e na bebida. As visitas à Clínica de

Stress de Combate aumentaram. Alguns membros da CPA começaram a tomar tranquilizantes e antidepressivos.

Não era apenas o facto de sentirem medo. O ataque ao al-Rasheed e os disparos de mosteiros acabaram com a ilusão que havia na Cidade Esmeralda, segundo a qual o Iraque estava a ficar mais seguro. Desde os primeiros dias da ocupação, a CPA trabalhou segundo o princípio de que o Iraque seria um terreno calmo para cultivar a democracia e o mercado livre. A estratégia de desenvolvimento económico de Peter McPherson tinha como base o facto de o país poder estar suficientemente seguro para que as empresas multinacionais nele estabelecessem fábricas. A estratégia do ensino superior de John Agresto pressupunha que ele e a sua equipa poderiam deslocar-se a todas as universidades. A estratégia política de Jerry Bremer partia do princípio de que os peritos em governação podiam viajar pelo país para promover a democracia. As informações sobre os ataques dos rebeldes eram ignoradas. Os problemas, diziam eles, ocorriam em Faluja, em Ramadi e em Tikrit – o chamado Triângulo Sunita.

Os ataques à Zona Verde foram as primeiras fendas na armadura. «Foi um despertar violento», disse-me um amigo da CPA. «De repente, percebemos que a situação de segurança não era nada daquilo em que nos tinham feito acreditar. E as pessoas começaram a questionar-se. Se as coisas estão a ficar piores e não melhores, como podemos nós fazer todas as coisas ambiciosas que esperávamos fazer? Era isso que realmente assustava as pessoas.»

Os relatórios diários de segurança da CPA adquiriram um tom alarmista. Todos eles traziam um novo aviso BOLO(*), para que o pessoal estivesse atento a automóveis suspeitos, distintivos falsos e armadilhas. As poucas saídas para ir às compras ou jantar em restaurantes finos fora da redoma acabaram. Os funcionários da CPA começaram a andar armados na Zona Verde.

Havia rumores constantes sobre outro ataque iminente, só que, na próxima vez, não envolveria foguetes ou morteiros, mas carros armadilhados e vagas de rebeldes armados a investirem sobre o palácio. Dizia-se que a população de Iraquianos da Zona Verde estava a aumentar às centenas por dia, um sinal seguro de que legiões de inimigos se tinham infiltrado na bolha supostamente segura.

(*) No original, *Be On the Look Out* (*N. T.*).

Os Americanos começaram a pôr em causa a fidelidade dos seus intérpretes e secretários iraquianos. Um estudo interno calculava que cerca de 60% dos Iraquianos que trabalhavam para a CPA estavam comprometidos. O problema era que os Americanos não sabiam quem é que estava comprometido. Acreditavam que os Iraquianos considerados leais à CPA tinham as vidas das suas famílias ameaçadas pelos rebeldes, que queriam saber onde iam os Americanos quando saíam da Zona Verde. Os Iraquianos não acreditavam que a CPA os protegesse se falassem das ameaças. Em muitos casos, os funcionários da CPA achavam que os Iraquianos davam aos rebeldes as informações que estes queriam.

A Força de Protecção começou a colocar sinais pelo palácio, avisando as pessoas para não deixarem material sensível em sítios onde os Iraquianos o pudessem ver. Em vez de se envolverem mais nas operações da CPA, os Iraquianos foram postos de lado.

«Não podíamos partilhar nada com os colegas iraquianos. Não podíamos sair da Zona Verde. Não podíamos ficar no al-Rasheed», disse-me um amigo que trabalhava na CPA. «Sentíamo-nos como se estivéssemos cercados.» Fez uma pausa e disse: «Não se pode administrar um país assim. Podemos criar a ilusão de que estamos a controlar as coisas, mas, na verdade, não estamos.»

A Zona Verde, Cena VII

Numa fresca quarta-feira de Maio, seis semanas antes da entrega da soberania, dezenas de funcionários da CPA juntaram-se em redor da piscina do palácio para outra festa de despedida. Jerry Bremer queria que os subordinados regressassem a casa em pequenos grupos, para evitar a impressão de que os Americanos estavam a desertar em massa do Iraque. Os ambiciosos queriam ir no último voo. Os outros estavam ansiosos por ir para o aeroporto. De qualquer modo, queriam beber um último copo com os colegas. Em Maio e Junho, todas as noites havia festas de despedida – na piscina, no al-Rasheed ou nos restaurantes chineses.

Tinha sido uma noite calma. Não houve explosões de morteiros, nem mensagens da Voz Gigante a avisar as pessoas para se protegerem.

Foi então que se ouviram os disparos. Um pum pum pum *à distância. Alex Dehgan, funcionário do Departamento de Estado que estava na piscina, pensou que se tratava de um tiroteio entre soldados e rebeldes. Os seus colegas pensaram o mesmo.*

Mas o barulho dos tiros começou a tornar-se maior, mais intenso. Parecia vir de todas as direcções. Traços cor de laranja cortavam o céu nocturno. Os estampidos das AK-47 ecoavam pelo Tigre.

Dehgan começou a entrar em pânico. É agora, *pensou.* O ataque em grande escala. *Eles vão escalar os muros.*

Deghan e todos os que estavam na piscina correram para o interior do palácio. Alguns refugiram-se no abrigo subterrâneo. Outros foram para os seus gabinetes, mas mantinham-se longe das janelas. Começaram a pensar se não teriam de sair de helicóptero, como os últimos funcionários da embaixada americana em Saigão.

Horas depois, ouviram as notícias: o Iraque derrotara a Arábia Saudita por 3-1 num jogo de futebol, qualificando-se para os Jogos Olímpicos de Atenas desse Verão.

Bagdad celebrava.

10

Deslinda-se o plano

Na moradia palaciana sobre o rio Tigre, os membros do Conselho Governativo do Iraque juntavam-se numa ornamentada sala de recepção do tamanho de um campo de basquetebol. Havia antigos exilados vestidos com fatos da Savile Row, mulheres de lenços estampados na cabeça, líderes religiosos xiitas com turbantes pretos, identificando-os como descendentes do Profeta Maomé, e um xeque tribal envergando um manto negro debruado a ouro. Os criados serviam copos de chá doce, uma oferta quente de boas-vindas numa fria manhã de Outono. Alguns jovens assistentes passavam telemóveis estridentes aos seus chefes. Homens da milícia curda e ex-soldados das Forças Especiais americanas montavam guarda em frente da casa, antiga residência do meio irmão de Saddam.

Quinze minutos depois, Jerry Bremer entrou na sala com um grupo de guardas e meia dúzia de assessores. Visto de longe, parecia o mesmo de sempre: fato azul, cabelo penteado e andar vigoroso. Se observado mais atentamente, podia ver-se que o seu rosto parecia tenso, as rugas na testa estavam mais profundas e as olheiras maiores.

Estávamos a 15 de Novembro de 2003. Bremer tinha acabado de chegar de várias reuniões de emergência na Casa Branca e no Pentágono – uma viagem organizada de forma tão apressada que viajou num avião de evacuação médica da força aérea. Bremer convocara o conselho para discutir as conclusões das suas reuniões em Washington.

Quando entrou, os normalmente alegres membros do Conselho Governativo falavam em tom circunspecto. Três dias antes, tropas americanas tinham disparado por engano contra o veículo de um membro do conselho quando este entrava na Zona Verde. Embora só um Iraquiano tenha ficado ferido, os membros do conselho, irritados, resolveram deixar de usar os seus aposentos na Zona Verde. Quando Bremer disse que queria falar com eles, responderam-lhe que teria de sair da Cidade Esmeralda e ir a casa de Jalal Talabani, o corpulento político curdo que, segundo o sistema rotativo, presidia agora ao conselho.

Bremer reunia-se normalmente com o conselho às quartas-feiras e não aos sábados de manhã. Mas esta reunião nada tinha de normal. O conselho, uma mistura de políticos veteranos e neófitos, tornara-se recentemente mais assertivo. Viam a ocupação como problemática e viam-se a si próprios como salvadores. Mas Bremer ainda os via como lacaios. Considerava-os desorganizados, medrosos e egocêntricos, mas eram também os seus testas-de-ferro e precisava do apoio deles nas grandes decisões, para que parecesse haver cooperação entre os Iraquianos e os ocupantes.

Após uma ronda de cumprimentos e cortesias, foi direito ao assunto. Tinha uma oferta que pensava que os líderes políticos não recusariam, uma oferta que iria mudar o curso da ocupação.

O plano de sete passos de Bremer tinha encalhado.

O passo 1 era a formação do Conselho Governativo. Este fora cumprido. O passo 2 era o estabelecimento de uma «comissão provisória» para determinar o modo como se devia redigir uma Constituição. Este fora também cumprido. O passo 3 era a aceitação por parte do Conselho Governativo de mais tarefas governativas quotidianas. Este passo estava a ser cumprido, ainda que de forma irregular. O passo 4 era a redacção de uma Constituição – e era aqui que o plano encalhara.

A *fatwa* do grande *ayatollah* al-Sistani exigia que a Constituição fosse redigida por representantes eleitos. Ainda que Bremer tenha dito que a Constituição seria «redigida por Iraquianos para os Iraquianos», opunha-se firmemente em realizar eleições, pois receava que uma sala cheia de Iraquianos eleitos pelo povo não conseguisse produzir um documento que estabelecesse a separação entre a Igreja e o Estado e a igualdade de direitos para as mulheres ou admitisse algum dos outros elementos desejados pela Casa Branca, que queria apontar o Iraque como modelo de uma democracia iluminada no mundo árabe. O vice--rei e os seus conselheiros políticos contavam com a comissão preparatória para fazer frente a al-Sistani, aceitando que os redactores fossem nomeados e não eleitos.

A resistência de Bremer em ceder a al-Sistani foi estimulada pelo Conselho Governativo. Os membros xiitas diziam a Bremer e aos seus conselheiros que lidariam com al-Sistani. Afirmavam que a *fatwa* significava simplesmente que al-Sistani não queria estrangeiros envolvidos na redacção da Constituição. Quando o *ayatollah* compreendesse que seriam os Iraquianos a redigir a Constituição, esqueceria as suas objecções. Os membros xiitas do conselho, particularmente os líderes dos dois maiores partidos religiosos xiitas, não queriam que um clérigo, por muito popular que fosse, se envolvesse na política. Era a mesma preocupação manifestada por Bremer, mas pouco tinha a ver com um princípio; os xiitas temiam a perda de poder e de legitimidade se tivessem de tratar de política com al-Sistani.

Os membros sunitas do conselho, tanto Árabes como Curdos, estavam também preocupados com al-Sistani, mas por outra razão: não queriam que o governo fosse entregue a um xiita, quer fosse *ayatollah* ou não.

Bremer e o conselho, que tinham escolhido a comissão preparatória, esperavam que a comissão os apoiasse, não só aceitando a ideia dos redactores nomeados, mas também especificando como é que esses redactores deviam ser escolhidos. Mas o relatório da comissão surpreendeu Bremer e o seu conselho; queria que a Constituição fosse redigida por representantes eleitos. Entre os 25 membros da comissão havia juízes, advogados e professores, e nenhum político, e havia tantos sunitas quantos xiitas. A maioria dos membros eram académicos com tendências seculares. Mas nem estes queriam contrariar al-Sistani. A votação sobre as eleições foi de 24-0. «Era muito difícil, se não impossível, ignorar a *fatwa* do *ayatollah* al-Sistani», disse-me Yass Khudier, antigo juiz e membro da comissão, poucos dias depois da apresentação do relatório.

Bremer e os seus conselheiros políticos telefonaram a vários membros do Conselho Governativo e disseram que eles precisavam de resolver as coisas. O conselho voltou-se para a comissão e um novo relatório acabou por ser apresentado. Propunha três possibilidades para a escolha dos redactores: eleições nacionais, escolha directa pelo conselho ou reuniões municipais em todo o país, limitadas a académicos, líderes políticos, xeques tribais, clérigos e outros notáveis de cada comunidade. A comissão não mostrava preferência por nenhuma das três opções, mas não era segredo que a maioria do grupo apoiava as eleições. Com as opções na mesa, era altura de o Conselho Governativo escolher uma. Como o conselho se mostrara tão em oposição a al-Sistani, Bremer esperava que o grupo decidisse nomear os redactores ou organizar reuniões municipais.

Quando a Constituição estivesse redigida, teria ainda de haver um referendo nacional para aprovar o documento e a eleição de um governo. Se a entrega da soberania devia ocorrer em finais de 2004, os Iraquianos teriam de se apressar.

O plano de Bremer requeria que o conselho aprovasse cada fase. Para Bremer, não era uma expectativa insensata. Os membros do conselho, porém, não viam as coisas da mesma maneira. Os membros mais proeminentes do conselho eram antigos exilados que queriam dirigir o Iraque desde o dia em que Saddam foi deposto. Viam-se como líderes nacionais legítimos, que dirigiam os maiores partidos políticos do Iraque. Outros membros, que não eram políticos proeminentes, mas que, no entanto, tinham sido nomeados por Bremer para formarem uma nova geração de figuras políticas pós-Saddam, começaram a desempenhar um papel mais activo. Membros como Ghazi al-Yawar, um xeque tribal, e Mowaffak al-Rubaie, um neurologista, juntaram-se aos antigos exilados para exigir mais poder e independência para o conselho.

Em Setembro de 2003, os membros do conselho começaram a manifestar oposição ao plano de sete passos de Bremer. Diziam que a ocupação estava a fazer mais mal do que bem. Muitos Iraquianos zangados estavam a juntar-se à revolta que começava a nascer. Alguns faziam-no por se sentirem desonrados pela presença de tropas estrangeiras em solo iraquiano. Outros agarravam em armas porque culpavam os Americanos pela falta de segurança, de empregos e de electricidade. Conscientes do cada vez maior sentimento antiamericano, os membros do conselho exigiram o fim da ocupação. Diziam que o conselho devia assumir a soberania e administrar o país até à realização das eleições.

«Estamos numa situação muito perigosa», disse-me, na altura, Adel Abdel-Mahdi, um político xiita. «O que nos impede de avançar é a ideia de ocupação, o Iraque não pode ser governado se os Iraquianos não assumiram mais responsabilidade.» A entrega da soberania, disse Ahmed Chalabi, «faria com que os Americanos voltassem a ser vistos como libertadores» e reduziria os ataques contra as tropas americanas. «O povo iraquiano», afirmou ele, «não compreende a lógica da ocupação».

Os membros do conselho apresentaram a sua posição a Bremer, que a rejeitou. Inconformados, decidiram-se por uma táctica diferente. Os Estados Unidos pretendiam a aprovação de outra resolução do Conselho de Segurança das Nações Unidas, com o objectivo de obterem mais apoio internacional para a reconstrução do Iraque e para encorajarem o pessoal da ONU a regressar ao país após o devastador ataque contra o seu quartel-general em Bagdad. Os membros do Conselho Governativo começaram a pressionar os Franceses, os Russos e os Alemães a apoiarem uma rápida transferência da soberania. Um membro do conselho foi a Paris, em nome de Chalabi, para falar da questão com o governo francês, e o próprio Chalabi foi aos Estados Unidos para apresentar o caso do conselho ao Congresso e às Nações Unidas.

Bremer ficou furioso que Chalabi, que ele via como um oportunista, voltasse as costas aos seus amigos americanos e recorresse aos Franceses. Via o pedido do conselho como uma tentativa cínica de conquista do poder. Uma transferência rápida da soberania para o conselho «seria um erro», disse Bremer, em finais de Setembro, à Comissão do Senado para os Serviços Militares. «Nenhum governo nomeado ... pode ter a legitimidade necessária para lidar com os difíceis problemas que os Iraquianos vão enfrentar quando redigirem a sua Constituição, elegerem um governo e, acrescentaria, levarem a cabo um grande esforço de reconstrução económica. A única via para a autêntica soberania iraquiana é através de uma Constituição escrita, ratificada e seguida de eleições democráticas livres.»

Desejosos de embaraçarem os Estados Unidos e de retirarem o controlo a Washington, a França e a Rússia aproveitaram o pedido de soberania do Conselho Governativo para forçar a introdução de alterações na resolução da ONU que os Americanos queriam fazer aprovar. As alterações exigidas alarmaram de tal modo Bremer que enviou uma mensagem ao presidente Bush, três dias antes de o Conselho de Segurança votar a resolução, dizendo a Bush para a retirar. O ponto essencial da mensagem, segundo uma pessoa que a leu, era que Bremer chegara à conclusão de que a resolução era basicamente imperfeita, que iria dar às Nações Unidas e à França demasiado poder de ingerência nas questões da América. Quando Powell viu a mensagem, ficou em estado de choque. Fartara-se de trabalhar para convencer a França, a China e a Rússia a apoiarem o documento ou, pelo menos, a não o vetarem, e pensava que o conseguira. Powell disse à Casa Branca que não iria retirar a resolução.

A resolução nem sequer tinha sido ideia de Powell. Fora concebida pela Casa Branca como forma de ajudar a aprovação do Suplemento no Congresso. Os democratas exigiam que a administração Bush fizesse mais para que as Nações Unidas voltassem ao Iraque e para encorajar outros países a ajudarem a pagar os projectos de reconstrução. A resolução serviria os dois objectivos.

Depois de os Estados Unidos darem o braço a torcer, o Conselho de Segurança adoptou unanimemente a resolução. O documento continha duas concessões para satisfazer os Franceses e os Russos. Declarava que o Conselho Governativo «encarnaria a soberania do Estado do Iraque». Estabelecia também o prazo até 15 de Dezembro para que o conselho apresentasse um calendário para a redacção de uma Constituição e para a realização de eleições.

A Casa Branca considerou-a uma vitória, mas a resolução eram apenas palavras no papel. Nenhuma outra nação se ofereceu para enviar tropas ou para contribuir com dinheiro. As Nações Unidas recusavam enviar os seus funcionários para o Iraque porque o país se tornara demasiado perigoso. E o Conselho Governativo não recebeu qualquer poder adicional de Bremer.

A única provisão significativa foi o prazo de 15 de Dezembro. Agora, também as Nações Unidas pressionavam o Conselho Governativo para se apressar com a Constituição.

O conselho, porém, continuava num impasse. Os membros sunitas e curdos estavam dispostos a nomear os redactores ou a organizarem reuniões municipais para os escolherem, mas a maioria dos xiitas do conselho recusava. Apesar das suas promessas anteriores, os xiitas não conseguiram convencer o grande *ayatollah* al-Sistani a alterar a sua *fatwa*. Toda a conversa sobre fazerem frente a al-Sistani desaparecera. Os membros xiitas sabiam que o *ayatollah* tinha muito mais legitimidade do que eles entre o povo iraquiano.

Bremer continuava a tentar convencer os xiitas a escolherem uma opção que não as eleições. Mas eles não mudavam de ideias.

«O povo iraquiano deve poder escolher as pessoas que vão redigir a sua Constituição», disse Adel Abdel-Mahdi a Bremer numa reunião do conselho. «Não há outra maneira.»

Aquilo soava muito parecido com a observação que Bremer fizera uns meses antes, quando o questionei acerca do seu plano político. «Não há outra maneira», dissera.

No que respeitava a lidar com outros americanos, Robert Blackwill raramente era um diplomata diplomático. Os colegas do Departamento de Estado, mesmo pessoas que o consideravam amigo, usavam termos como *autoritário*, *arrogante* e *despótico* para o descrever. Quando fora embaixador na Índia, repreendia tantos funcionários da embaixada, muitas vezes à frente dos outros colegas, que o Departamento do Estado abriu duas investigações internas à sua gestão». «Ele era um fanfarrão», disse um funcionário veterano do Departamento do Estado que trabalhou para Blackwill em Nova Deli. «Era rude e abusador.»

Mas, disse o mesmo funcionário, Blackwill «era um homem brilhante». Nascido no Kansas e formado na Wichita State University, entrou no Foreign Service aos 27 anos de idade e subiu rapidamente na hierarquia. Nos anos 80, foi o principal negociador dos EUA nas conversações com o Pacto de Varsóvia para a redução das forças convencionais na Europa. No final da década, quando o muro de Berlim caiu, trabalhou como assistente especial do presidente George H. W. Bush para os assuntos europeus e soviéticos. Um dos seus subordinados era uma jovem e brilhante professora de Ciências Políticas chamada Condoleezza Rice. Blackwill passou os anos da administração Clinton na Kennedy School of Government de Harvard, mas regressou ao governo em 2000 como principal assessor de política externa durante a campanha presidencial de George W. Bush. Quando Bush ganhou as eleições, Blackwill esperava que lhe oferecessem um alto cargo no Departamento do Estado, no Pentágono ou no Conselho de Segurança Nacional. Mas isso nunca se concretizou, em parte devido às preocupações em relação ao seu estilo de gestão. A Índia foi o seu prémio de consolação.

Quando voltou da Índia, no Verão de 2003, tinha 64 anos de idade. O seu cabelo grisalho estava a ficar mais ralo e o seu rosto menos firme, mas continuava tão determinado como sempre. Rice deu-lhe a oportunidade de trabalhar para ela como coordenador do planeamento político do Conselho de Segurança Nacional. Iria ajudar a conceber a política externa americana no Afeganistão, no Iraque e noutros pontos quentes. Quando Blackwill começou a trabalhar, em Agosto, Bush, Rice e outros funcionários superiores da Casa Branca estavam de férias. Começou por olhar para o Iraque e a ler tudo o que havia de relevante: mensagens classificadas, relatórios da CIA e memorandos internos. Quanto mais lia, mais alarmado ficava. Blackwill chegou à conclusão de que o plano de sete passos de Bremer era impraticável. Se organizassem eleições para escolher os redactores da Constituição, como al-Sistani queria, a ocupação só terminaria em 2006. Era demasiado tempo, tanto para o Iraque como para a Casa Branca.

Quando Rice regressou de férias, Blackwill apresentou-lhe o caso. O plano de Bremer tinha de ser revisto, disse ele, e o Conselho de Segurança Nacional tinha de se envolver mais na coordenação da política do Iraque. Rice não estava muito a par de todos os pormenores da estratégia de Bremer. Bremer falava directamente com Don Rumsfeld, que Rice pensava estar dentro dos factos básicos da CPA. Bremer estava satisfeito com o não envolvimento de Rice. No que lhe dizia respeito, trabalhava para o presidente e respondia perante Rumsfeld, e não Rice ou a mais alguém de Washington.

Convicto de que as regras tinham de mudar, Blackwill tentou convencer Rice de que a Casa Branca tinha de tomar conta da situação. Rice telefonou a Powell, que acabara de voltar do Iraque. Powell disse não acreditar que o plano de Bremer fosse viável. Rice, então, falou com Rumsfeld e Wolfowitz, que chegaram à mesma conclusão.

Rice foi falar com Bush e fez pressão para que a Casa Branca exercesse mais controlo. Foi discreta na sua caracterização do desempenho de Bremer. Ela sabia que o presidente tinha enorme respeito por Bremer, particularmente pelo risco que este estava a correr ao trabalhar como vice-rei, e tratava-o ainda como secretário do governo e amigo. Faziam videoconferências pelo menos uma vez por semana e durante a primeira viagem de Bremer de regresso a Washington, em Setembro, o presidente e a primeira dama convidaram Jerry e Francie para jantar na Casa Branca. Mas o relacionamento de Bush com Rice era mais forte. Concordou em criar uma força do NSC, chamada Grupo de Estabilização do Iraque, dirigida por Rice, que se encarregaria das principais decisões políticas, e retirou poderes a Bremer.

A Casa Branca anunciou a formação do Grupo de Estabilização do Iraque no dia 6 de Outubro. Numa conferência de imprensa, Rice rejeitou as insinuações de que estava a controlar ou a afastar Rumsfeld. «É para ajudar Bremer», declarou ela. «É um esforço para garantir que Washington não é parte do problema.» Bush disse que o grupo iria fazer «a coordenação dos esforços entre as várias agências». Negou que isso tivesse a ver com as informações sobre a violência no Iraque e culpou a comunicação social por ignorar as boas notícias. «Ouçam, estamos a fazer bons progressos no Iraque. Por vezes, é difícil ver isso quando ouvem as notícias filtradas», disse o presidente. «A situação está a melhorar de dia para dia no Iraque. As pessoas são mais livres, a situação de segurança está a melhorar.»

No dia seguinte, um Rumsfeld irritado disse aos jornalistas que não fora consultado por Bush ou Rice acerca do Grupo de Estabilização. Foi uma rara manifestação de falta de unidade no gabinete de guerra do presidente. Em Bagdad, Bremer mantinha-se em silêncio, sem saber bem o que significavam as mudanças.

Ficou a saber em finais de Outubro, quando foi chamado a Washington para consultas. Quando, em finais de Setembro, estivera na capital, ninguém das altas esferas da administração Bush questionou a ideia de Bremer, segundo a qual o Iraque precisava de uma Constituição permanente antes do fim da ocupação. Não o pressionaram com o seu calendário para a transferência da soberania nem com os pormenores sobre como o Suplemento de 18 mil milhões de dólares seria aplicado. Mas, nesta visita, era evidente que o verniz tinha estalado. Rice e Blackwill disseram a Bremer que o seu plano já não parecia viável. Perguntaram-lhe se a ocupação infindável estava a incitar a insurreição. Bush não queria as forças americanas envolvidas numa sangrenta guerra de guerrilha quando os Americanos fossem às urnas no mês de Novembro seguinte. Pense em maneiras de acelerar o processo, disseram-lhe Rice e Blackwill.

Bremer recebeu a mesma mensagem de Powell e de Rich Armitage no Departamento do Estado. E a equipa do Pentágono foi ainda mais dura. O gabinete de Rumsfeld deu a Bremer um memorando, redigido por Wolfowitz e Feith, que propunha um novo plano: a soberania seria entregue a uma versão alargada do Conselho Governativo na Primavera seguinte. Bremer objectou, dizendo que teria de haver algum tipo de enquadramento legal antes de se proceder à transferência do poder. «Não acho sensato entregar a soberania a um órgão iraquiano não eleito([28]) sem uma Constituição aprovada», disse Bremer a Rumsfeld. «Corremos o risco de lançar o Iraque na desordem ou na guerra civil, sem uma Constituição para formar a estrutura política do Iraque e para garantir os direitos dos indivíduos e das minorias.»

Antes de sair, Blackwill chamou Bremer à parte. Os dois homens conheciam-se há 30 anos, desde o tempo em que Bremer era assistente especial do Secretário de Estado Henry Kissinger e Blackwill o assessor principal do conselheiro do Departamento de Estado, Helmut Sonnenfeldt. Bremer e Blackwin tinham feito a ligação entre os seus chefes, ambos resolutos intelectuais do centro da Europa. Tornaram-se amigos, ainda que se tenham afastado quando os seus trabalhos os levaram para países diferentes.

«Jerry, acho que isto não vai funcionar», disse Blackwill.

Bremer disse a Blackwill e aos outros que queria falar mais uma vez com o Conselho Governativo. Esperava que os Iraquianos concordassem finalmente em nomear redactores para a Constituição.

Quando regressou a Bagdad, Bremer encontrou-se com Meghan O'Sullivan e Roman Martinez, dois dos seus três principais conselheiros políticos. O terceiro, Scott Carpenter, chefe da «equipa de governação» da CPA, estava na altura de férias em New Hampshire. Ainda que a CPA tivesse falta de especialistas do Médio Oriente do Departamento de Estado – Bremer não pedira muitos e Powell também não os enviara –, havia cinco ao serviço do vice-rei: Hume Horan, ex-embaixador na Arábia Saudita que falava árabe melhor do que ninguém no Departamento de Estado; Chris Ross, antigo embaixador na Síria e na Argélia; Ron Neumann, ex-embaixador no Bahrein; e Ron Schlicher e Tom Krajeski, dois especialistas do mundo árabe que tinham a seu cargo o Iraque no Departamento de Estado. Mas Bremer mantinha-os todos à distância. Limitava o seu círculo próximo a O'Sullivan, Martinez e Carpenter – nenhum deles com experiência anterior em assuntos árabes ou conhecimentos da língua árabe.

Martinez, um jovem cubano-americano bem parecido e de cabelo castanho ondulado, tinha 24 anos de idade. Formou-se em Harvard em 2001 e depois passou um ano a estudar em Cambridge, onde redigiu uma tese sobre a filosofia anticomunista de Winston Churchill. No Outono de 2002, entrou no Gabinete de Planos Especiais de Doug Feith, a unidade do Pentágono que via Ahmed Chalabi como salvador do Iraque. Conheci Martinez em Abril de 2003, numa das casas de Chalabi em Bagdad. Embora tivéssemos jantado à mesma mesa, Martinez nunca me disse o que fazia. Pensei que era um espião.

O'Sullivan era uma ruiva alta e magra, de 34 anos. Depois de fazer o doutoramento em Oxford, ingressou na Brookings Institution, um grupo de consultadoria de tendência de esquerda de Washington, onde defendia um regime mais leve, mas mais inteligente, de sanções ao Iraque. Em 2001, quando o seu colega da Brookings, Richard Haass, se tornou no director de planeamento político do Departamento de Estado, ela disse-lhe que, se os Estados Unidos entrassem em guerra contra o Iraque, queria «participar no esforço de reconstrução do país». No ano seguinte, quando a perspectiva da guerra se tornou uma certeza, O'Sullivan juntou-se a Haass no Departamento de Estado e, quando a equipa do ORHA foi reunida, Powell pediu-lhe para ir para o Iraque com Jay Garner. Mas a posição de O'Sullivan em relação às sanções tinha irritado muitos falcões neoconservadores no Iraque, que se queixaram a Cheney, que, por sua vez, disse a Rumsfeld para afastá-la do ORHA. Quando Powell soube que ela tinha sido afastada, telefonou a Rumsfeld e pediu-lhe que a ordem fosse anulada. O'Sullivan foi autorizada a voltar ao ORHA, mas o seu papel devia limitar-se à ajuda humanitária. Quando Bremer chegou, ela mudou-se rapidamente para a equipa de governação. A sua tenacidade e resistência impressionaram Bremer, que lhe atribuiu a tarefa de escolher candidatos para o Conselho Governativo. Satisfeito com o trabalho dela, aumentou-lhe as responsabilidades e incluiu-a na alta esfera das tomadas de decisão.

Scott Carpenter foi assessor jurídico do senador da Pensilvânia Rick Santorum. Trabalhou para o Instituto Republicano Internacional em projectos de democratização na Europa de Leste antes de ingressar no Departamento de Estado como nomeação política no Gabinete de Democracia, Direitos Humanos e Trabalho. Foi enviado para o ORHA depois de Garner ter pedido a Rumsfeld «as melhores mentes da nação» para conceberem um plano de transição política para o Iraque. Rumsfeld passou o pedido a Liz Cheney, a filha do vice-presidente, que era secretária assistente no Departamento de Estado. Liz enviou Carpenter, que não tinha estado envolvido no Projecto do Futuro do Iraque nem nas noutras iniciativas do departamento, mas, ao contrário de alguns dos seus colegas, acreditava firmemente no esforço de Bush em promover a democracia no Iraque e no mundo árabe. Carpenter «não era realmente o que eu queria», disse depois Garner.

Por que se rodeou o vice-rei destes assessores inexperientes? Tal como o presidente, Bremer valorizava a lealdade acima de tudo. Alguns dos arabistas veteranos, que estavam no fim das suas carreiras, não partilhavam da sua dedicação incansável. Outros pareciam fiéis ao Departamento de Estado e ele receava que partilhassem discussões internas da CPA com os seus colegas em Washington. Havia também uma razão prática: os veteranos raramente ficavam mais de três ou quatro meses. O trio, composto por Martinez, O'Sullivan e Carpenter, estava lá no dia em que Bremer chegou, e continuou no Iraque até ao mês em que ele se foi embora. Nenhum deles estivera tempo suficiente no seu trabalho anterior para desenvolver alianças. E todos eles procuravam construir uma carreira em Bagdad.

Mas a sua falta de experiência levou-os a cometerem um erro fundamental. Tentavam corrigir os males de Saddam através de engenharia social, favorecendo os outrora oprimidos xiitas e Curdos em detrimento dos outrora dominadores sunitas. Era a estratégia fácil e óbvia, mas muito perigosa. Os xiitas e os Curdos tinham líderes políticos que era conhecidos da administração Bush; os sunitas não tinham. Os xiitas e os Curdos tinham sido vítimas dos sunitas, que eram bons acessórios para o despotismo de Saddam. O resultado foi um Conselho Governativo com quotas estritas: 13 árabes xiitas, cinco árabes sunitas, cinco curdos sunitas, um cristão e um turquemeno. Para alguns Iraquianos, que colocavam a identidade nacional acima das filiações religiosas ou étnicas, parecia que os Americanos estavam a adoptar uma versão do complexo sistema político do Líbano, que dividia os lugares do governo pelos vários grupos religiosos. «Antes, nunca nos víamos como sunitas ou xiitas. Éramos, em primeiro lugar, Iraquianos», disse Saad Jawad, professor de Ciências Políticas da Universidade de Bagdad. «Mas os Americanos mudaram isso tudo. Fizeram questão de classificar as pessoas como sunitas, xiitas ou Curdos.»

Para piorar as coisas, a CPA escolheu cinco sunitas relativamente fracos para se sentarem no conselho. A equipa de governação, por determinação dos xiitas e dos Curdos, excluiu os membros subalternos do Partido Baas, alienando ainda mais os sunitas, que já estavam irritados com a decisão de Bremer de despedir muitos baasistas e dissolver o exército.

A deferência para com os xiitas e os Curdos significava também que, quando o grande *ayatollah* al-Sistani proclamou a sua *fatwa*, o trio de jovens conselheiros de Bremer aceitava as garantias dos membros xiitas do conselho de que iriam convencer o clérigo a rever a sua posição. Os arabistas veteranos do palácio sabiam isso. Mas Bremer não lhes deu ouvidos.

Em meados de Outubro, ainda antes da viagem decisiva de Bremer a Washington, Martinez, O'Sullivan e Carpenter começaram a perceber que o plano de sete passos, que eles ajudaram a desenvolver, estava em apuros. Escreveram um memorando a Bremer que apresentava várias opções para fazer com que o Conselho Governativo nomeasse os redactores da Constituição. Se o conselho recusasse, o trio sugeria que Bremer considerasse promulgar uma Constituição provisória e, depois, realizasse eleições. O vice-rei ficou furioso.

A 4 de Novembro, poucos dias depois de Bremer ter regressado a Bagdad, Martinez e O'Sullivan tentaram de novo. Sabiam da pressão em Washington e estavam preocupados com o plano do Pentágono para entregar o poder a um Conselho Governativo alargado sem uma Constituição provisória. Enviaram dois memorandos a Bremer. O primeiro instava-o a não dissolver o conselho se este recusasse nomear os redactores. O segundo recomendava-lhe que desistisse da sua exigência em relação a uma Constituição permanente e que apostasse num documento provisório. Propunha também que CPA entregasse a soberania no Verão de 2004 a um governo interino escolhido através de eleições nacionais. Desta vez, Bremer não rejeitou as sugestões.

Dois dias depois, Bremer encontrou-se com os nove presidentes do conselho na sua moradia da Zona Verde, numa última tentativa para que eles concordassem em escolher os redactores sem eleições. E se fizessem reuniões de líderes em cada província? E uma grande convenção nacional? Eles recusaram mudar de ideias.

Bremer percebeu que o seu plano de sete passos – concebido nos primeiros meses ambiciosos e idealistas da CPA – estava morto. Pediu a Martinez e a O'Sullivan para desenvolverem as suas propostas de redacção de uma Constituição provisória.

Quando Blackwill chegou a Bagdad, no dia 8 de Novembro, queria uma actualização da situação. Para além de uma missiva de Bremer a criticar o plano do Pentágono, escrita na cave do palácio durante um ataque de morteiros, nenhum dos memorandos da estratégia constitucional fora enviado a Washington. Quando Blackwill soube que Martinez e O'Sullivan estavam a propor uma Constituição provisória, reuniu-se com Bremer e instou-o a aceitar o novo plano. Entregar a soberania em meados de 2004, disse Blackwill, era muito importante para o presidente.

No dia 10 de Novembro, Bremer escreveu uma carta a Rumsfeld, com cópias para Condi Rice e Colin Powell. «Baseado nas minhas conversas da semana passada com o Conselho Governativo, concluí que chegou a altura de reajustar o nosso plano para a transição política do Iraque», escreveu ele. «Seria um erro» obrigar os membros xiitas do conselho a contrariarem al-Sistani. Em vez disso, os Estados Unidos deviam apoiar a criação de uma Constituição provisória, algo a que ele há muito se opunha, que «garantisse um fim honroso à ocupação».

Poucas horas depois de Bremer ter enviado a carta, Rice telefonou-lhe. Queria que ele fosse informar o presidente pessoalmente. Rice disse a Bremer para regressar a Washington o mais breve possível.

O único avião que, nessa noite, partia de Bagdad era um voo de evacuação médica para a base aérea de Ramstein, na Alemanha. Normalmente, o vice-rei esperaria pelo seu C-130 para o transportar para Amã, onde faria o transbordo para um jacto do governo americano, com assentos reclináveis de pele, em direcção à base da força aérea Andrews, nos arredores de Washington. Mas não havia tempo. Bremer sentou-se numa cadeira de lona entre macas de soldados feridos, alguns dos quais a gemerem de dor, no gélido compartimento de carga do C-141 Starlifter. Escreveu à mão a sua apresentação para a Casa Branca. Martinez ia sentado ao seu lado e escrevia no seu portátil, criando uma série de *slides* de PowerPoint.

Bremer aterrou na base de Andrews às oito horas da manhã([28]) seguinte. Teve apenas tempo para um duche rápido na base antes de correr para a Casa Branca, onde Bush, Cheney, Rumsfeld, Powell e Rice o esperavam na Sala de Emergência. Com eles estava o director da CIA, George Tenet, e o chefe de gabinete da Casa Branca, Andrew Card. A pedido de Rice, os conselheiros e assessores ficaram de fora. A reunião era demasiado sensível.

O novo plano da CPA era simples: uma Constituição provisória seria redigida na Primavera de 2004; as eleições seriam realizadas no Verão; a soberania seria entregue logo que um governo eleito entrasse em funções; e, no início de 2005, realizar-se-ia uma convenção constitucional. Rice e Powell manifestaram preocupação em relação à organização de eleições em menos de um ano. Bremer disse ao grupo que os peritos em eleições consultados pela CPA tinham determinado que umas eleições «rápidas» podiam ser realizadas num período de seis a nove meses. Seria o ideal. Não haveria tempo para realizar um censo de modo a estabelecer os limites distritais, mas preencheria os padrões internacionais de justiça. Após uma breve discussão acerca da exequibilidade das eleições, Bush suspendeu a reunião. Continuariam no dia seguinte.

Na manhã seguinte, Bremer telefonou a O'Sullivan, que ficara em Bagdad, e disse-lhe que precisava de saber exactamente quanto tempo demoraria para organizar eleições. Pediu-lhe que falasse novamente com a Fundação Internacional para Sistemas Eleitorais (FISE), que garantira que as eleições podiam ser realizadas num prazo de seis meses.

Desta vez, a equipa da FISE já não tinha a certeza. Podiam ser seis meses, disseram, ou podia ser um ano. Não lhe podiam dar um prazo exacto.

Quando Bremer soube disto, decidiu alterar novamente o plano. Ainda que O'Sullivan, Martinez e Carpenter vissem as eleições como pré-requisito para o fim da ocupação, fazer depender a entrega da soberania de uma data vaga não era o que a Casa Branca queria. E se a violência aumentasse e a FISE considerasse demasiado perigoso realizar eleições? Uns dias antes, quando O'Sullivan mencionou, numa reunião em Bagdad, que as eleições podiam não se realizar antes do final do Verão, Blackwill disse que «isso era demasiado perto de outras eleições». As eleições presidenciais americanas seriam em Novembro.

Com relutância, Bremer desistiu da proposta para as eleições. Mas isso levantava uma questão premente: como seria escolhido o governo interino? Bremer, Carpenter e Martinez resolveram recuperar uma proposta que tinham feito ao Conselho Governativo para a escolha dos redactores da Constituição – realizar reuniões de líderes em cada província. O novo plano de Bremer propunha que as reuniões de líderes seleccionassem delegados a uma convenção nacional, que, por sua vez, escolheria um governo interino. Para se evitar que o Conselho Governativo manipulasse o processo, o seu papel na organização das reuniões dos líderes seria limitado. Cada reunião de líderes teria uma comissão organizadora de 15 membros que decidiria sobre quem podia participar. Apenas cinco membros das comissões seriam seleccionados pelo conselho. Dos restantes dez, cinco seriam escolhidos pelo próprio conselho de cada província e os outros cinco seriam seleccionados pelos conselhos municipais na província. Parecia complicado, mas Bremer e a sua equipa estavam convictos de que era a forma mais democrática de escolher um governo sem eleições. Ainda queriam sair do Iraque com o que houvesse de mais parecido com um governo representativo.

Blackwill e a sua equipa questionaram a complexidade do plano das reuniões dos líderes políticos. Blackwill disse a O'Sullivan e a Martinez que aquilo iria «funcionar perfeitamente, mas que teriam de ir bater a todas as portas iraquianas e dizer: "Pedimos desculpa pelo incómodo, mas podemos tomar-lhe a tarde para lhe explicar o sistema das reuniões de líderes?"» Mas Bremer e a sua equipa insistiam. Era o que mais próximo estava do seu ideal. Blackwill e os outros aceitaram. Bremer já deitara fora o seu plano de sete passos. Se ele queria as reuniões de líderes, tudo bem. Teria as suas reuniões.

Quando a reunião recomeçou na Sala de Emergência, Bremer descreveu o novo plano. Propunha a transferência da soberania para 30 de Junho de 2004, mais de quatro meses antes de Bush enfrentar a sua própria reeleição. Era exactamente aquilo que o presidente e Cheney queriam ouvir.

Na manhã seguinte, Bremer e os seus assessores regressaram a Bagdad. A morte do plano de sete passos fora desanimadora, mas tinham razões para estar contentes. Tinham bloqueado o plano do Pentágono para entregar a soberania a um Conselho Governativo alargado sem uma Constituição provisória. Bremer tinha também contrariado Blackwill, que não queria as reuniões de líderes locais. Não só o presidente estava contente, pensou Bremer, como também os Iraquianos ficariam felizes por ter a soberania em menos de oito meses.

Bremer chegou a Bagdad no dia 14 de Novembro e convocou os nove presidentes do conselho para uma reunião nessa noite na sua moradia, para os informar do novo plano. À medida que Bremer falava, os Iraquianos começaram a perceber quer tinham vencido.

Quando Bremer terminou, os membros foram congratulá-lo. Ahmed Chalabi lançou-se num discurso acerca da importância da recuperação da soberania do Iraque.

Carpenter interrompeu. Bremer não falara dos pormenores de como é que as reuniões dos líderes locais seriam organizadas. Talvez, sugeriu Carpenter, «devêssemos ver isso em pormenor».

Chalabi e Bremer interromperam-no

«Temos de nos concentrar na questão essencial», disse Chalabi. «O objectivo é a soberania – é o fim da ocupação e da revolta.»

Bremer concordou, e os discursos de autocongratulação continuaram. Os pormenores seriam tratados no dia seguinte, em casa de Jalal Talabani.

Na sala de jantar de Talabani, os membros do conselho acotovelavam-se ao lado uns dos outros – a mesa era mais pequena do que a da sala do conselho –, mas todos conseguiram arranjar lugar porque ninguém queria ficar para trás. A mesa estava coberta por um pano verde acastanhado. No centro, havia um ramo de rosas brancas e amarelas e várias caixas de lenços. As cortinas douradas fechadas sobre as janelas evitavam que os guardas e os assessores que estavam lá fora observassem o que se passava na reunião.

Talabani sentara-se na cabeceira da mesa. À sua direita encontrava-se Chalabi. À esquerda, estava Bremer, com Carpenter, Martinez e O'Sullivan atrás, preparados para lhe passarem notas e sussurrarem instruções.

Bremer começou a expor o novo plano. Tinha sido transformado num acordo de três páginas, que ele e Talabani assinariam depois de o conselho votar a sua aprovação. Os membros do conselho tinham cópias do acordo, em inglês e árabe, e iam lendo enquanto Bremer referia cada um dos pontos. As primeiras duas secções – sobre o processo de criação de uma Constituição interina e a permissão de as tropas americanas ficarem no Iraque após a transferência da soberania – correram bem. Mas quando Bremer chegou aos pontos sobre a formação do governo interino e o complexo método de selecção dos participantes nas reuniões de líderes locais, Adel Abdel-Mahdi objectou.

«Isto vai dividir o nosso povo», disse ele. «Não o aceitaremos.»

Abdel-Mahdi era o chefe político do maior partido xiita do país, o Conselho Supremo para a Revolução Islâmica no Iraque, conhecido pelo acrónimo SCIRI. Era um dos políticos mais competentes e astuciosos que estavam na sala. Durante a sua juventude, fora um baasista. Depois, tornou-se comunista e, por fim, islamista, ainda que eu nunca o tenha visto como um islamista fanático. Não acreditava que as mulheres devessem ser dominadas pelos homens ou que a *sharia* tivesse de ser a lei do país, mas muitos do seu partido acreditavam nisso, e ele representava com vigor as ideias do partido. Tinha cerca de 50 anos, mas parecia uma década mais velho. Fumador inveterado e com uma barriga respeitável, sofrera durante o reinado de Saddam. Vários familiares seus foram torturados e executados. Acabou por fugir para

França, onde se juntou a outros exilados que desejavam a mudança política.

Há muito que o governo dos Estados Unidos conhecia o partido de Abdel-Mhadi. Quando Saddam estava no poder, o partido tinha a sua sede no Irão e, em Washington, acreditava-se que a sua liderança era dominada por agentes iranianos e que muitos dos membros eram pagos por Teerão. Mas o partido representava milhões de xiitas e era uma força política que os Estados Unidos não podiam ignorar.

Pelo menos era isso que toda a gente pensava. Nunca foi muito claro o quão popular era o SCIRI. Antes da guerra, o SCIRI e outro partido xiita, o Dawa, eram os dois maiores grupos xiitas da oposição. Mas, após a queda de Saddam, novas forças políticas, religiosas e sociais apareceram no Sul dominado pelos xiitas. Um jovem clérigo agitador chamado Moqtada al-Sadr atraiu dezenas de milhares de seguidores, muitos deles jovens descontentes que responderam aos seus estridentes apelos à saída dos Americanos. Nas cidades do Sul, começaram a nascer pequenos partidos políticos.

Abdel-Madhi receava perder o controlo das reuniões de líderes locais. Segundo o sistema da CPA, o Conselho Governativo escolheria apenas cinco dos 15 membros da comissão de coordenação de cada província. Os outros lugares pertenceriam aos políticos locais. No Sul, muitos líderes locais não eram membros do SCIRI. Abdel-Mahdi temia que os membros do seu partido fossem afastados do processo. Propôs então que o conselho pudesse escolher oito dos 15 membros. Os líderes locais poderiam escolher os outros sete.

Bremer virou-se para Carpenter, Martinez e O'Sullivan, que lhe disseram para rejeitar a proposta de Abdel-Mahdi. Se queremos seriamente tornar o novo governo mais representativo, não podemos deixar o conselho exercer um veto sobre quem participa nas reuniões de líderes locais, afirmou Carpenter. Bremer concordava.

Mas Abdel-Mahdi recusava mudar de ideias. Temendo perder o apoio do SCIRI, Martinez e Chalabi conversaram à parte com Abdel-Mahdi, instando-o a reconsiderar.

Abdel-Mahdi disse que precisava de mais tempo para discutir a questão com os dirigentes do seu partido. Martinez e Chalabi propuseram um compromisso: para uma pessoa participar numa reunião de líderes locais, 11 dos 15 membros dessa reunião tinham de dar o seu acordo. Isso daria aos cinco membros nomeados pelo Conselho Governativo um verdadeiro poder de veto. Abdel-Mahdi disse que era um passo na direcção certa, mas pediu a Martinez e a Chalabi mais tempo para falar com os líderes do SCIRI.

Quando regressaram à reunião, Bremer perguntou a Abdel-Mahdi se estava disposto a apoiar o acordo.

«Precisamos de mais tempo para discutir isto», afirmou Abdel-Mahdi.

Bremer lançou-lhe um olhar de desespero. Os outros membros começaram a sussurrar entre si. Carpenter, Martinez e O'Sullivan conferenciavam atrás do vice-rei.

Vários membros sugeriram que se esperasse um dia para que Abdel-Mahdi pudesse falar com o seu partido, mas Bremer e a sua equipa recusaram. Havia um bom acordo em cima da mesa e o conselho tinha de o aprovar.

Dan Senor, porta-voz de Bremer, não esperou que o acordo fosse assinado para convocar uma conferência de imprensa. Havia centenas de jornalistas no Centro de Congressos, ansiosos pelos pormenores do novo plano. Senor lembrou Bremer que a imprensa estava à espera de uma comunicação.

O trio de conselheiros políticos de Bremer sentiu o desejo de consenso do conselho a desvanecer-se. Não era assim que uma democracia funcionava. Deviam fazer uma votação, disse Carpenter aos seus colegas. Deixemos Abdel-Mahdi votar contra. Os outros votarão a favor.

Martinez tinha andado a viajar durante quase toda a semana. Enquanto o conselho continuava na indecisão, ele começou a ficar irritado. Martinez e os seus colegas tinham desistido do seu plano de sete passos para darem aos Iraquianos a soberania que tão desesperadamente desejavam, e agora o conselho tinha a lata de fazer objecções sobre os termos?

Passou uma nota a Bremer, dizendo-lhe para se impor e exigir uma votação.

O vice-rei pediu silêncio na sala.

«Francamente, estou decepcionado com as deliberações do conselho» ([29]), afirmou Bremer. A CPA «fez um grande esforço para ir ao encontro dos vossos interesses. Se não chegarmos a acordo hoje, vou ter de responder a perguntas da imprensa... Se falar com a imprensa, terei de explicar que não chegámos a acordo porque o Conselho Governativo se opõe à entrega da soberania ao povo iraquiano e está a tentar controlar o processo através do qual será escolhido o governo interino».

Alguns membros sobressaltaram-se. Bremer nunca desafiara o conselho daquela maneira.

Talabani pediu uma votação. Vinte membros apoiaram o plano. Abdel-Mahdi e outros dois votaram contra.

Bremer disse a Talabani para ir falar com a imprensa. Meia hora depois, estava à frente de uma falange de câmaras para anunciar o Acordo de 15 de Novembro.

«É uma festa para o povo iraquiano», proclamou Talabani. «Este acordo é aquilo com que o povo iraquiano sonhava.»

Abdel-Mahdi não apareceu na conferência de imprensa. Após a reunião, saíra da moradia à pressa.

Dez dias depois, Abdel-Mahdi e o seu chefe, Abdul Aziz al-Hakim, o principal dirigente do SCIRI, entraram num Toyota Land Cruiser blindado e disseram ao condutor para se dirigir para sul – para a cidade de Najaf, terra de Sua Eminência, o grande *ayatollah* al-Sistani.

Al-Hakim reuniu-se com al-Sistani durante mais de uma hora. Al-Sistani começou por transmitir condolências a al-Hakim. O irmão deste, um *ayatollah* que fora líder espiritual do SCIRI, morrera num ataque com um carro armadilhado em Najaf, no fim de Agosto. Al-Hakim agradeceu ao *ayatollah* e depois falou no Acordo de 15 de Novembro. Referiu as suas preocupações com o sistema de reuniões de líderes locais, afirmando que havia um sério risco de manipulação pelos políticos locais. Al-Sistani ouviu atentamente e, depois, pareceu concordar com as preocupações de al-Hakim. Este não dissera a al-Sistani o que fazer – não se diz estas coisas a um grande *ayatollah* –, mas esperava que o clérigo fizesse uma declaração a criticar os termos do plano da CPA. Depois de sair da reunião, al-Hakim disse aos jornalistas que al-Sistani expressou «grande preocupação» sobre «verdadeiras brechas» no plano «que têm de ser resolvidas, de outro modo o processo será deficiente e não irá ao encontro das expectativas do povo do Iraque».

A descrição que al-Hakim fez da posição de al-Sistani provocou um choque no Palácio Republicano. Um dos assessores de Bremer telefonou a Jalal Talabani e disse-lhe para ir a Najaf para esclarecer as coisas com o grande *ayatollah*. Talabani partiu no dia seguinte, mas a decisão de al-Sistani estava tomada. O clérigo exprimiu as suas preocupações a

Talabani. Quando saiu da casa de al-Sistani, Talabani não podia sugerir que não concordava com ele. Seria um suicídio político. «Vejo as posições de sua Graça como lógicas e sensatas, e concordo com elas», disse Talabani.

Dois dias depois, al-Sistani tornou pública a sua posição numa resposta manuscrita a perguntas feitas por Anthony Shadid, do *The Washington Post*. «O mecanismo pensado para escolher os membros da assembleia legislativa transitória não garante o estabelecimento de uma assembleia que represente verdadeiramente o povo iraquiano», escreveu al-Sistani. «Este mecanismo deve ser substituído por um que garanta isso, que são as eleições, para que a assembleia emane do desejo do povo iraquiano e o represente justamente sem que a sua legitimidade seja de alguma forma manchada.»

Com estas poucas palavras, al-Sistani acabou com o plano das reuniões de líderes locais.

Ninguém estava mais infeliz do que os primeiros queixosos a al-Sistani, Abdel-Mahdi e al-Hakim. Eles não queriam eleições. Queriam as reuniões de líderes locais, mas com maior controlo do conselho. O grande *ayatollah* não tinha beliscado o plano, tinha-o esmagado. O SCIRI teria de se apresentar diante dos eleitores, uma jogada muito mais arriscada do que as reuniões de líderes locais, mesmo segundo os termos de Bremer.

Bremer e os seus conselheiros políticos não esperavam a rejeição de al-Sistani, mas não estavam dispostos a desistir sem luta. Mandaram emissários ao *ayatollah* e tentaram convencer o conselho a apoiar o acordo. Era um *dejà vu*. Al-Sistani não recuava e o conselho não iria contrariar o grande *ayatollah*. Carpenter, Martinez e O'Sulivan tentaram fazer alguns ajustes ao plano de reuniões dos líderes locais de modo a satisfazer al-Sistani, mas os assistentes do *ayatollah* rejeitaram todas as propostas. Acreditava que as eleições eram possíveis. Os seus assessores sugeriam que os cartões de racionamento de comida podiam servir como cartões de registo eleitoral. Se isso era impossível, queria que alguém lhe dissesse isso, que não os Americanos.

A pedido de al-Sistani, al-Hakim enviou uma carta ao secretário-geral das Nações Unidas, Kofi Annan, em Dezembro, pedindo à organização mundial que determinasse se era possível realizar eleições antes da transferência de soberania planeada para 30 de Junho. O pedido alarmou Bremer e os seus conselheiros políticos, que temiam perder para estrangeiros o controlo do processo. Mas, em Washington, Bob Blackwill viu aí uma forma de compromisso. Para ele, era fundamental manter o prazo de 30 de Junho. Com a implosão do plano das reuniões de líderes locais, via as Nações Unidas como a melhor esperança da América no Iraque. Começou a convencer Rice, Powell e outros da administração a apoiarem o pedido de al-Hakim.

A luta entre Blackwill e a CPA por causa do envolvimento da ONU era tão renhida que, quando regressou a Bagdad, em Janeiro, deixou de confiar nos assistentes do palácio para transmitir as suas mensagens secretas a Rice em Washington; levou a sua própria equipa de comunicações da Casa Branca. Enquanto os seus assistentes lutavam com os funcionários da CPA por espaço no palácio, Blackwill repreendia Martinez e O'Sullivan «por me manterem afastado das coisas, por brincarem às escondidas». Disse-lhes que fora enviado para Bagdad pelo presidente, tal como Bremer, e esperava participar nas discussões sobre a formação de um governo interino. E depois disse-lhes para esquecerem as reuniões de líderes locais. «Estão acabadas», afirmou ele.

A escolha de Blackwill para liderar a equipa das Nações Unidas recaiu num antigo ministro argelino dos Negócios Estrangeiros, Lakdar Brahimi. Os conselheiros políticos de Bremer viam Brahimi como um nacionalista árabe antiamericano, que podia manipular o processo de maneiras que não serviam os interesses americanos. Mas Blackwill insistia. Ficara impressionado com o trabalho que Brahimi fizera como representante da ONU no Afeganistão, depois de os Estados Unidos terem expulso os talibãs. Acabou por convidar Brahimi para reuniões na Casa Branca com Rice, Powell e, por fim, Bush.

Em meados de Fevereiro, Brahimi foi aos Estados Unidos. Depois de uma visita de uma semana ao Iraque, onde se encontrou com al-Sistani e a maioria dos membros do Conselho Governativo, anunciou que não seria possível realizar eleições antes da transferência de soberania a 30 de Junho. Uma semana depois, al-Sistani fez uma declaração escrita, na qual desistia da sua exigência de eleições em Junho.

Com a morte do plano das reuniões de líderes locais e a impossibilidade de realização de eleições, continuava por resolver a questão da escolha do governo interino. Brahimi defendia uma reunião dos líderes iraquianos ou uma grande conferência nacional similar à *loya jirga*(*)

(*) *Loya jirga* é um termo pasto que significa Grande Assembleia, convocada para tomar grandes decisões relacionadas com o povo afegão *(N. T.)*.

que ele ajudara a organizar no Afeganistão. Os membros do Conselho Governativo discordavam, afirmando que deviam ser declarados líderes do governo interino. Bremer e os seus conselheiros políticos queriam tudo menos o conselho, principalmente porque entregar o poder a um órgão que tanto criticaram daria a impressão de que a CPA tinha falhado. Blackwill queria que, fosse qual fosse o processo, os Estados Unidos conservassem poder de veto sobre quem fosse escolhido.

Brahimi concluiu que uma reunião dos líderes não deixaria muito controlo às Nações Unidas nem aos Estados Unidos, e que não havia tempo para organizar uma conferência nacional. Rejeitou também a ideia de entregar o poder ao Conselho Governativo. Sem outras alternativas, disse que ele próprio devia escolher o governo interino, depois de consultas com os líderes iraquianos e com a CPA.

Bremer e Blackwill concordaram imediatamente, principalmente porque isso lhes daria a influência que pretendiam. Mas, para Carpenter, Martinez e O'Sullivan, que queriam sair do Iraque com um governo escolhido pelos Iraquianos, a decisão era desconsolada. Após meses de esforço e planeamento, o governo interino seria escolhido no equivalente a uma sala cheia de fumo.

Adel Abdel-Madhi, o responsável pelo falhanço do plano, estava também descontente com o resultado. Embora fosse depois convidado para ministro das Finanças, os acontecimentos de 15 de Novembro continuavam a atormentá-lo.

«Se Bremer nos tivesse dado mais um dia, nada disto tinha acontecido», afirmou ele, lastimoso. «Podíamos ter tido o governo democrático que os Americanos nos prometeram quando foram para a guerra.»

A Zona Verde, Cena VIII

O quadro de cortiça no bar de Ocean Cliffs, nos alojamentos dos Britânicos, era a versão na Zona Verde do Speaker's Corner em Hyde Park. Havia uma fotografia do presidente Bush vestido como Marlon Brando em Rebelde Sem Causa, *de blusão de cabedal e boné, em cima de uma moto. A legenda dizia: «Tenha medo, pois a paranóia é patriótica.»*

Outra fotografia parodiava um poster do filme Jackass. *Mostrava a equipa de política externa da administração Bush num carrinho de compras a rolar por uma encosta abaixo.*

Havia outras declarações menos gráficas. Uma nota manuscrita dizia: «Yee-Haw não é uma política externa.»

11
Esforço inútil

Não fosse pelos contentores verdes com cruzes vermelhas empilhados na rua, eu nunca teria encontrado o hospital da Zona Verde. Parecia-se com dezenas de outras moradias de mármore e grés que existiam em redor do Palácio Republicano. A fachada tinha dois pisos, as janelas eram coloridas e havia palmeiras nos lados e nas traseiras do edifício. Uma placa modesta junto à entrada, parecida com a placa de uma loja qualquer, identificava o edifício.

Uma vez no interior, porém, não havia dúvida de que o edifício de três andares era um moderno hospital militar americano. Tinha cinco blocos operatórios, dez salas de emergências e 76 camas. Havia ventiladores, monitores cardíacos computadorizados e um aparelho de TAC. Neurocirurgiões e especialistas em queimaduras estavam prontos para tratar os feridos das explosões de bombas na estrada.

O hospital estava protegido da fina areia do deserto que se via em todo o Iraque. O chão de mosaico branco estava sempre limpo, bem como as paredes e as janelas. Só as botas da tropa dos médicos da sala de emergência estavam sujas. Em vez de castanho claras, eram pretas e estavam manchadas de sangue.

Os Iraquianos chamavam-lhe Hospital Ibn Sina, do nome de um médico pioneiro do mundo islâmico antigo. Os Americanos chamavam-lhe o «Twenty-eight Cash», referência à unidade militar que dirigia o estabelecimento – a 28.ª Unidade de Apoio Médico de Combate –, que tinha mais de 350 médicos, enfermeiros e pessoal de apoio na Zona Verde.

Antes da guerra, o hospital era uma clínica privada para os familiares de Saddam e dirigentes do Partido Baas. Quando os Americanos chegaram, continuou a ser um estabelecimento privado, reservado a militares, pessoal da CPA e empresas privadas. Os únicos Iraquianos admitidos eram aqueles que tinham sido acidentalmente alvejados por tropas americanas.

Apesar da sua admissão selectiva de Iraquianos([30]), Tommy Thompson, o secretário para os serviços de saúde e humanos, usou o hospital como fundo para louvar a CPA durante uma visita a Bagdad, 11 meses depois do início da ocupação. Este hospital, anunciou ele sob o pórtico, era um exemplo de como os Estados Unidos tinham começado a «restabelecer o Iraque como um centro de excelência de cuidados de saúde».

Nenhuma dessa excelência era visível fora da Cidade Esmeralda.

O Hospital Yarmouk, um conjunto de edifícios de dois pisos de betão, erigidos em redor de uma praça de betão, ficava a cinco minutos de carro da Zona Verde, apenas a alguns quarteirões de distância na estrada em direcção ao aeroporto. Era um dos maiores e mais movimentados centros médicos de Bagdad, mas depois de visitar mais de uma dúzia de outros hospitais do Iraque, comecei a ver o Yarmouk como um bom representante do sistema de saúde do país. Era, muito simplesmente, um desastre.

Não havia nada limpo. Os lençóis estavam sujos, o chão manchado de sangue, as casas de banho inundadas. Os quartos não tinham o equipamento mais básico para vigiar a pressão arterial ou o batimento cardíaco dos doentes. Os blocos operatórios trabalhavam sem instrumentos cirúrgicos modernos nem sistemas de esterilização. Os armários de medicamentos estavam vazios. Na sala de emergências, algumas macas manchadas de sangue lançavam sombras escuras sobre o chão. Não havia desfibriladores, ventiladores, equipamento de transfusão de sangue, nem injecções de epinefrina.

Visitei o hospital pela primeira vez algumas horas depois de um bombista suicida ter arrasado a embaixada jordana com o seu carro armadilhado. A ala das urgências ecoava com os gritos de homens cujos braços tinham sido arrancados, mas que não receberam nada para aliviar a dor. Cheirava a sangue, a excrementos e a cadáveres que tinham sido guardados sem refrigeração. Familiares desesperados juntavam-se à volta dos seus entes queridos, que estavam tão queimados e mutilados que não sobreviveriam à noite. Toquei na mão de um jovem magro, Abbas Ali, que tinha as pernas e o abdómen cobertos daquilo que pareciam ser queimaduras de terceiro grau. Tremia, mas não chorava. Repetia, incessantemente, as palavras «*Bismillah ar rahman ar rahim. Bismillah ar rahman ar rahim*». (Em nome de Deus, o beneficente, o misericordioso.) Um médico disse ao meu intérprete que Abbas não teria mais do que um ou dois dias de vida. «Não posso fazer nada», disse ele. «Não temos equipamento para tratá-lo.»

A história do Hospital Yarmouk era a mesma que a de quase todas as outras instituições públicas do Iraque. Nos anos 70, era um dos melhores centros médicos no mundo árabe. Jordanos, Sírios e Sudaneses viajavam para Bagdad para serem operados. Isto mudou, obviamente, após a invasão do Kuwait e a imposição de sanções. Embora Saddam tenha sido depois autorizado a vender o seu petróleo por alimentos e bens humanitários, o hospital nunca teve medicamentes suficientes. O governo acusava as Nações Unidas de alterarem as ordens de compra. As Nações Unidas acusavam o governo de encomendar os bens errados e de fazer compras a burlões em vez de a fornecedores com boa reputação. A administração Bush acreditava que o governo de Saddam, que tentava obter apoio internacional para que as sanções fossem levantadas, estava a privar deliberadamente o Yarmouk e outros hospitais de bens necessários.

Por muito mal que o hospital estivesse antes de os Americanos chegarem, ficou muito pior quando o exército americano entrou na cidade. Um disparo de um tanque atingiu o hospital no dia em que o governo de Saddam caiu, inutilizando o gerador e enviando os médicos para casa. Sem ninguém para guardar o edifício, os saqueadores levaram tudo, desde as camas, medicamentos, equipamento do bloco operatório, até aos aparelhos de TAC e de ecografias. Quando os médicos voltaram ao trabalho, tiveram de lutar para providenciar primeiros-socorros com equipamentos improvisados.

Quando os Americanos chegaram, a tarefa de reabilitar o sistema de saúde do Iraque foi atribuída a Frederick M. Burkle Jr., um médico com um mestrado em Saúde Pública e pós-graduações em Harvard,

Yale, Dartmouth e Berkeley. Burkle era oficial da marinha na reserva, com duas Estrelas de Bronze, e trabalhava como administrador assistente na Agência Americana para o Desenvolvimento Internacional. Leccionava na Escola de Saúde Pública Johns Hopkins, onde se especializara em questões relacionadas com resposta a desastres. Durante a primeira Guerra do Golfo, forneceu auxílio médico aos Curdos no Norte do Iraque. Trabalhou no Kosovo e na Somália. E pouco antes da invasão do Iraque, fora encarregado de organizar a resposta americana à crise de saúde pública que se previa no Iraque. Um colega da USAID disse que ele era «o especialista mais talentoso e experiente em saúde pós-conflito que trabalhava no governo dos Estados Unidos.»

Uma semana depois da libertação de Bagdad, Burkle foi informado de que iria ser substituído. Um funcionário superior da USAID disse-lhe que a Casa Branca queria um «lealista» no cargo. Burkle tinha uma parede cheia de diplomas, mas não tinha uma fotografia sua com o presidente.

A missão de Burkle foi entregue a James K. Haveman Jr., um trabalhador da assistência social, de 60 anos de idade, totalmente desconhecido dos especialistas internacionais em saúde. Não tinha formação médica, mas conhecia pessoas. Fora o director de saúde comunitária do antigo governador republicano do Michigan, John Engler, que o recomendou a Wolfowitz. Haveman era um homem viajado, mas a maioria das suas viagens foi na qualidade de director da International Aid, uma organização religiosa que fornecia cuidados médicos enquanto promovia o cristianismo nos países em vias de desenvolvimento. Antes de trabalhar no governo, Haveman dirigiu uma grande agência cristã de adopção no Michigan, que tentava convencer as mulheres grávidas a não fazerem abortos.

Homem de cabelo grisalho, tez rosada e uma barriga modesta, Haveman usava óculos e um crachá na lapela com uma bandeira americana cruzada com uma iraquiana. A sua pronúncia e modos eram os de um homem do interior.

Nos dois meses entre a demissão de Burkle e a chegada de Haveman, o ministério da Saúde foi entregue a Steve Browning, o especialista do Corpo de Engenharia do Exército, que dirigiu quatro ministérios nas primeiras semanas de ocupação e que, mais tarde, teria a missão de aumentar a produção de electricidade. Browning não tinha experiência médica, mas sabia o suficiente, e falara com peritos suficientes, para fazer uma lista das prioridades. Prevenir as doenças, fornecer água potável e melhorar os serviços dos hospitais eram os pontos do topo da lista. Bem como obter medicamentos e provisões médicas. Os hospitais e as clínicas tinham falta de antibióticos, analgésicos e outros medicamentos. As prioridades agora era determinar se a empresa estatal responsável pela compra e distribuição dos medicamentos tinha os produtos necessários em armazém, e arranjar maneira de levar esses produtos aos hospitais.

Poucos dias depois de Bremer ter chegado a Bagdad, quis visitar um hospital. Os seus assessores pensaram que seria uma boa oportunidade para a fotografia. Em direcção a um hospital, Browning acompanhava Bremer no seu Suburban blindado. Browning achou que podia aproveitar para falar dos seus planos para o ministério e da necessidade de uma injecção maciça de ajuda estrangeira, mas Bremer só falava da Operação Sorriso, uma instituição americana de caridade que envia médicos para o estrangeiro para fazerem cirurgias reconstrutivas a crianças com deformidades faciais. De início, Browning acenava educadamente com a cabeça, mas como Bremer continuava a falar apenas da Operação Sorriso, Browning interrompeu-o.

«Ouça, tem de compreender a situação existente no terreno», disse ele. «Estamos a tentar prevenir doenças epidémicas. Tentamos dar alguma água potável decente às pessoas... Estamos a tentar restaurar o serviço básico nos hospitais ... e obter medicamentos e equipamento médico. É ridículo estar a falar de alguma coisa como a Operação Sorriso.»

Se qualquer outra pessoa falasse assim ao vice-rei, poderia muito bem começar a fazer as malas, mas Browning era um homem com estatuto. Era visto como um dos administradores mais talentosos da CPA. E toda a gente sabia que, por muito que faltasse aos hospitais do Iraque, tinham geradores graças a Steve Browning.

Um mês depois da libertação de Bagdad, uma multidão enfurecida reuniu-se em frente do Ministério da Saúde. Enquanto Browning se encaminhava para a multidão para receber as suas queixas, um homem alto e magro, que parecia um Abraham Lincoln iraquiano, começou a bater no próprio peito. Quando Browning se aproximou dele, o homem exibiu a fotografia de um bebé. O intérprete de Browning precisou de alguns minutos para explicar: a criança era filha do homem. Houve um corte de electricidade e o hospital em que a sua filha nascera não tinha um gerador a funcionar. A criança morrera na incubadora.

Nessa noite, Browning redigiu uma proposta para comprar novos geradores para todos os grandes hospitais do Iraque. Levou o documento a Jay Garner, que o aprovou imediatamente.

Para lidar com o problema de levar medicamentos dos armazéns do governo para os hospitais, Browning deu plenos poderes a Chuck Fisher – o médico das Forças Especiais que, mais tarde, resgataria Elias Nimmer do al-Rasheed – para ir buscar os medicamentos aos armazéns e levá-los para os hospitais em comboios militares. «Esqueça a papelada ou a ideia de que os Iraquianos têm de ir à frente», disse Browning. «As pessoas precisam de medicamentos e os Americanos têm de os entregar.»

Quando Browning soube que Haveman fora nomeado para dirigir a equipa de saúde da CPA, tentou várias vezes entrar em contacto com ele quando este estava ainda nos Estados Unidos. Queria informar Haveman, para que este pudesse entrar no assunto. Haveman nunca respondeu aos telefonemas.

Haveman chegou a Bagdad com os seus próprios militares, o seu chefe de gabinete e as suas prioridades. Destacou à imprensa o número de hospitais que tinham reaberto desde a guerra e os aumentos de salários que tinham sido dados aos médicos, em vez de falar das condições ainda decrépitas nos hospitais ou do facto de muitos médicos estarem a sair para empregos mais seguros e mais bem pagos fora do Iraque. Lidava com os problemas à maneira de um administrador de saúde na América: concentrava-se nas medidas preventivas para reduzir o tratamento hospitalar. Propôs ao Ministério da Saúde que montasse uma campanha antitabagista e nomeou um Americano da equipa da CPA, que afinal era um fumador inveterado, para dirigir o esforço de educação pública. Vários membros da equipa de Haveman comentaram, ironicamente, que os Iraquianos enfrentavam perigos muito maiores na sua vida quotidiana do que um pouco de tabaco. Os recursos limitados da CPA, diziam eles, seriam mais bem usados na consciencialização para a prevenção da diarreia infantil e de outras doenças fatais. Recordei-me de um comentário feito antes da guerra pelo meu guarda-costas do Ministério da Informação, quando lhe perguntei por que razão um maço de cigarros custava apenas cerca de 30 cêntimos.

«Ali, o seu governo está sempre a queixar-se de que não há dinheiro», disse eu. «Por que não cobram impostos sobre os cigarros, como se faz na América?»

«No nosso país», respondeu ele, «não seria prudente cobrar impostos sobre um tranquilizante».

No Iraque, há muito que os cuidados médicos eram gratuitos. No Estado-providência de Saddam, o governo pagava tudo. Isto era anátema para Haveman, que insistia que os Iraquianos deviam pagar uma pequena taxa cada vez que consultavam um médico. Decidiu também usar quase todos os 793 milhões de dólares da fatia do Suplemento do Ministério da Saúde para renovar maternidades e construir 150 novas clínicas médicas comunitárias. A sua intenção era «mudar a mentalidade dos Iraquianos, segundo a qual só se tem acesso a cuidados de saúde se se for a um hospital». Um objectivo nobre, sem dúvida, mas não havia dinheiro do Suplemento para reabilitar as urgências e os blocos operatórios no Yarmouk e nos outros hospitais, ainda que os ferimentos causados pelos ataques dos rebeldes constituíssem o maior problema de saúde pública do país.

Um grande problema no sistema de cuidados de saúde do Iraque era a Kimadia, a empresa estatal que importava e distribuía medicamentos e provisões médicas aos hospitais. Esta empresa parecia seguir um modelo soviético de planeamento central. Tinha 32 000 funcionários, um orçamento anual de 600 milhões de dólares e uma influência sem paralelo sobre o sistema de cuidados de saúde. A Kimadia escolhia os medicamentos que devia importar, escolhia os países e as empresas com quem negociava, armazenava os produtos e distribuía-os pelos hospitais e clínicas. Era tudo pago com dinheiro do governo. No Iraque de Saddam, a medicina devia ser gratuita, mas raramente o era. Com muita frequência, os hospitais e clínicas do Estado tinham falta de medicamentos essenciais. Os que podiam compravam medicamentos em farmácias privadas, que normalmente vendiam produtos que tinham sido importados pela Kimadia e, depois, introduzidos no mercado negro pelos empregados dos armazéns.

Na Kimadia, os burocratas, e não os médicos ou administradores hospitalares, decidiam quais e quantos medicamentos deviam enviar para os hospitais e clínicas. As prateleiras dos medicamentos podiam estar cheias de um antibiótico, mas vazias de outro. Por vezes, isto devia-se à incompetência; o medicamento estava no armazém. Outras, era porque a Kimadia não comprara os suficientes. Era capaz de comprar o fornecimento de um medicamento para cinco anos, enquanto se esquecia de dezenas de outros. Os contratos eram dados a empresas em países que apoiavam Saddam, em vez de negociarem com os fornecedores que oferecessem o melhor preço ou qualidade.

«A Kimadia estava cheia de ladrões e incompetentes», disse Scott Svabek, um oficial de compras do exército, da equipa médica da CPA. «Era corrupta e disfuncional.»

Para Haveman, a solução era privatizá-la. Mas antes de vender a Kimadia, queria tentar uma coisa que fizera no Michigan. Quando era o director da saúde comunitária do Estado, tentou reduzir a enorme quantidade de dinheiro que o Michigan gastava em prescrições de medicamentos para os pobres, limitando os medicamentos que os médicos podiam receitar aos doentes do Medicaid. A não ser que estivessem isentos, os médicos só podiam receitar medicamentos que fizessem parte de uma lista aprovada, conhecida como formulário.

Haveman pensou que a mesma estratégia podia reduzir o custo da medicina no Iraque. O país tinha 4500 itens no seu formulário de medicamentos, o que significava que a Kimadia devia armazenar 4500 produtos diferentes. Se as empresas privadas fossem apresentar propostas para o fornecimento de medicamentos aos hospitais do Estado, precisavam de um formulário mais pequeno. Um novo formulário devia conter também requisitos sobre onde é que os medicamentos aprovados podiam ser fabricados. Seria uma maneira de o Iraque deixar de comprar medicamentos à Síria, ao Irão e à Rússia, e começar a comprar aos Estados Unidos.

Perguntou às pessoas que no Michigan tinham concebido o formulário se queriam ir para Bagdad. Recusaram. Então, pediu ajuda ao Pentágono. O pedido foi parar ao Centro de Farma-economia do Departamento de Defesa, em San Antonio. Poucas semanas depois, três peritos em formulários estavam a caminho do Iraque. Chegaram 11 dias antes do Acordo de 15 de Novembro.

O grupo era liderado por Ted Briski, um farmacêutico careca, de meia-idade, que fora capitão-de-fragata na marinha. A ordem de Haveman, como Briski recorda, era: «Arranje-nos um formulário no prazo de duas semanas e depois vá-se embora.» No seu segundo dia no Iraque, Briski chegara a três conclusões: em primeiro lugar, o formulário existente «não era assim tão mau». Segundo, a sua missão era «redesenhar todo o sistema de compra e fornecimento de medicamentos do Iraque, e isso era uma perspectiva totalmente diferente – em grande escala». Terceiro, Haveman e os seus conselheiros «não sabiam realmente o que estavam a fazer».

Haveman «via o Iraque como o Michigan após um grande ataque», disse George Guszcza, um capitão do exército que trabalhava na equipa médica da CPA. «Se, de alguma maneira, se pegasse nos guetos e nos projectos do Michigan e simplesmente fossem alargados a todo o Estado – era isso que ele queria fazer.»

Contudo, Briski e os outros dois peritos começaram a trabalhar num novo formulário. Pegaram na lista de 4500 itens e reduziram-na a cerca de 1600 entradas. Mas criar apenas uma nova lista não era suficiente para Briski. Os Iraquianos, decidiu ele, precisavam de uma forma de gerir o formulário; portanto, concebeu planos para formar uma comissão de farmacêuticos que actualizasse mensalmente a lista. Ao escolher os medicamentos que deviam ser adquiridos, a comissão retiraria algum poder à Kimadia. Briski via o seu trabalho como parte de um plano maior para melhorar a distribuição de medicamentos. Para que o novo formulário funcionasse, a Kimadia teria de ser privatizada ou sofrer uma remodelação completa.

Haveman disse-lhe para não se preocupar. Tinha grandes planos. Pretendia criar um sistema eficiente, baseado no mercado, para distribuir os medicamentos. Fazia parte da sua estratégia transformar o sistema socialista de cuidados de saúde do Iraque num mais parecido com o americano, com comparticipações e clínicas de cuidados primários. Para isso, seria necessária uma remodelação fundamental da política de saúde no Iraque, mas a missão da CPA, como ele a via, era destruir o velho e construir o novo.

Depois, veio o 15 de Novembro e o anúncio de que os Estados Unidos iriam entregar a soberania aos Iraquianos no próximo mês de Junho. Toda a gente do palácio iria então para casa, ou até mais cedo.

A 16 de Novembro, Bremer fez uma reunião com todos os funcionários da CPA. Não mencionou que, em nome da conveniência política, tinha desistido dos seus planos para os Iraquianos redigirem uma Constituição e organizarem eleições antes da transferência do poder, mas toda a gente sabia o que acontecera. Os funcionários da CPA, disse Bremer, deviam concentrar-se agora em «criar capacidade» entre os Iraquianos para estes gerirem o seu governo. Era altura de redesenhar os planos e as expectativas. Pôr os Iraquianos a trabalhar, disse ele, e continuar apenas os projectos que podem ser concluídos até Junho.

Haveman deixou de falar da privatização da Kimadia. Não era possível fazer isso até Junho. Com uma venda imediata fora de questão,

Haveman e os seus leais assessores resolveram não fazer mais nada para reestruturar a Kimadia. Haveman queria que o seu ministério fosse o primeiro a ser devolvido aos Iraquianos.

Quando Scott Svabek, o oficial de compras, pediu 8,4 milhões de dólares para renovar os escritórios da Kimadia e adquirir equipamento de telecomunicações para que a sede de Bagdad pudesse comunicar com os armazéns em todo o país, o chefe de pessoal de Haveman recusou o pedido. Haveman aceitou, por outro lado, uma sugestão dos seus subordinados para retirar à Kimadia a sua função de compra de medicamentos e dá-la a uma nova equipa de compras estabelecida no Ministério da Saúde. A reorganização pretendia reduzir as oportunidades de casos de corrupção: se os administradores corruptos da Kimadia não tivessem a tarefa de fazer as compras, tinham menos hipóteses de receber subornos. Mas, quando a CPA implementasse a nova estrutura, faltariam apenas alguns meses para a transferência da soberania. Os membros da equipa de compras, que tinham sido seleccionados na Kimadia, nunca chegaram a sair dos seus velhos gabinetes e continuaram a receber ordens dos seus antigos chefes.

«Eles não acreditavam que isto durasse e [acreditavam] que, se, de algum modo, fossem associados a essas equipas de compras para além de comparecerem a reuniões, seriam forçados a sair», disse Briski. «Muito do que estava a acontecer era toda aquela ideia de que os Americanos não estão aqui para sempre. Iriam esperar que eles saíssem e... acabariam por ficar onde estavam antes.»

Briski e outros que trabalhavam para Haveman prestavam pouca atenção aos ventos políticos. Tinham ido para o Iraque para resolver os problemas e chegaram à conclusão de que os Estados Unidos precisavam de dedicar mais recursos e ficar mais tempo para fazer o que havia para fazer. «Como podíamos nós ter resolvido o problema da Kimadia?», disse Briski, um ano depois de ter regressado do Iraque. «Precisávamos de dezenas de farmacêuticos, peritos em compras e logísticos a trabalharem durante dois anos.»

Para Haveman, foi um fracasso. «Mandávamos vir mais 50 pessoas para gerir a Kimadia? Não. Podiam ser necessários mais sete anos para pôr a empresa a funcionar correctamente, mas seria à maneira iraquiana», disse ele. «É uma maneira perfeita? Não. Eles conseguem? Sim.»

Mas os críticos de Haveman, incluindo mais de uma dúzia de pessoas que trabalharam para ele em Bagdad, afirmaram que podia ter sido feito mais com os recursos disponíveis durante os 15 meses de ocupação. Reescrever o formulário era uma distracção, disseram eles. Em vez disso, a CPA devia ter-se concentrado na reestruturação da Kimadia, mas não privatizando-a, e na encomenda de mais material médico de emergência para colmatar a falta de medicamentos essenciais. A primeira encomenda de emergência só ocorreu no início de 2004, depois de os Americanos estarem no Iraque há mais de oito meses.

Mas Haveman atingiu um grande objectivo. O Ministério da Saúde foi o primeiro a ser entregue. Quando Bremer o fez, em Março de 2004, três meses antes da transferência da soberania, elogiou Haveman pelos seus «feitos reais e práticos».

O novo ministro iraquiano da Saúde, Aladdin Alwan – um antigo funcionário talentoso e eloquente da Organização Mundial de Saúde, escolhido pelo enviado da ONU Lakhdar Brahimi –, não partilhava da opinião de Bremer. Os assessores de Alwan disseram-lhe que 40% dos 900 medicamentos considerados essenciais pelo ministério estavam em falta nos hospitais. Dos 32 medicamentos utilizados nas clínicas públicas para as doenças crónicas, 26 não existiam no país.

Alwan solicitou ajuda às Nações Unidas e pediu aos países vizinhos para partilharem o que pudessem. Pretendia aumentar a produção numa fábrica estatal na cidade de Samarra. E suspendeu a criação de um novo formulário. Para ele, tratava-se de um esforço inútil.

«Não precisávamos de um novo formulário. Precisávamos de medicamentos», disse ele. «Mas os Americanos não compreendiam isso.»

A Zona Verde, Cena IX

Visto de longe, parecia um funeral. Mas não havia funerais na Zona Verde. Os mortos eram enviados para casa a bordo de um gigantesco C-17 Globemasters.

O som de uma gaita-de-foles vinha de uma tenda branca montada no jardim em frente ao palácio. Os convidados estavam sentados em cadeiras desdobráveis e trocavam palavras de circunstância. Jerry Bremer estava presente, bem como um grupo de funcionários iraquianos. Rosas brancas e cravos amarelos decoravam a ala central. Mais flores e candelabros de bronze decoravam o altar.

Três mulheres ocidentais, envergando vestidos compridos curdos, entraram, uma após outra, seguidas por uma quarta mulher, que envergava um vestido branco brilhante, escoltada no relvado por um capataz de construção da Halliburton. Um piano eléctrico começou a entoar a Marcha Nupcial. Era o primeiro – e único – casamento da Cidade Esmeralda: George Adair e Sheryl Lewis, funcionários do Gabinete de Governação, davam o nó.

George e Sheryl eram já um casal antes de chegarem a Bagdad. Conheceram-se quando estavam a fazer os seus mestrados na George Mason University, na Virgínia. Alguns meses após a ocupação, resolveram candidatar-se a empregos na CPA. Parecia uma aventura.

Quando chegaram ao palácio, foram acomodados na ala norte, numa sala comunal com outros 200 funcionários. Juntaram as suas camas, mas não podiam entrar em intimidades. Um homem de meia--idade andava regularmente pelo quarto, vestido apenas com as suas cuecas brancas, a tirar fotografias de mulheres a dormir. Sheryl não queria ser apanhada numa posição comprometedora.

Por isso, escondiam-se pelo palácio, à procura de sítios discretos para namorarem.

«Encontrámos muitos», disse Sheryl.

«Gabinetes desocupados com fechadura», disse George.

«E casas de banho», disse Sheryl.

«E automóveis», disse George.

«E o balneário feminino, no ginásio», disse Sheryl. «Tinha uma fechadura na porta.»

Levar Sheryl a sair da Zona Verde, para passarem a noite na cidade, estava fora de questão, por isso George levava-a ao al-Raheed, ao bar desportivo, ao café e à discoteca.

Por vezes, iam à base do exército no aeroporto para fazerem compras no PX e comerem no Burger King. No palácio, passeavam na piscina, no telhado e no jardim. E iam ao Moe's, o bar no parque de caravanas da Halliburton, com o nome do bar de Homer, dos Simpsons. *O pessoal da Halliburton tinha todo o tipo de bebidas que não se encontravam em mais lado algum na Zona Verde: tequilla, vodka, Budweiser. Era o pessoal da logística. Podiam levar qualquer coisa para a Cidade Esmeralda.*

Quando decidiu propor casamento a Sheryl, George pediu a um amigo que lhe enviasse um anel dos Estados Unidos, que o amigo mandou pela DHL. No dia seguinte, um avião da DHL foi alvejado por um míssil quando levantava voo do aeroporto de Bagdad. Todo os futuros voos de carga, incluindo o que tinha o anel a bordo, foram suspensos. George pediu Sheryl em casamento no átrio do al-Rasheed – sem o anel.

As funcionárias iraquianas do palácio estavam tão entusiasmadas com a ideia de um casamento na Zona Verde que faziam qualquer coisa para ajudar. Uma mulher emprestou um vestido a Sheryl. Outra comprou os convites. Uma terceira tratou das flores.

Ainda sem anéis quando já se aproximava a data do casamento, a 3 de Dezembro, o casal encontrou um joalheiro, na arcada de lojas do al-Rasheed, que tinha à venda dois anéis de casamento de prata.

Queriam realizar uma cerimónia na capela do palácio, a sala com o mural gigante de um míssil Scud, mas tinha sido convertida em dormitório após o ataque ao al-Rasheed. A capela foi mudada para a tenda branca. Organizaram um casamento de jardim.

Na cerimónia, uma das suas colegas da equipa de governação leu o poema The Road Less Traveled, *de Robert Frost. Depois de terem sido declarados marido e mulher e de se beijarem, passaram por baixo de um arco de facas nepalesas cruzadas, empunhadas pelos Gurkhas que guardavam o palácio. O novo casal entrou então num Humvee com as palavras «casados de fresco» escritas no capô com espuma de barbear. Foram para o al-Rasheed, onde deram uma festa completa com bolo e bar aberto, antes de se retirarem para uma suite junto à piscina, normalmente reservada aos dignitários. No dia seguinte, foram de lua-de-mel para o Dubai.*

Um dia depois de terem regressado a Bagdad, receberam a encomenda com o anel de noivado de Sheryl.

12

Não podemos continuar assim

Oito homens armados esperavam nos dois lados da mesquita Sajjad, no sul de Bagdad. O alvo não era um político importante, um empresário ou um líder religioso, mas sim um humilde director de fábrica, de 53 anos de idade. Quando ia a passar de carro a caminho do trabalho, às oito horas da manhã, os homens interceptaram o seu Isuzu Trooper, alvejaram o motorista no peito e na perna e, depois, arrastaram o director de fábrica para fora do veículo. Atiraram-no ao chão e dispararam cinco vezes, terminando com um tiro na cabeça.

O maior jornal do Iraque publicou uma pequena história identificando a vítima como Faez Ghani Aziz, o director-geral da Companhia Estatal de Óleos Vegetais. Eu tinha conhecido Aziz poucas semanas antes, quando Tim Carney me disse para visitar a fábrica decrépita da companhia. Por que razão, pensei eu, quereria alguém eliminar um director de fábrica? Estávamos em finais de Junho de 2003, pouco mais de três anos desde a queda de Bagdad e muito antes de as pessoas que trabalhavam para o governo começarem a ser assassinadas.

Então lembrei-me: Aziz andava a mover-se em águas traiçoeiras. Andava a falar, embora de forma discreta, sobre privatizações.

Eu tinha ido recentemente com Jerry Bremer a uma reunião especial do Fórum Económico Mundial, na Jordânia, onde ele, perante centenas de executivos, descreveu a sua visão para um Iraque com um mercado livre. «Os mercados fornecem recursos de forma muito mais eficiente do que os políticos», disse Bremer no seu discurso, pronunciado numa tenda gigante erigida no jardim de um *resort* elegante no mar Morto. «Por conseguinte, o nosso objectivo estratégico para os próximos meses é aplicar políticas que terão o efeito de deslocar pessoas e recursos das empresas estatais para empresas privadas mais produtivas.»

Quando regressávamos a Bagdad, a bordo de um avião americano de transporte militar, ele falava com tanto fervor da necessidade de privatizar as fábricas do Estado que a sua voz se elevava acima do ruído do porão do cargueiro. «Temos de avançar rapidamente com este esforço», disse ele. «Fazer com que as empresas estatais passem para mãos privadas é essencial para a recuperação económica do Iraque.»

Poucos dias depois, fui à fábrica de óleo vegetal perguntar a Aziz o que ele pensava da estratégia de Bremer. Concordava sinceramente. «Precisamos de investidores estrangeiros», disse-me ele. «Não podemos continuar assim.»

Aziz nunca partilhou estas opiniões com os seus colegas da fábrica – sabia que era perigoso falar em despedir empregados –, mas pôs um limite à expansão da já excessiva força de trabalho. Dezenas de homens que tinham sido despedidos antes da guerra pediram os seus empregos de volta, mas Aziz negou-se a readmiti-los. Dois dias antes da sua morte, um homem entrou no gabinete de Aziz com uma granada e ameaçou retirar a cavilha se não fosse readmitido. Embora Aziz tenha conseguido restabelecer a calma, dezenas de desempregados fizeram uma manifestação, no dia seguinte, frente à sede temporária do ministério.

«Estas pessoas estão a dizer: "ou nos deixam voltar ao trabalho ou iremos fazer alguma coisa"», recorda Luay Ali, director de segurança do ministério. Ali não tinha dúvidas de que Aziz fora morto por ter recusado readmitir os trabalhadores. «Há uma ligação muito clara», disse ele.

O assassínio de Aziz provocou uma onda de pânico no Ministério da Indústria. O ministro iraquiano interino e os seus assessores foram expeditos com o processo de privatizações, pensando que seria uma forma rápida de se enriquecerem. Durante algum tempo, foram mais agressivos a promover a privatização do que Tim Carney, Glenn Corliss ou Brad Jackson, os conselheiros americanos do ministério. Mas a morte de Aziz mudou tudo. Se um deles podia ser morto apenas por recusar contratar novos trabalhadores, que aconteceria se permitissem que dezenas de milhares de trabalhadores fossem despedidos por investidores privados? De repente, ninguém do ministério queria falar da privatização.

Duas semanas depois de Aziz ter sido assassinado, Tom Foley chegou a Bagdad para dirigir um novo departamento da CPA: o Gabinete de Desenvolvimento do Sector Privado. A missão de Foley, como ele a definia, era privatizar todas as empresas estatais do Iraque no prazo de 30 dias.

A primeira resistência que encontrou foi no próprio Palácio Republicano. Os seus conselheiros e o departamento jurídico da CPA informaram-no de que vender bens do governo do Iraque, como fábricas, violaria a Convenção de Haia de 1899, o tratado que governava «as leis e costumes de guerra em terra». O Artigo 55.º do tratado estipula que uma potência ocupante «deve ser vista apenas como administrador e usufrutuário dos edifícios públicos, terras, florestas e propriedades agrícolas pertencentes ao Estado hostil» e deve «salvaguardar o capital dessas propriedades».

Quando Foley falava sobre a privatização com Iraquianos no Ministério da Indústria, eles recuavam. A morte de Aziz tornara o assunto radioactivo. Mehdi Hafedh, o ministro do Planeamento, que era visto como um dos líderes iraquianos mais liberais, disse a Foley que as empresas estatais ineficientes tinham de ser vendidas, mas não imediatamente. «Seria demasiado desestabilizador», disse-lhe Hafedh.

Foley não desistiu. Pegou no telefone e tentou convencer os seus amigos de Wall Street a investirem no sector industrial do Iraque. Não estavam mais entusiasmados do que os Iraquianos. Virou-se para o Conselho Governativo, que também rejeitou as suas ideias.

Então, veio o 15 de Novembro e o anúncio de que a soberania seria devolvida aos Iraquianos em Junho. Não era possível fazer as privatizações tão depressa. Mesmo que algumas empresas pudessem ser vendidas antes da transferência, Bremer e os seus chefes em Washington tinham perdido a vontade de o fazer. Não queriam que nada perturbasse a transferência do poder.

Um membro da BearingPoint, a firma de consultadoria contratada para ajudar a CPA na reconstrução económica, sugeriu a Foley que alugasse as fábricas a investidores privados, em vez de as vender imediatamente. «Foi o que fizemos no Kosovo», disse-lhe o consultor. «Talvez pudesse também funcionar aqui.» Relutantemente, Foley concordou com o esquema do aluguer; o Conselho Governativo tinha a mesma opinião. Em Fevereiro de 2004, o Ministério da Indústria anunciou que aceitaria propostas para alugar 35 fábricas. Mas os investidores tinham de prometer não despedir um único empregado.

A resposta foi débil. Os rebeldes estavam a ganhar força. A electricidade era insuficiente. O aeroporto não estava aberto a voos comerciais. E quem é que garantia que o novo governo iraquiano iria manter os acordos feitos pela CPA? Quando Bremer se foi embora, nenhuma fábrica tinha sido alugada.

Depois de Foley estar há alguns meses em Bagdad, Bremer chegou à conclusão que ele não era a pessoa certa para o cargo, mas era um amigo do presidente. Bremer disse ao pessoal do palácio que Foley era «intocável».

Por fim, no início de 2004, Bremer arranjou uma nova missão para Foley. Iria viajar pelo mundo com o ex-secretário de Estado James Baker III, para convencer as outras nações a perdoarem a dívida do Iraque.

Quando Foley partiu, foi substituído pelo seu braço-direito, Michael Fleisher, um empresário de Nova Jérsia. Embora Fleisher tenha trabalhado, nos anos 70, como funcionário do Departamento de Estado em África, não tinha experiência na promoção da livre iniciativa numa economia socialista. Mas tinha contactos: o seu irmão, Ari, era o porta-voz de Bush.

O Acordo de 15 de Novembro foi o fim da experiência neoconservadora no Iraque. Mas vários funcionários superiores da CPA recusaram desistir, como o tinham feito Jim Haveman e Tom Foley. Agarraram-se aos seus projectos favoritos. Faltavam sete meses e meio para o final de Junho, tempo suficiente para fazer algumas grandes mudanças.

A lista de coisas a fazer era longa. A equipa de Comunicações Estratégicas queria estabelecer uma Comissão de Comunicações Federal iraquiana. Os defensores da igualdade entre os sexos queriam abrir centros femininos no Sul xiita. A equipa de governação queria que fossem nomeados novos membros para os conselhos de governação de cada província. A equipa de política de segurança pretendia garantir que todas as milícias fossem desmobilizadas. Bremer queria nomear inspectores-gerais para eliminarem a corrupção em todos os ministérios. E parece que toda a gente queria que Bremer promulgasse outra lei.

Os neoconservadores que sucederam ao czar da economia Peter McPherson não estavam dispostos a desistir de tudo. Se não podiam vender as empresas estatais, pensavam que, pelo menos, podiam tentar eliminar os subsídios que alastravam a toda a economia. Porquê vender a gasolina a cinco cêntimos o galão? Porquê distribuir electricidade gratuitamente? Porquê oferecer fertilizantes tão baratos que os agricultores os levavam para a Síria e para a Jordânia para os revenderem, em vez de os usarem nos seus campos? Porquê dar rações de comida a toda a gente, sem levar em conta as necessidades? Os subsídios totalizavam mais de metade do orçamento anual do Iraque – só as rações de comida custavam 5 mil milhões de dólares por ano – e resultavam num sistema grosseiramente ineficiente, de tipo soviético, de ajuda económica. Os economistas da CPA compreendiam que reduzir os subsídios, o que resultaria em preços mais elevados, seria impopular e provavelmente causaria tumultos, mas estavam também convencidos de que a CPA tinha a responsabilidade de fazer com que os Iraquianos se desabituassem dos subsídios do governo. Achavam que o governo iraquiano que iria receber o poder das mãos da CPA não teria a coragem suficiente para tomar aquelas medidas.

Em vez de duplicarem o preço dos combustíveis ou do fertilizante, os economistas conceberam aquilo que pensavam ser uma estratégia muito menos arriscada para começar a eliminar os subsídios. Todos os meses, os Iraquianos recebiam rações de comida do governo: sacos de arroz, feijões, farinha, açúcar, chá e outros géneros de primeira necessidade. Segundo o plano da CPA, o governo deixaria de comprar e distribuir alimentos e, em vez disso, daria às pessoas pagamentos em dinheiro equivalentes ao custo dos alimentos. Acreditavam que o sector privado distribuiria os alimentos de forma muito mais eficiente, poupando ao governo centenas de milhões de dólares todos os anos. Um governo soberano iraquiano poderia decidir ir mais longe e eliminar os pagamentos aos ricos, através da análise dos rendimentos.

Tal como com a privatização, os fundamentos económicos pareciam bons, mas os problemas práticos era enormes. Seis dias depois do Acordo de 15 de Novembro, o assessor principal da CPA para o trabalho e assuntos sociais disse a Bremer que o plano «podia criar enormes problemas humanitários». Bremer era um forte defensor da conversão das rações mensais em dinheiro e a oposição à mudança era vista, no palácio, como um suicídio na carreira, mas o assessor era Jim Otwell, o destemido bombeiro que entrara em rota de colisão com Bernie Kerik. Ainda que fosse um simples bombeiro, tornou-se no assessor principal para o trabalho e questões sociais, no Outono de 2003, porque o Departamento do Trabalho dos Estados Unidos não mandara ninguém para ocupar o cargo em Bagdad. A experiência de Otwell com o sindicato dos bombeiros em Buffalo tornou-o naquilo que, na Zona Verde, mais havia de parecido com um especialista em trabalho.

Otwell disse a Bremer que a tarefa de ir buscar e distribuir os alimentos era tradicionalmente atribuída às mulheres iraquianas. Se a CPA convertesse os alimentos em dinheiro, havia a possibilidade de serem os homens a irem buscar o dinheiro e de o esbanjarem depois noutras coisas. Havia também a margem de erro, que não era um factor insignificante num país com 25 milhões de pessoas. «Imaginemos que isto funciona a 99% e que apenas 1% não recebe os seus pagamentos», disse ele a Bremer. «Ficaremos com 250 000 Iraquianos esfomeados e zangados, que antes recebiam alguma coisa. Isto é um problema sério.»

À equipa económica da CPA não faltava ambição. Começaram a estudar a possibilidade de darem a cada família um cartão de débito carregado com o valor de todas as rações que lhe eram devidas. Os cartões seriam recarregados automaticamente todos os meses. Otwell ficou estupefacto. No Iraque, ninguém usava cartões de crédito. Não havia caixas automáticos de multibanco. Na maior parte do dia, não havia telefone nem electricidade. Como é que a CPA esperava que os comerciantes debitassem os cartões? Quem iria comprar o equipamento de processamento? Para Otwell, era mais um esquema louco e irreal inventado na Cidade Esmeralda.

Bremer não prestou atenção aos avisos de Otwell. A conversão dos alimentos em dinheiro fazia sentido e seria posta em prática a 1 de Junho – trinta dias antes da transferência da soberania. Mas Otwell não desistiu. Foi falar com os funcionários superiores do contingente britânico da CPA. Estavam receptivos às suas preocupações e começaram a pressionar Bremer e os militares americanos. No fim, foi o comando militar americano que acabou com o plano. As tropas já estavam ocupadas a lutarem contra os insurrectos. Não podiam lidar também com revoltas por causa da comida. Se a alteração do sistema de rações não era um pré-requisito para a transferência do poder, não tinha de ser feita. Os membros da equipa económica tinham outra opinião: algum sofrimento agora evitaria problemas maiores no futuro. Mas as expectativas tinham mudado. O objectivo já não consistia naquilo que era melhor para o Iraque. O que interessava era aquilo que era melhor para Washington.

Poucas semanas depois de ter chegado a Bagdad([31]) Jay Hallen, de 24 anos de idade, percebeu que nunca conseguiria reabrir a bolsa até 31 de Dezembro. Fora infectado pela mesma ambição pré-15 de Novembro, tal como quase toda a gente no palácio. Hallen resolvera construir aquilo a que chamava «uma nova bolsa a partir do zero», com um sistema computadorizado de transacções, um conselho de administração, uma comissão de acções e valores mobiliários, corretores licenciados e uma nova lei dos mercados financeiros. Apesar do entusiasmo americano com o plano, os Iraquianos estavam receosos. A grande prioridade deles era a reabertura da bolsa, e não a instalação de computadores ou uma nova lei de valores mobiliários. Os corretores queriam voltar ao trabalho. Os investidores queriam comprar e vender. «As pessoas estão falidas e desnorteadas», disse o corretor Talib Tabatabai a Hallen. «Por que querem criar inimigos? Deixem-nos abrir como estávamos.»

Tabatabai, que fizera um doutoramento em Ciências Políticas na Universidade Estadual da Flórida, achava que o plano de Hallen era irrealista. «Era uma coisa tão sofisticada, tão grande, que não podia ser feita», disse ele. «Mas ele não nos ouviu.»

Hallen estava convencido de que era necessário fazer grandes mudanças. «As leis e regulamentações [iraquianas] estavam completamente desactualizadas em relação ao mundo moderno», disse mais tarde. «Não havia transparência em nada. Era mais um sítio para Saddam e os seus amigos comprarem empresas privadas que, de outro modo, não poderiam controlar.»

Hallen recorreu à Financial Services Volunteer Corps, uma organização americana sem fins lucrativos que presta auxílio à construção de bolsas nos países em desenvolvimento. A FSVC, que tinha peritos no sector estatal e no sector privado, concordou em enviar, em Novembro, uma delegação de seis pessoas para Bagdad, para se reunir com Hallen e um grupo de iraquianos. Na reunião, que foi deslocada para a Jordânia após o ataque ao hotel al-Rasheed, os voluntários americanos aceitaram ajudar Hallen a alcançar os objectivos da sua lista. Um dos participantes ficou com a tarefa de rever a lei de valores mobiliários. Os outros ajudariam na formação de corretores e na compra de computadores.

Enquanto a lei estava a ser revista, Hallen começou a despedir iraquianos. A antiga bolsa empregava 85 pessoas – muito mais do que ele necessitava para a nova bolsa informatizada. Em vez de manter todos os antigos empregados, como fizeram os outros dirigentes da CPA nos departamentos do governo que supervisionavam, Hallen estava determinado em criar uma bolsa de estilo americano com apenas 40 funcionários assalariados. Reuniu-se com todos os antigos empregados e, depois, escolheu 45 para serem despedidos. «De facto, provocou discussões», disse ele. «Não foi fácil, pois, no Iraque, as pessoas não estão habituadas a ser despedidas.»

Hallen nomeou nove iraquianos para trabalharem no conselho de administração da bolsa. Para garantir a independência do conselho, tinha de encontrar pelo menos quatro pessoas que não estivessem envolvidas nas operações quotidianas da bolsa, mas não conhecia muitos homens de negócios iraquianos para além dos que estavam envolvidos na bolsa. Pediu recomendações a dois iraquianos em quem confiava. Quando se reuniu com os candidatos, verificou se tinham bons conhecimentos de inglês – mais tarde, disse que isso era para seu benefício pessoal – e «um estilo de pensamento muito americano em termos de negócios e capitalismo».

Acabou por reunir aquilo que ele pensava ser um grupo excepcional, até que um amigo iraquiano lhe disse que estava a cometer «um grande erro». A maioria dos candidatos que Hallen seleccionara eram árabes sunitas. Era um lapso compreensível – no antigo regime, a maior parte da riqueza e dos negócios estava na comunidade sunita –, mas, mesmo assim, os líderes xiitas e curdos não ficariam contentes, Hallen retirou alguns nomes sunitas da lista.

Para que a bolsa reabrisse, era também preciso dinheiro para comprar os computadores, pagar a construção do recinto de transacções e alugar um edifício; arranjar dinheiro significava que Hallen teria de competir com os outros dirigentes da CPA e com os seus projectos. «Alguns podiam dizer que o país tinha tantas necessidades, como electricidade e segurança, que não precisava agora de uma bolsa.» Mas Hallen acreditava que o seu projecto valia a pena. Começou a exercer pressão sobre o seu chefe e sobre toda a gente envolvida na distribuição de fundos. Acabou por conseguir o dinheiro de que necessitava.

Na Primavera de 2004, a lei dos valores mobiliários estava pronta. Tinha sido aprovada pelos juristas da CPA e por vários departamentos do governo em Washington. No dia 19 de Abril, Bremer assinou a lei e, ao mesmo tempo, nomeou os nove iraquianos escolhidos por Hallen para constituírem o conselho de administração da bolsa. Outros cinco iraquianos foram nomeados para a nova Comissão de Acções e Valores Mobiliários.

O conselho de administração da bolsa escolheu Talib Tabatabai, o corretor formado na América que fora grande crítico de Hallen. A nova lei de valores mobiliários que Hallen apadrinhara dava ao conselho de administração controlo sobre as operações da bolsa, mas nada dizia sobre o papel do consultor da CPA. Hallen admitiu que participaria nas tomadas de decisões até à transferência da soberania. Tabatabai e o conselho, porém, viam-se como responsáveis máximos.

O conselho readmitiu os 45 trabalhadores que Hallen despedira. A bolsa não precisava de mais funcionários, mas não fazia sentido criar inimigos entre os iraquianos. Quem sabe o que poderia fazer um trabalhador desempregado?

Tabatabai e os membros do conselho decidiram também abrir o mercado o mais depressa possível. Não queriam esperar vários meses até que o sistema informático de transacções estivesse a funcionar. Mandaram instalar dezenas de quadros de escrita no recinto de transacções. Antes da guerra, usavam quadros de ardósia para registar os preços de compra e venda, e era assim que o voltariam a fazer.

A tensão entre Hallen e o conselho de administração aumentou. Hallen via o conselho como «teimoso e resistente à mudança». Os membros do conselho não percebiam por que Hallen não os deixava em paz. Afinal de contas, era o país deles. O conselho protestava por ter de pagar serviços encomendados por Hallen, que eles não consideravam necessários; Hallen achava que o conselho estava a recusar despesas perfeitamente razoáveis, como guardas para evitarem que a bolsa fosse ocupada por estranhos. «Não era uma relação agradável», disse Hallen.

No dia 22 de Junho, Hallen deixou o Iraque. Dois dias depois, a bolsa abriu. Os corretores gritavam ordens para os funcionários das transacções, que usavam os seus fiáveis quadros brancos. As transacções era registadas, não com computadores, mas com pequenos papéis escritos a tinta. O pessoal da CPA mantinha-se à distância, com receio de que a sua presença transformasse a bolsa num alvo.

Quando voltou aos Estados Unidos, Hallen disse a um entrevistador da Association for Diplomatic Studies and Training que o seu trabalho no Iraque «não foi o maior êxito da sua carreira».

«Quando penso no que sentia quando vim embora, estava descontente. Mas quando olho para trás ... e contextualizo e penso em tudo aquilo que enfrentava, sinto-me diferente. Estive sozinho durante cinco meses numa situação quase impossível. Por vezes, parecia mesmo impossível fazer alguma coisa. Quando vejo como estão as coisas, sinto-me muito orgulhoso, pois sei que o meu trabalho foi fundamental para que as coisas estejam agora como estão, ainda que não estejam como eu queria. Se eu não tivesse cumprido a minha tarefa, talvez nada tivesse sido feito.»

Perguntei a Tabatabai o que teria sucedido se Hallen não tivesse recebido a tarefa de reabrir a bolsa. Ele sorriu e disse: «Teríamos aberto meses antes. Ele tinha grandes ideias, mas essas ideias não se concretizavam. Essa gente da CPA fazia-me lembrar o Lawrence da Arábia.»

Mas até T. E. Lawrence sabia quando recuar. Enquanto Tabatabai falava, pensei numa das mais pertinentes citações de Lawrence e pensei se alguém no palácio se teria dado ao trabalho de a ler:

> Não tentes fazer demasiado com as tuas próprias mãos. É preferível que os Árabes o façam razoavelmente do que tu com perfeição. É a guerra deles, e deves ajudá-los e não ganhá-la por eles. Na verdade, nas estranhíssimas condições da Arábia, o teu trabalho prático talvez não seja tão bom quanto pensas.

A Zona Verde, Cena X

O pessoal militar americano destacado para o Palácio Republicano raramente tinha algo de positivo a dizer sobre a CPA. Os militares, muitos dos quais eram majores e coronéis, usavam uniforme há mais de duas décadas e sentiam que estavam a receber ordens de funcionários da CPA com pouco mais de 20 anos de idade. Alguns dos soldados tinham estado no Kosovo, no Haiti e na Somália, e outros serviram até no Vietname. Sabiam alguma coisa de reconstrução em situações de pós-guerra. Mas, para os jovens da CPA, os soldados eram condutores, guardas e moços de recados. Os civis faziam as políticas; os soldados implementavam-nas.

Como os soldados não podiam beber, não frequentavam os bares nem a discoteca do al-Rasheed. Conviviam entre si, fumavam no pórtico traseiro, exercitavam-se no ginásio e jogavam às cartas nas suas caravanas. Diziam que as coisas estariam muito melhores se fossem eles a mandar. O acrónimo CPA, diziam eles no gozo, significava «Can't Produce Anything» [Não Produzem Nada].

No início de 2004, um contingente de fuzileiros foi incumbido da missão de guardar o palácio. Erigiram barreiras de betão para limitar o trânsito em redor do recinto e colocaram novos rolos de arame farpado no cimo dos muros fortificados. Instalaram mais postos de observação e montaram uma mesa de admissão, onde aqueles que não tinham cartões da CPA tinham de entregar um elemento de identificação para receber um passe de visitante, que tinha de estar sempre visível enquanto essa pessoa estivesse no recinto do palácio.

Atrás da secretária havia um quadro branco no qual os fuzileiros desenhavam cartoons. Houve um dia em que, no quadro, estava o desenho de uma pedra tumular com as palavras «Bom senso». Por baixo, havia uma legenda: «Morto pela CPA.»

13

Oportunidades perdidas

Antes da guerra, em Bagdad, ir de carro a algum lado demorava cerca de 15 minutos. Uma rede de vias-rápidas e avenidas largas cruzava a cidade. Os motoristas podiam conduzir no limite de velocidade ou até mais rápido. Toda a gente se mantinha na sua faixa de rodagem e parava nos sinais vermelhos. Os polícias de trânsito – de camisa branca, chapéu branco e luvas brancas – dirigiam o trânsito nos cruzamentos mais movimentados. Não havia muito trânsito porque a importação de automóveis era limitada. Se um Iraquiano quisesse um carro, tinha de pôr o nome numa lista no Ministério do Comércio. Se tivesse sorte, receberia uma carta, cinco anos depois, informando-o de que havia um carro pronto para ser vendido – a um preço subsidiado. Talvez fosse um Toyota, um Volkswagen ou um Lada russo. Ficava com o que houvesse. Obviamente, o automóvel que toda a gente queria era um Chevrolet Caprice, ou qualquer outro carro americano de oito cilindros e de alto consumo. Saddam odiava Washington, mas os Iraquianos adoravam Detroit.

Depois da guerra, a mudança mais visível na vida iraquiana foi o trânsito. Os semáforos deixaram de funcionar. As pessoas começaram a conduzir no lado contrário da estrada, sabendo que os polícias já não estavam de serviço. Os carros andavam pelos passeios. As pessoas que sempre quiserem virar à esquerda frente às suas casas, mas que não o podiam fazer por causa de um separador de cimento que havia na estrada, contratavam trabalhadores para removerem o obstáculo.

A falta de lei era apenas parte do problema. Os militares americanos fecharam as estradas próximas das suas bases na cidade, sem se preocuparam com o facto de poderem ser artérias vitais. Para protegerem a Zona Verde, fecharam uma das pontes sobre o rio Tigre e duas vias-rápidas que ligavam os lados oeste e norte de Bagdad ao centro da cidade. Para os Iraquianos, a visão das estradas bloqueadas constituía uma lembrança diária de que estavam sob ocupação, e estes bloqueios provocavam mais raiva contra os Americanos do qualquer outra coisa.

Mas o maior problema tinha origem numa política bem intencionada da CPA. Peter McPherson, o czar da economia de Bremer, aboliu as taxas sobre as importações, incluindo um imposto sobre os automóveis que podia chegar aos 100% do custo do veículo. Poucos dias depois, alguns empresários astutos levaram para Bagdad camiões cheios de automóveis usados, vindos da Alemanha e da Holanda, e os Iraquianos que tinham guardado o dinheiro debaixo dos colchões compraram os seus primeiros carros ou, em muitos casos, um segundo carro para a família. A CPA estimava que meio milhão de automóveis foram enviados para o Iraque nos primeiros nove meses da ocupação, mais do que duplicando o número de veículos existentes no país. Os Iraquianos estavam contentes – até terem de ir a algum lado ou atestar o depósito. Sim, viviam num país com as segundas maiores reservas de petróleo do mundo, mas as refinarias do Iraque não podiam produzir gasolina suficiente para abastecer todos os novos automóveis. As filas para as bombas de gasolina estendiam-se por quilómetros, obrigando a CPA a pagar milhões de dólares por dia à Halliburton para transportar gasolina do Kuwait e da Turquia. Mas, mesmo com gasolina no depósito, a quantidade de novos carros nas estradas tornava impraticáveis as viagens rotineiras.

Os Iraquianos não eram os únicos a queixar-se. Os soldados americanos ficavam cada vez mais nervosos com a ideia de se verem presos nos engarrafamentos. Embora a polícia de trânsito tenha voltado ao serviço poucos meses depois do início da ocupação, a CPA proibira-os de passarem multas. Os polícias de trânsito eram manifestamente corruptos e obrigavam os motoristas a dar-lhes dinheiro em vez de lhes passarem intimações para comparecerem em tribunal. A CPA insistia no princípio, ainda que retirar poderes aos polícias significasse que o trânsito continuasse caótico.

Para o major-general Martin Dempsey, comandante da Primeira Divisão Blindada, a unidade militar responsável por Bagdad, a solução parecia evidente. Decretou a criação de novas regras de trânsito. A ordem foi descendo pela hierarquia até chegar a um capitão chamado John Smathers, advogado de Maryland.

Smathers era um reservista que trabalhava na equipa militar de assuntos civis na CPA para administrar Bagdad. Tinha 45 anos, embora apresentasse o aspecto físico de um militar uma geração mais novo. As únicas coisas que o denunciavam eram o cabelo grisalho e a sua atitude intensa e quase tresloucada. Já recebera três Estrelas de Bronze pelos seus serviços no Iraque. No dia após a libertação de Bagdad, repeliu uma emboscada no sul da cidade. Nas semanas seguintes, ele e a sua equipa de reacção rápida capturaram dois dos 55 Iraquianos mais procurados pelo Pentágono; frustrou um assalto a um banco, recuperando 6,3 milhões de dólares em dinheiro; e encontrou dez artefactos roubados do Museu de Bagdad.

Na qualidade de antigo ex-procurador de condado, Smathers sabia alguma coisa de regras de trânsito. O seu primeiro passo foi ler uma cópia traduzida do código da estrada iraquiano. Depois de o estudar atentamente, considerou-o um desastre. Os polícias de trânsito podiam apreender o veículo de um condutor sem ordem de um juiz. Podiam receber multas no local. Podiam prender um condutor durante dois anos por causa de um simples insulto. «Não havia definições dos poderes da polícia, e podiam fazer o que quisessem», disse Smathers.

Com o auxílio de um juiz iraquiano seu amigo, Smathers começou a rever a lei. Demorou três semanas. O seu projecto de lei tinha 53 páginas, mais do dobro da lei original, e encarnava todas as boas intenções e princípios paroquiais da ocupação americana. Limitou os agentes a passarem multas que seriam pagas num tribunal. Como garantia, podiam apreender a carta de condução do motorista. Se um condutor quisesse contestar uma multa, podia fazê-lo nos novos tribunais de trânsito estabelecidos segundo a nova lei.

Para Smathers, a antiga lei estava cheia de definições vagas e de lacunas. Como não percebia suficientemente do código da estrada para reescrever sozinho essas secções, foi à *internet* e procurou um documento que lhe servisse de modelo, um documento que ele conhecia bem: o código da estrada do estado de Maryland. Depois de ler a lei de Maryland, começou a cortar e a colar. Reparou que a lei iraquiana não tinha a proibição de seguir demasiado perto do veículo da frente. A secção 21-310 do código de Maryland tinha exactamente o texto de que necessitava. Passou a ser o Artigo 18.º, Parágrafo 11, do seu projecto de lei: «O condutor de um veículo motorizado não pode seguir outro veículo mais perto do que é sensato e prudente, levando em conta a velocidade do outro veículo e do tráfego e as condições da estrada.» Procedeu da mesma com as regras a respeito da velocidade, mudanças de faixa arriscadas e a não cedência de passagem. Se a lei servia para Baltimore, serviria também para Bagdad.

Enquanto escrevia o código, a faceta de advogado civil de Smathers lembrou-se do facto de a lei original não ter cláusulas para as pessoas poderem processar a polícia por mau comportamento. Considerou isto uma omissão flagrante. Abriu o seu computador portátil e redigiu este parágrafo:

> Se um agente da polícia, agindo no âmbito dos seus deveres como funcionário do Ministério do Interior, usar de força excessiva para proceder a uma prisão e causar danos pessoais a outro ou danos desnecessários na propriedade de outro, então, a pessoa ofendida ou dona da propriedade danificada pode interpor uma acção civil contra o Ministério do Interior, no tribunal civil, para receber indemnizações compensatórias pelo (1) custo dos serviços médicos prestados; (2) rendimentos perdidos; (3) dor e sofrimento; e (4) o custo mais baixo da reparação da propriedade danificada ou o valor da propriedade. Se o agente da polícia tiver agido intencionalmente e com maldade, então a pessoa pode também receber indemnizações punitivas.

Smathers via a sua nova lei como modelo de uma ocupação esclarecida. Tinha consultado um juiz iraquiano e conservado a moldura geral da antiga lei do país, mas acrescentara as necessárias salvaguardas contra os abusos de poder. Orgulhoso, levou o documento ao Palácio Republicano e entregou-o aos funcionários da CPA que trabalhavam no ministério iraquiano da Justiça. Estes deveriam dar o aval à lei antes de ser enviada ao gabinete de Bremer para aprovação final.

Leram o projecto de lei de Smathers e chamaram-no para esclarecimentos. Logo que entrou, percebeu que eles não partilhavam o seu entusiasmo. Tinham dezenas de outros assuntos legais para tratar: reabrir tribunais, reabilitar prisões, rever as leis sobre os verdadeiros crimes. Um novo código da estrada parecia demasiado trivial. Além disso, observaram eles, quem iria formar os polícias, criar os novos tribunais e tratar das multas? A CPA já estava cheia de trabalho. «Ninguém disse que era má ideia», recordou um dos elementos da CPA. «Era uma questão de prioridade e de calendário.» Mas não rejeitaram logo o projecto de Smathers. Sabiam que um general queria a lei. Disseram-lhe, então, para voltar dali a algumas semanas. Teriam de consultar o Conselho de Juízes e o Ministério do Interior, que supervisionava a polícia de trânsito.

Poucas semanas depois, no início de Fevereiro de 2004, os funcionários da CPA reuniram-se com um grupo de funcionários de chefia do departamento de trânsito. Smathers apareceu com uma pasta cheia de cópias do seu projecto de lei. Os Iraquianos, que leram uma tradução, estavam zangados e incrédulos. Não podiam acreditar que os Americanos se envolveriam naquelas minudências, e não estavam contentes com a ideia de perderem o poder de roubar os condutores.

Smathers já esperava que a polícia iraquiana não ficasse contente com as suas revisões. «Coloca o poder nas mãos do povo», disse ele. «Torna a polícia responsável. Impede-os de ganharem dinheiro por fora. Não sei quanto é que eles ganhavam antes, mas muitos deles eram ricos. Tinham vinte carros ... e eu não iria permitir isso.»

Os Iraquianos propuseram redigir a sua própria versão. Prometiam fazê-lo no prazo de duas semanas. Os funcionários da CPA concordaram. O tempo de dar ordens aos Iraquianos já tinha acabado.

Smathers sentiu-se furioso. *Os Americanos odeiam o meu plano porque não foi inventado no palácio*, pensou ele enquanto saía da reunião. *E os Iraquianos odeiam-no porque lhes vai retirar o poder*.

«As pessoas que trabalhavam na CPA eram teóricos que queriam uma solução a 100% para qualquer problema», disse-me ele. «Por vezes, a solução 60% de hoje é melhor do que a solução 100% daqui a seis meses. E era isso de que as pessoas necessitavam. Necessitavam de *algo*. Necessitavam de *algum* tipo de acção, mesmo que fosse apenas um bocadinho de acção, para lhes mostrarmos que estávamos a fazer alguma coisa. E o que mandaram de Washington foi um monte de teóricos. Sentavam-se na Zona Verde e debatiam. Bem, não tenho a certeza disto. Vamos tentar isto. E, depois, continuavam a debater durante meses e meses e meses, e nada acontecia.»

Smathers nunca chegou a ir à próxima reunião. No dia 21 de Fevereiro, o grupo de veículos em que ele viajava sofreu uma emboscada, a sul de Bagdad, perpetrada por um bando de rebeldes. O seu intérprete foi morto e o seu jipe capotou. Smathers partiu um braço em dois sítios e fracturou os joelhos. No fim do dia, foi evacuado para um hospital militar na Alemanha.

Enquanto recuperava, os funcionários iraquianos do departamento de trânsito regressaram à Zona Verde para apresentar o seu projecto de lei. Tinham-no redigido em árabe, mas pediram a um funcionário do Ministério do Interior que o traduzisse para inglês. O documento estava cheio daquilo que pareciam ser proibições absurdas. Era proibido estar de pé num veículo em andamento. Bem como falar com o motorista. O projecto proibia até fumar nos carros. O pessoal da CPA não sabia o que pensar daquilo. Os Iraquianos fumavam mais do que qualquer outro povo no planeta. No que estavam os iraquianos a pensar? O projecto deles era ainda mais disparatado do que o de Smathers.

Mas, afinal, os iraquianos não queriam proibir o fumo em todos os veículos, apenas nos autocarros públicos. Era um erro de tradução – o tipo de erro que estragava muitos dos esforços da CPA para administrar um país onde poucos administradores falavam a língua dos administrados. A equipa da CPA agradeceu aos iraquianos pelo projecto e prometeu incluir alguns dos seus elementos na nova lei. Em seguida, misturaram o projecto original de Smathers com o iraquiano. Estava no fim da lista de afazeres do gabinete do conselho geral, mas a lei foi concluída, aprovada e assinada por Bremer.

O documento final incluía grande parte daquilo que Smathers escrevera, mas continha dezenas de novos artigos, que serviam de brinde para as tendências de micro-gestão dos iraquianos e da CPA.

- Os peões que caminhem à noite ou num clima nebuloso, devem usar roupa brilhante ou reflectora.
- O condutor deve segurar o volante com as duas mãos.
- As viagens de longa distância podem causar sonolência ou fadiga. Para evitar isso, o condutor deve descansar cinco minutos por cada hora de condução.

O código da estrada passou a ser a Ordem 86 da CPA.

Antes de Bremer ir embora, assinou um total de 100 ordens. Algumas eram essenciais. A Ordem 96 estabelecia regras para as eleições.

A Ordem 31 alterava o código penal. A Ordem 19 garantia a liberdade de reunião. Mas muitas outras eram pretensiosas ou simplesmente desnecessárias num país assolado por uma rebelião violenta. A Ordem 81 revia as leis iraquianas sobre as patentes, *design* industrial, acesso à informação, circuitos integrados e diversidade de fábricas. A Ordem 83 revia a lei de direitos de autor. A Ordem 59 pormenorizava as protecções para os denunciantes do governo. A Ordem 66 criava uma comissão de transmissão de serviço público.

Na Cidade Esmeralda, muitos pensavam que, para se mudar alguma coisa, mudava-se a lei, tal como nos Estados Unidos. Mas o Iraque não funcionava assim. Resolver os engarrafamentos de trânsito pouco tinha a ver com uma nova lei. Os semáforos tinham de ser reparados. Os polícias de trânsito tinham de ser treinados. Os automóveis tinham de ser registados. As importações tinham de ser regulamentadas. Um decreto não servia de substituto para o laborioso trabalho no terreno de reconstruir uma nação.

Os Iraquianos, obviamente, não ligavam nenhuma ao novo código da estrada. O código nunca foi distribuído aos polícias nem anunciado ao público. Depois de Bremer ter ido embora, perguntei a Sabah Kadhim, um alto funcionário do Ministério do Interior, o que iria acontecer ao código da estrada. Ele riu-se e disse: «A nossa maior preocupação é o terrorismo. Temos de ser pragmáticos. Ainda não temos condições para implementar leis de trânsito. Em teoria, é muito bom, mas, na prática, não estamos concentrados nisso. Não temos recursos para o implementar e não faz parte das nossas prioridades.»

Além disso, afirmou Kadhim, as leis promulgadas sob a ocupação eram suspeitas. «Há dúvidas», disse ele. «Temos de as avaliar. Temos de implementar leis de trânsito de uma forma iraquiana. Os Americanos na Zona Verde agem como se estivessem em Nova Iorque e não em Bagdad. O bom trabalho só produz bons resultados se for ajustado às necessidade de um país. Soluções estrangeiras não funcionam aqui. Tem de ser uma solução iraquiana. Devem deixar que os Iraquianos criem essas leis, em vez de imporem leis importadas da América.»

O Acordo de 15 de Novembro requeria que uma Constituição interina fosse redigida até 28 de Fevereiro. No início de Janeiro, com Bremer e o conselho ainda concentrados nas ainda vivas reuniões de líderes locais, Roman Martinez e dois colegas da equipa de governação da

CPA reuniram-se com dois antigos exilados de grande experiência jurídica: Faisal Istrabadi, professor na Universidade DePauw, e Salem Chalabi, advogado internacional que estudara em Yale, Columbia e na Northwestern, e que parecia uma versão mais nova do seu tio Ahmad Chalabi. O conselho já recebera duas propostas para o projecto da Constituição, uma redigida por um político curdo e a outra por um assessor de um membro árabe sunita, mas a CPA achava que ambos os projectos estavam cheios de problemas. Os dois juristas iraquianos concordavam, mas disseram a Martinez para não se preocupar; estavam a redigir o seu próprio documento com o beneplácito do conselho. Prometeram que o seu projecto incluiria uma carta de direitos que garantia as liberdades individuais, carta essa nunca antes vista no mundo árabe.

Em vez de impor um documento americano aos Iraquianos, Bremer e os seus assessores resolveram autorizar Istrabadi e Salem Chalabi a continuar. A partir desse momento, a responsabilidade da redacção passou para os Iraquianos. Se a CPA quisesse alterações, os Americanos teriam de falar com os Iraquianos e apresentar razões para as adições ou subtracções pretendidas. Tratava-se de uma inversão invulgar para os Americanos, que estavam habituados a fazer as coisas à sua maneira, e para os Iraquianos, que estavam habituados a que Bremer tivesse a última palavra sobre tudo.

A mudança era um sinal de que Bremer e a sua CPA tinham finalmente começado a compreender que os Americanos tinham de desempenhar um papel secundário, e que deviam intervir apenas para evitar que os Iraquianos cometessem erros colossais. Bremer e os seus assessores tinham aprendido que, criar um plano em Washington e impô-lo à força aos Iraquianos, não funcionava. E acabaram também por compreender a enorme influência do grande *ayatollah* al-Sistani. Um demasiado grande envolvimento americano na redacção da Constituição interina correria o risco de incitar a crítica do *ayatollah*.

Numa das primeiras reuniões no palácio para informar os outros departamentos da CPA sobre o processo de redacção da Constituição, a equipa de governação fez um aviso: isto é o documento deles. Vamos desempenhar um papel limitado. Obviamente, tal não impediu os funcionários da CPA de darem opiniões e tentarem introduzir alterações. A paixão de Istrabadi era uma carta de direitos, a que ele chamava uma protecção contra outra ditadura. O seu projecto original incluía os direitos explícitos de privacidade, livre expressão, julgamento rápido, educação, saúde e segurança social. Escreveu também que as autoridades do governo não podiam revistar residências privadas sem um mandado. Esta cláusula alarmou os elementos da CPA que trabalhavam no Ministério do Interior e no Ministério da Justiça. As forças de segurança iraquianas estavam a lutar contra uma revolta armada. Será que tinham de pedir um mandado se soubessem que alguém estava a montar bombas na sua casa? Os oficiais da CPA pressionaram a equipa de governação para solicitar uma alteração, o que foi feito. Istrabadi acabou por concordar retirar a cláusula e permitir buscas sem mandados em «circunstâncias extremamente exigentes».

O projecto Istrabadi-Chalabi não fazia referência a vários das questões mais controversas entre os Iraquianos: o papel do Islão no governo, o estatuto da região autónoma curda e os direitos da mulher. Estas questões teriam de ser resolvidas pelos membros do conselho.

Bremer fez apenas um ultimato: se o documento reconhecesse o Islão como a única fonte da legislação, como queriam os dois maiores partidos xiitas – o que significava que a *sharia* seria a lei do país –, ele vetá-lo-ia. O vice-rei interveio também para ajudar a alcançar um compromisso sobre os direitos dos Curdos. Os Curdos tinham autonomia efectiva em três províncias do Norte desde 1991 e não queriam abdicar dessa autonomia. Estavam dispostos a aceitar uma «união voluntária com o Iraque» se pudessem conservar o seu Governo Regional Curdo, que teria poder de veto sobre todas as leis promulgadas pelo governo federal em Bagdad. Os Curdos queriam também que a sua região autónoma incluísse a cidade histórica curda de Kirkuk, que Saddam repovoara com milhares de árabes. Além disso, os Curdos insistiam em manter a sua milícia *peshmerga* e em ficar com as receitas do petróleo extraído em áreas curdas.

Há muito que o Pentágono, o Departamento de Estado e a Casa Branca se opunham ao federalismo étnico no Iraque. Bremer apoiara essa política até inícios de Janeiro, quando percebeu que os Curdos nunca aceitariam uma Constituição provisória que não reconhecesse pelo menos uma região curda de várias províncias com a sua própria administração. Bremer tentou alcançar um compromisso. Viajou para o Norte, para falar com os líderes curdos, onde conseguiu um acordo histórico federalista: os Curdos podiam conservar o seu governo regional de três províncias, que teria muito mais poder do que as outras províncias – podia, por exemplo, rejeitar algumas leis promulgadas pelo governo central –, mas os Curdos teriam também de aceitar a autoridade do governo central sobre algumas questões, incluindo a política fiscal, defesa e negócios estrangeiros. Foi o momento mais alto de Bremer no Iraque, em que se afastou dos seus chefes em Washington para levar a cabo uma política pragmática baseada na realidade iraquiana.

Os assessores de Bremer tinham enviado mensagens sobre as negociações curdas para manterem a Casa Branca e o Pentágono informados, mas assim que Bremer anunciou o seu acordo com os Curdos, Condi Rice e Paul Wolfowitz manifestaram a sua oposição. Insistiam que as referências ao Governo Regional Curdo tinham de ser retiradas da Constituição provisória e que o federalismo se baseasse apenas nos limites das províncias. Depois de tentar que os Curdos voltassem atrás – não o fizeram –, Bremer bateu o pé a Washington. Rice e Wolfowitz acabaram por recuar, autorizando Bremer e a CPA a passarem às negociações finais sobre a Constituição provisória.

Estávamos em finais de Fevereiro e, nesta altura, o documento já tinha um nome: Lei Administrativa Transitória (LAT). O Conselho Governativo realizou uma maratona de reuniões para resolver as últimas questões. O papel do Islão no governo foi contornado de forma astuciosa. O Islão seria apenas «uma fonte» de legislação, mas nenhuma lei podia contradizer «os princípios universalmente aceites do Islão». A referência a uma quota de representação feminina na assembleia nacional deu lugar a uma declaração segundo a qual a nova lei eleitoral do país «apontará para se alcançar o objectivo de fazer com que as mulheres constituam pelo menos um quarto dos membros». Os membros discutiram e até abandonaram as reuniões por algum tempo. Vários membros xiitas recusaram assinar o texto final – a cerimónia de ratificação teve de ser adiada por três dias – porque se opunham a uma cláusula que dava aos Curdos poder efectivo de veto sobre a Constituição definitiva. (A cláusula seria usada mais tarde, ainda que sem sucesso, pelos árabes sunitas numa tentativa de invalidarem a Constituição.) Os xiitas acabaram por aceitar assinar a LAT, após consultas com al-Sistani. Mas, no final, Bremer colocou-se numa posição secundária. Ele e o principal diplomata britânico no Iraque, Sir Jeremy Greenstock, ajudavam a resolver os desacordos, mas as últimas decisões eram tomadas pelos Iraquianos. Os funcionários da CPA gracejavam que nunca tinham visto Bremer tão calado durante tanto tempo.

«A LAT foi um ponto de viragem», disse Adel Abdel-Mahdi, o político xiita que ajudou a matar a ideia das reuniões de líderes locais. «Foi quando Bremer deixou de agir como um ditador.»

No dia 1 de Junho, o enviado das Nações Unidas Lakhdar Brahimi anunciou os nomes dos membros do governo interino, que iria assumir o poder em 30 de Junho, dia em que Bremer iria embora e a CPA seria dissolvida. Brahimi consultara centenas de Iraquianos – professores, juízes, clérigos e membros do Conselho Governativo. Reunira-se até com o grande *ayatollah* al-Sistani. Mas a escolha do governo, o passo mais significativo no caminho do Iraque para a democracia após o derrube de Saddam, foi tudo menos democrática.

Brahimi escolheu quem ficaria e quem sairia depois de consultas com Jerry Bremer e Bob Blackwill. Deixar a escolha para os Iraquianos teria sido mais democrático, mas também mais caótico, e a última coisa que Washington queria era o caos. As únicas eleições que interessavam eram as de Novembro – nos Estados Unidos.

Brahimi queria reduzir o papel dos políticos no governo interino. Acreditava que um governo interino composto por tecnocratas, em vez de políticos, iria pôr as coisas a funcionarem, e que seria menos provável que usassem o seu estatuto para promoverem um partido em detrimento de outro.

A estratégia de Brahimi recebeu críticas vindas de três direcções. Bremer e Blackwill defendiam a inclusão de membros do Conselho Governativo. É preferível estar com o demónio que conhecemos, disseram eles, do que com um que não conhecemos.

Al-Sistani também tentou interferir. Brahimi enviou-lhe uma lista de quatro candidatos que estavam a ser considerados para o cargo de primeiro-ministro: Ayad Allawi, um xiita secular que dirigia um partido chamado Acordo Nacional Iraquiano; Adel Abdel-Mahdi, um religioso xiita, do Conselho Supremo para a Revolução Islâmica no Iraque; Ibrahim al-Jafari, outro religioso xiita, do partido Dawa; e Hussein Shahristani, um xiita moderado que não pertencia a nenhum partido. Shahristani, cientista nuclear que fora preso por Saddam por ter recusado trabalhar em projectos de armas, era o candidato favorito de Brahimi. Bremer e Blackwill preferiam Allawi, um antigo baasista que trabalhara durante anos para a CIA. Viam-no como alguém que não se esquivaria à luta contra os rebeldes, mas também capaz de convencer os antigos baasistas que se tinham juntado à resistência a deporem as armas. Al-Sistani não indicou um favorito. Apenas declarou, por meio de um emissário, que Allawi, Abdel-Mahdi e Al-Jafari eram aceitáveis. Não havia referência a Shahristani. Brahimi retirou-o da lista e pôs o nome de Allawi em primeiro lugar. Allawi era secular e o candidato preferido dos Americanos. Ele seria o primeiro-ministro.

Os membros do Conselho Governativo exigiam que os principais cargos do governo interino fossem dados a líderes de partidos políticos e opunham-se à escolha de Brahimi do ex-ministro dos Negócios Estrangeiros Adnan Pachachi para presidente. Pachachi, um sunita secular, era próximo dos Americanos. Era um dos aliados de Bremer no conselho e fora convidado de Laura Bush no Discurso do Estado da União, em Janeiro. Alguns dos seus colegas do conselho questionavam a sua imparcialidade e apoiavam um outro sunita, Ghazi al--Yawar, empresário e xeque tribal, que não tinha experiência governativa para além dos dez meses que passara no conselho. Pachachi acabou por retirar a sua candidatura a presidente, obrigando Brahimi a entregar o cargo a al-Yawar.

A pressão de Bremer, de Blackwill e do conselho guiou a mão de Brahimi na escolha dos nomes para os outros cargos. Nomeou al-Jafari e Rowsch Shaways, do Partido Democrático do Curdistão, para vice-presidentes. Outro político curdo foi nomeado vice-primeiro-ministro e outro ainda foi escolhido para ministro dos Negócios Estrangeiros. Abdel-Mahdi tornou-se ministro das Finanças. Um dirigente do Partido Islâmico Iraquiano foi nomeado ministro da Indústria. O poderoso cargo de ministro do Interior foi para um dirigente de outro partido.

Na cerimónia do anúncio do governo, realizada numa torre de relógio que fora o museu pessoal de Saddam, um enrugado e cansado Brahimi mantinha uma expressão séria, chamando ao novo governo «eficiente e capaz». Mas, fora do palco, pouco fez para disfarçar o seu descontentamento. Queria lançar as sementes de um governo secular e não partidário, mas a CPA e os membros do Conselho Governativo frustraram-lhe as ambições. Brahimi sentiu-se usado. Os Americanos não queriam o seu conselho, queriam apenas o seu beneplácito.

«Perdemos uma grande oportunidade», disse-me depois um dos assessores de Brahimi. «Mas esta é a história dos Americanos no Iraque: oportunidades perdidas.»

O governo interino que Brahimi escolheu ficaria no poder durante sete meses, até Janeiro de 2005, altura em que se realizariam eleições para a assembleia nacional. A assembleia formaria um novo governo e, mais importante, redigiria uma Constituição definitiva. Depois de os eleitores terem aprovado a Constituição num referendo nacional, haveria outras eleições, em Dezembro de 2005, para a escolha dos membros do novo governo formado pela Constituição.

Era um processo complexo de três fases, mas a fase mais importante era claramente a primeira. A Constituição, bem como o governo que esta constituiria, dependeriam da composição da assembleia eleita em Janeiro. Seria dominada por religiosos extremistas? Que papel teriam os moderados e os secularistas? E as mulheres e as minorias? A resposta dependeria, em grande parte, de uma lei que estabelecia as regras para as eleições, uma lei que foi redigida pela CPA.

A Lei Eleitoral não recebeu nenhuma da atenção dada ao governo interino. As decisões fundamentais foram pensadas pela equipa de governação, em consulta com um grupo de peritos em eleições das Nações Unidas que tinha vindo para o Iraque com Brahimi. Os Iraquianos foram mantidos à distância, em parte porque a CPA não queria complicar as coisas e também porque não havia maneira fácil de obter a sua opinião. O Conselho Governativo dissolvera-se no dia 1 de Junho e o governo de Allawi estava ainda à espera de entrar em funções.

O maior obstáculo à realização de eleições era a falta de um censo actualizado – o mesmo obstáculo que travara a equipa de governação em Novembro de 2003, quando quis organizar eleições antes da entrega da soberania. Sem um censo, não havia forma rigorosa de saber quantas pessoas viviam em cada província e, por conseguinte, como distribuir os lugares na assembleia.

A equipa das Nações Unidas determinou que não havia maneira de fazer um censo nacional antes de Janeiro de 2005, data em que a Constituição provisória exigia que se realizassem as eleições. A equipa da ONU, que estabeleceu como prioridade absoluta a organização de umas eleições perfeitas, disse à CPA que a única forma de cumprir o prazo era considerar todo o país como um único distrito eleitoral. Todos os Iraquianos, independentemente de onde vivessem, votariam na mesma lista de candidatos. Os candidatos podiam optar por concorrer sozinhos ou juntar-se com outros membros do seu partido e concorrerem como lista de candidatos. O número de votos obtidos por um partido determinaria quantos membros da sua lista teriam assento na assembleia.

Era tecnicamente viável, ainda que um tanto complexo, mas tinha lacunas importantes. O sistema, que exigia que os candidatos fizessem campanha por todo o país, dava aos grandes partidos uma vantagem clara sobre os indivíduos e os pequenos partidos. Significava que os dois partidos curdos dominantes e os dois maiores partidos religiosos xiitas, o SCIRI e o Dawa, ganhariam provavelmente uma clara maioria de lugares na assembleia, marginalizando os moderados e os seculares. A representação sunita era também um problema: se algumas partes do país eram demasiado perigosas para nelas se proceder a eleições, não haveria maneira de atribuir lugares por aquelas zonas; as pessoas dessas zonas ficariam sem nada. Os sunitas também não tinham grande partidos, o que os colocava ainda em maior desvantagem.

O distrito único não era a única opção na mesa. Vários membros da CPA propuseram que a base de dados usada para entregar as rações mensais de alimentos podia ser utilizada para fornecer uma estimativa razoavelmente rigorosa de quantas pessoas viviam em cada província. Tratava-se de uma abordagem que o próprio al-Sistani já sugerira para se contornar o problema do censo.

A questão de se realizar eleições de distrito único provocou um debate intenso na administração Bush. O Pentágono, o Departamento de Estado e o gabinete do vice-presidente Cheney opunham-se à ideia, argumentando que isso daria grande vantagem aos partidos religiosos xiitas. Bremer e a Casa Branca receavam que a utilização da base de dados das rações pudesse criar objecções por parte dos Iraquianos – especialmente dos xiitas, que achavam que muitos deles não eram contados pelo governo de Saddam –, o que resultaria em atrasos. Isso era inaceitável para o vice-rei e para os conselheiros do presidente.

«Muitos de nós disseram que umas eleições de distrito único seriam um desastre e que era possível criar um sistema de representação proporcional com a base de dados das rações», disse-me um funcionário superior da CPA. «Mas Bremer e os seus chefes da Casa Branca não queriam saber. Para eles, o tipo de eleições era uma questão secundária. O que interessava é que se realizassem dentro do prazo. Era a forma sobre a substância.»

No dia 15 de Junho, Bremer assinou a Ordem 96 da CPA. Estipulava que o Iraque «será um único distrito eleitoral».

A Zona Verde, Cena XI

Cerca de um mês antes da transferência da soberania, Joshua Paul, um jovem funcionário da CPA, escreveu uma anedota no seu computador e enviou-a a alguns amigos do palácio. Os destinatários reenviaram-na para os seus amigos, que fizeram o mesmo. Em menos de uma semana, quase toda a gente na Zona Verde a tinha lido.

PERGUNTA: Por que é que a galinha iraquiana atravessou a estrada?

CPA: O facto de a galinha ter atravessado a estrada mostra que a autoridade decisória passou para a galinha antes da transição do poder marcada para 30 de Junho. A partir de agora, a galinha é responsável pelas suas próprias decisões.

HALLIBURTON: Pediram-nos para ajudar a galinha a atravessar a estrada. Dado o risco inerente da travessia da estrada e a raridade de galinhas, esta operação custará apenas 326 004 dólares.

CLÉRIGO XIITA MOQTADA AL-SADR: A galinha era um instrumento da Coligação do mal e será morta.

POLÍCIA MILITAR DOS EUA: Foi-nos ordenado que preparássemos a galinha para atravessar a estrada. Como parte dessas preparações, os soldados atropelaram repetidamente a galinha e depois depenaram-na. Lamentamos profundamente a ocorrência de qualquer violação aos direitos da galinha.

PESHMERGA: A galinha atravessou a estrada, e continuará a atravessar a estrada, para demonstrar a sua independência e transportar as armas de que necessita para se defender. No entanto, no futuro, para evitar problemas, a galinha será chamada pato e usará um bico de plástico.

AL-JAZEERA: A galinha foi obrigada a atravessar a estrada múltiplas vezes por um grande grupo de soldados da ocupação que, segundo uma testemunha, lhe apontavam as armas. A galinha foi então alvejada intencionalmente, em mais um exemplo do abuso de galinhas iraquianas inocentes.

CIA: Não podemos confirmar ou negar qualquer envolvimento no incidente da travessia da estrada pela galinha.

TRADUTORES: Galinha ela atravessou estrada porque má confundiu regras. Mesa de galinha futura a meu pedido.

14
Violando as regras

No início de 2004, os chefes da equipa liderada pela CIA que procurava armas de destruição maciça tinham praticamente concluído que o Iraque não dispunha de munições nucleares, biológicas ou químicas. Os laboratórios que Dick Cheney e outros membros da administração Bush afirmavam ser instalações onde se produziam agentes químicos e biológicos, revelaram-se estações para testes agrícolas e centros de investigação médica decrépitos.

O que o Iraque de facto tinha, e neste caso não restava a menor dúvida, era o conhecimento para produzir antraz, gás de nervos e, muito provavelmente, um engenho nuclear rudimentar. Durante os 24 anos que Saddam Hussein esteve no poder houvera centenas de cientistas iraquianos envolvidos em projectos de armamento secretos, e alguns desses cientistas ainda estavam no país, a maioria a viver tranquilamente com as suas famílias em casas que receberam da CIA e do Exército americano. Muitos outros tinham sido interrogados e depois libertados. E muitos mais nunca tinham sido sequer interrogados.

Dos que estavam em liberdade, a maioria não tinha trabalho. A Comissão Industrial Militar, que empregava centenas de cientistas especializados em armamento, fora dissolvida por Jerry Bremer. Outros, que antes da guerra haviam sido contratados por companhias estatais como forma de encobrir as suas reais actividades, recebiam um salário mensal, tal como a generalidade dos funcionários governamentais, mas essas esmolas eram insignificantes comparadas com as compensações generosas que recebiam por baixo da mesa do governo de Saddam.

Com ou sem salário, os cientistas eram um grupo descontente. Estavam preocupados com a possibilidade de nunca mais terem trabalho, de não poderem sustentar as suas famílias. Alguns deles contactaram os Iranianos, ou foram abordados por agentes iranianos. O Irão tinha dinheiro, e vontade de aumentar a sua coudelaria de cientistas de armamento. Tal como pretendiam outras nações-pária, cujos agentes também começaram a sondar o terreno.

Logo após a queda de Bagdad, Anne Harrington, a directora-adjunta do Gabinete de Redução da Proliferação de Ameaças, do Departamento de Estado, alertou para o perigo que representavam os cientistas iraquianos descontentes. Na década de 90, trabalhara bastante com cientistas da antiga União Soviética. Disse aos seus colegas do Departamento de Estado que os Estados Unidos tinham de se aproximar dos cientistas iraquianos e oferecer-lhes novos empregos e uma compensação adicional. Os Americanos, dizia ela, teriam também de os ajudar a adquirir novamente a sua auto-estima, pagando-lhes para que se inscrevessem em associações profissionais, recebessem revistas científicas e fossem a conferências internacionais. Mas os seus superiores não acolheram as suas sugestões. «Nem pense nisso», lembra-se ela de lhe dizerem. «Não está sequer em consideração. O Departamento [de Estado] não desempenha qualquer papel».

O Pentágono chamara a si a tarefa de lidar com os cientistas, e não estava com disposição para brincadeiras. Os elementos do Departamento da Defesa viam os cientistas iraquianos como cúmplices de Saddam. Os que não estavam à guarda dos Americanos tinham sorte por estar em liberdade.

Harrison recusou-se a desistir. O Departamento de Estado fora sempre dos primeiros a implementar programas de não proliferação e não era agora que ela iria pôr-se à margem, para dar lugar ao Pentágono, em especial quando este não estava na disposição de se aproximar dos Iraquianos. Começou a exercer pressão junto do Conselho Nacional de Segurança, que em Junho de 2003 concordou em autorizar o Departamento de Estado a trabalhar com cientistas iraquianos de armamento. Em Julho, uma equipa do Departamento de Estado estava pronta para partir, mas o Pentágono recusou-se a autorizar a sua partida. Os funcionários do Pentágono arranjavam constantemente novas razões para que a equipa do Departamento de Estado não pudesse partir. Para Harrison, tratava-se de uma estratégia «magistral de afastamento lento».

Finalmente, em Janeiro de 2004, mais de seis meses após a proposta de Harrison, chegou a Bagdad o elemento do Departamento de Estado que tinha a seu cargo o programa de recolocação. Chamava-se Alex Deghan, e era um emissário insólito junto de homens que por profissão haviam concebido armas letais.

Deghan era um homem dos mamíferos. De 34 anos, compleição musculada, cabelo castanho em desalinho, vestindo camisas amarrotadas, Deghan tinha um doutoramento em biologia de mamíferos e uma licenciatura em Direito. Vivera em Madagáscar três anos, a estudar lémures. Estava a cumprir dois anos como bolseiro da Associação Americana para o Avanço da Ciência junto do Departamento de Estado, onde julgara que se iria concentrar em assuntos relacionados com a conservação. Em vez disso, foi destacado para o Gabinete de Assuntos do Próximo Oriente, onde lhe foi pedido que trabalhasse em temas que iam do tráfico de seres humanos ao financiamento de organizações terroristas. Quando Bagdad foi libertada, Deghan estava tão frustrado que começou a tentar ser colocado no Iraque, pensando que pelo menos isso seria uma aventura. Um dos colegas de Harrington, também ele um biólogo de mamíferos, afeiçoou-se a Deghan e recomendou que ele fosse enviado para Bagdad para abrir um «centro de ciências», um local onde os Iraquianos que haviam trabalhado em programas de armamento pudessem interagir uns com os outros e aprender algo sobre novos trabalhos. «Tudo se baseava no facto de ambos estudarmos animais que dão leite e têm vários ossos na orelha», disse Deghan.

Deghan fazia-me lembrar o Jim Otwell, o bombeiro que viria a ser o ministro interino do Trabalho e dos Assuntos Sociais. Os seus currículos não os indicavam para aqueles trabalhos, mas tinham muita lata e, mais importante, não eram membros do aparelho político. Acreditavam em soluções pragmáticas para cumprir uma missão.

Para Deghan, isso significava violar as regras.

A Zona Verde veio a revelar-se o território mais hostil que percorreu em Bagdad. Os caçadores de armas da CIA e do Pentágono consideravam Deghan um bonzinho ignorante que lhes estava a invadir o território, não importava que tivesse um orçamento de dois milhões de dólares e uma carta de Colin Powell, com fita, selo e tudo, afirmando que ele era o responsável por um programa do governo dos Estados Unidos para recolocar cientistas iraquianos; a equipa da CIA não o iria ajudar. Ele tinha onde ficar e um gabinete no palácio, mas foi-lhe dito que ele não pertencia ao clube da CPA.

Quando Deghan pediu algum dinheiro ao gabinete de contabilidade da CPA, teve como resposta a expressão de Bagdad equivalente a «o seu cartão de crédito aqui não dá». Segundo lhe disseram os funcionários, a CPA era uma entidade do Departamento da Defesa. E eles não podiam dar dinheiro a um fulano do Departamento de Estado, mesmo havendo milhões de dólares no cofre do palácio. Mas é tudo dinheiro dos contribuintes americanos, disse-lhes Deghan. Não interessa, foi a resposta.

Desesperado para conseguir dinheiro para começar, Deghan meteu-se num voo militar para o Kuwait e dirigiu-se à embaixada americana, onde a sua carta de Colin Powell era como se fosse um cartão de crédito de platina. Levantou 50 000 dólares em dinheiro, meteu-os na mochila e regressou a Bagdad. De vez em quando, com semanas de intervalo, fazia nova viagem para ir levantar dinheiro, até que descobriu uma solução menos onerosa: mandava transferir os fundos de Washington para um banco no Kuwait, que por sua vez enviava o dinheiro para um banco em Bagdad. Funcionou na perfeição até que chegou aos ouvidos de um dos contabilistas da CPA, que lhe disse que estava a violar a lei federal e podia ser preso. Uma semana mais tarde, o mesmo contabilista veio ter com Deghan e disse-lhe que precisava de transferir fundos para a embaixada americana que iria substituir a CPA em Junho. «Diga-me como é que o fez», pediu-lhe o contabilista. «Vamos copiar o método.»

Nada era fácil na Cidade Esmeralda para um membro do Departamento de Estado. A Halliburton recusou-se a reparar-lhe o carro porque este não estava incluído num programa da CPA. Por isso, uma vez mais, teve de ir de avião até ao Kuwait com a mochila. No regresso, carregava 50 quilos de peças de automóvel.

Deghan pediu aos seguranças americanos da Zona Verde que o ajudassem a treinar os Iraquianos que ele contratara para guardar o centro de ciências, procurar bombas nos carros e revistar os visitantes. Um dos Americanos finalmente concordou, mas na condição de Deghan lhe arranjar um espelho grande, fora da Zona Verde, para que ele pudesse ver o rabo da sua namorada iraquiana quando tinham relações na caravana. Nesse mesmo dia, Deghan foi ao mercado e mandou fazer um espelho.

Na Zona Verde, o arame farpado era tão abundante como areia num deserto, mas quando Deghan pediu alguns rolos para colocar à volta do centro, disseram-lhe que não podia levar nada. Houve negociações. O guardião do arame farpado estava disposto a ajudar Deghan, mas em troca queria uma baixela de prata de um dos palácios de Saddam. Deghan pôs-se novamente em campo nos mercados e, depois de muito procurar, descobriu uma caixa com baixela oficial iraquiana.

Todavia, tudo isto eram obstáculos menores quando comparados com a resistência dos membros do Grupo de Pesquisa do Iraque (GPI), uma equipa comandada pela CIA que procurava armas. Quando Deghan lhes pediu que indicassem cientistas iraquianos que seriam convidados a participar no centro de ciências, os chefes do GPI recusaram--se. Por isso, o próprio Deghan foi à procura dos cientistas. Em breve a sua lista incluía dezenas de cientistas, incluindo um importante microbiólogo. Quando o GPI soube o que Deghan andava a fazer, convocaram-no para uma reunião. «Afaste-se!», gritou-lhe um alto funcionário do GPI. «Este é o nosso território.»

Alguns dias mais tarde, um outro elemento do GPI chamou-o à parte e disse-lhe: «Devia ter cuidado. Isto é uma zona de guerra, e tudo pode acontecer.»

Deghan começou a andar armado com uma pistola de 9 mm e uma metralhadora AK-47. Era a única pessoa na Cidade Esmeralda que receava mais os seus concidadãos americanos do que os rebeldes iraquianos.

Como não fazia as coisas à maneira da Zona Verde, Deghan não só conseguiu abrir o centro de ciências antes da transferência da soberania como também criou uma instituição que foi um êxito imediato. Sedeado numa moradia perto da Universidade de Bagdad, o centro era mais sumptuoso do que tudo o que a CPA construíra. Deghan comprara uma enorme mesa de conferências em cerejeira e cadeiras estofadas em pele, e equipara o edifício com computadores sofisticados e com internet de alta velocidade. O salário mensal que propusera aos cientistas era várias vezes superior às esmolas que o seu governo dava. Os cientistas eram extremamente cultos e bem sucedidos, e Saddam tinha-os tratado muito bem. Deghan pensou que eles só precisavam de ser acarinhados.

Deixou que os Iraquianos tivessem as suas reuniões no centro, para identificarem formas de ajudar o país e viria a pedir a Bremer que escrevesse aos ministros do governo do Iraque a pedir-lhes que sondassem o centro à procura de talentos, e sem custos. Ninguém foi impingido a nenhum ministério; era tudo voluntário.

Mais tarde, Deghan afirmou: «Um dos maiores problemas do Iraque é que não prestavam atenção aos Iraquianos, e que a nossa presença na sala, tal como talvez a presença de Saddam na sala, impedia que as pessoas raciocinassem livremente e tomassem a iniciativa. A solução não era nós envolvermo-nos mais, mas sim menos».

No Iraque, havia milícias por todo o lado. Os Curdos tinham os *peshmerga* – «aqueles que enfrentam a morte» – uma força de 70 000 homens que protegia as províncias autónomas do Curdistão no Norte antes da guerra. O Conselho Supremo para a Revolução Islâmica no Iraque (CSRII) tinha o Corpo Badr, com dezenas de milhares de membros espalhados pelo Sul. A outra facção xiita, a Dawa, também tinha uma milícia. Tal como o jovem clérigo rebelde, Moqtada al-Sadr, cujo Exército do Mahdi travava batalhas convencionais com as forças dos Estados Unidos e a polícia iraquiana. Ahmad Chalabi também tinha a sua milícia, as Forças Livres do Iraque, treinadas e equipadas na Hungria a expensas do contribuinte americano.

Bremer queria que todas as milícias fossem desmanteladas antes de se ir embora, considerava-as um perigo para a criação do exército e da polícia iraquianas. Se as facções fossem autorizadas a manter as suas milícias – cada uma das maiores facções dos Curdos, por exemplo, tinha o seu próprio contingente de *peshmerga* – Bremer receava que pudessem usar as suas forças para intimidar os rivais políticos.

Bremer recorreu ao seu director da polícia de segurança, David Gompert, o homem que chefiava o escritório onde Deghan estava sedeado. Gompert era um diplomata veterano que trabalhara para o Conselho Nacional de Segurança durante a administração de George H. W. Bush, e depois para a Rand Corporation. Ele e os seus assessores traçaram um ambicioso plano de transição e reintegração para acabar com as milícias. Aos membros das milícias seria oferecido um leque de opções: podiam integrar o Exército, a Polícia ou a Guarda Nacional; podiam ter formação profissional e procurar um trabalho no sector governamental que não estivesse relacionado com segurança; ou podiam retirar-se e receber uma pensão. Esta política aplicar-se-ia independentemente da milícia a que o indivíduo pertencesse. Se a milícia recusasse, os seus membros poderiam ser acusados em tribunal.

O CSRII e os Curdos opuseram-se de imediato. Os xiitas insistiram que o Corpo Badr era necessário para proteger as cidades do Sul dos rebeldes sunitas. Os Curdos argumentavam que os *peshmerga* eram necessários para proteger o Norte, onde os Americanos tinham colocado poucos homens. Mas Gompert estava céptico. O Corpo Badr recebia armas e apoio financeiro do governo iraniano, e havia relatos de que a milícia estava envolvida no assassinato por vingança de membros do Partido Baas. E se aos Curdos fosse permitido manter os *peshmerga*, Gompert receava que eles usassem a milícia para expulsar os árabes do território em disputa no Norte.

No Iraque, a solução ideal raramente era possível. Mas isto muitas vezes não era evidente no interior da Cidade Esmeralda.

Curdos e xiitas não iriam abdicar das suas milícias até que tivessem a certeza que o Iraque estava em paz e estável, bem como os seus direitos políticos assegurados – objectivos que iriam demorar anos a ser atingidos. O CSRII propôs converter o Corpo Badr numa organização social com uma vertente de segurança encarregue de proteger escritórios do partido e os santuários islâmicos nas cidades de Najaf e Kerbala. Os Curdos propuseram colocar os *peshmerga* sob controlo do governo regional do Curdistão, em vez de das duas grandes facções políticas. Mas Bremer e Gompert pretendiam uma desmobilização completa.

Gompert concebeu um plano especial para lidar com os *peshmerga*. Metade seria colocada na Guarda Nacional; a outra metade seria dividida em três novas unidades sob controlo do Ministério da Defesa: uma força de contraterrorismo, uma unidade de reacção rápida, e uma brigada de *rangers* de montanha para patrulhar o terreno montanhoso do Norte. Os chefes curdos disseram-lhe que não iriam abdicar dos *peshmerga*. Após a Guerra do Golfo em 1991, este milicianos haviam rechaçado o Exército iraquiano e garantido que o Norte do Iraque se mantinha autónomo face ao domínio iraquiano. Haviam lutado ao lado das tropas americanas para libertar as cidades nortenhas de Kirkuk e Mossul. E eram a única garantia que os Curdos tinham no novo e caótico cenário iraquiano.

Mas Gompert insistiu. Disse aos Curdos que Bremer não transigiria na questão da desmobilização das milícias. Os Curdos convidaram

Gompert a viajar até ao Norte para assinar o acordo, o que fizeram depois de lhe dizerem que apenas o aceitavam «em princípio». Quando Gompert se dirigia para o seu helicóptero, com o acordo assinado na mão, perguntou ao chefe curdo Massoud Barzani como é que se traduzia para curdo o termo *rangers de montanha*.

Barzani sorriu, e disse: «Vamos chamar-lhes *peshmerga*».

A Zona Verde, Cena XII

Depois de a colecção de animais selvagens de Uday ter sido levada para o Jardim Zoológico de Bagdad, o pessoal da CPA julgava que os humanos eram a única espécie na Zona Verde, com excepção dos cães farejadores de explosivos e de um ou outro gato selvagem que se roçava pelas caravanas. O consultor sénior do Ministério do Ambiente decretou a Cidade Esmeralda um deserto, despido de qualquer vida animal.

Mas Alex Deghan sabia que não era assim. Ele era um biólogo que passara três anos a observar animais em estado selvagem. Sempre que caminhava pela Zona Verde, mantinha os olhos bem abertos. Via os morcegos sobre a piscina, à noite, os mochos nas palmeiras e as raposas do deserto em locais remotos do jardim do palácio. «A Zona Verde estava repleta de vida», disse ele. «Era maravilhoso e parecia que toda a gente na Zona Verde não se apercebia dela, tal como não se apercebia de muitas outras coisas.

Os outros seres humanos reparavam nos gatos – e gatinhos – que passavam céleres pelo jardim e pelo parque de caravanas. O pessoal da CPA dava-lhes nomes e brincava com eles nas pausas do trabalho. Até roubavam pacotes de leite e queijo do refeitório para os seus novos amigos.

Quando os directores da Halliburton descobriram que havia gatos na Zona Verde, disseram aos fuzileiros que guardavam o palácio que, se os vissem, os matassem, para que não espalhassem doenças.

Para Deghan, em termos científicos, tal medida era má. «O perigo de contágio era, provavelmente, infinitésimo», disse ele. «Isto foi feito sem qualquer consideração quanto ao valor psicológico que estes gatos tinham.»

Quando foram anunciadas as ordens de execução, o pessoal da CPA salvou os seus preferidos, escondendo-os nas caravanas, nas casas-de-banho, na arrecadação da piscina. David Gompert, o consultor de segurança de Paul Bremer, tinha no seu gabinete do palácio um gato chamado Mickey. Este era vigiado pelo destacamento de segurança de Gompert, mas conseguiu ainda assim roer alguns documentos secretos.

Contudo, os matadores de gatos aperceberam-se finalmente da estratégia de acolhimento e enviaram trabalhadores filipinos para os descobrir e matar. Estes abriram as caravanas quando os seus ocupantes estavam a trabalhar e juntaram todos os gatos que encontraram.

Numa noite de Junho, estava uma mulher a chorar à porta da sua caravana. Ia partir daí a dois dias e levara o seu gato ao veterinário, para que lhe dessem as vacinas necessárias para poder entrar nos Estados Unidos. Ao regressar ao seu quarto, dera com um bilhete do esquadrão da morte a informá-la de que o seu gato fora apreendido porque a posse de animais domésticos nas caravanas era contra os regulamentos.

«Mataram o meu gato», soluçou ela. «Odeio-os.»

15

Decisão suicida

Enquanto conduzia o seu Humvee para fora da base fustigada pela areia, e que fora a sua casa nos últimos quatro dias, o primeiro sargento Jerry Swope resmungava. Eram 7:30 da manhã e ele estava mal disposto. Como não havia lugar na caserna, tinha dormido no capô do seu veículo. O seu pelotão estivera até às 2:00 a patrulhar Sadr City, um bairro de lata em Bagdad, numa das habituais demonstrações de força do Exército americano. Desesperado por mais uns minutos de sono, Swope não comera os ovos mexidos com *bacon* na tenda do refeitório. O pequeno-almoço teria de ser uma das rações de combate, comida à pressa. Guisado de carne, talvez. Ou chili.

Nessa reabilitadora manhã de domingo, a missão era, literalmente, uma merda. O pelotão de Swope iria escoltar três camiões com fossa séptica, por Sadr City, enquanto estes aspiravam as poças de esgoto que se formavam onde os canos corroídos rebentavam. Os condutores dos camiões eram contratados e pagos pela câmara municipal, mas se os soldados norte-americanos não os acompanhassem, iriam exigir subornos aos moradores antes de ligarem as bombas.

Vigiar camiões era uma tarefa desagradável, mas era precisamente o tipo de coisa que Swope esperara ir fazer no Iraque. Ele e os outros soldados da 1.ª Divisão de Cavalaria do Exército tinham planeado efectuar «operações de estabilidade» quando chegassem à capital iraquiana, em finais de Março de 2004. Quando chegaram a Bagdad, o comandante do 1.º de Cavalaria partiu do princípio de que a insurreição já estaria a perder força e eles iriam trabalhar como polícias e engenheiros municipais aclamados, a ajudar os Iraquianos a recuperarem serviços básicos e a erigir as instituições de governo local. Antes de serem enviados para o Iraque, os oficiais da divisão, estacionada em Fort Hood, no Texas, tinham frequentado seminários ministrados por projectistas municipais, na cidade vizinha de Austin. Outros soldados haviam sido enviados para uma escola britânica onde os polícias destacados para a Irlanda do Norte recebem formação para lidar com pequenos confrontos com a população civil.

Era tremendo o desafio de recuperar os serviços municipais em Sadr City, um aglomerado miserável com 2,5 milhões de xiitas a seis quilómetros da Zona Verde. Os habitantes do gueto – conhecido como Saddam City quando o ditador estava no poder – eram considerados uma ameaça pelo governo de Saddam, dominado por sunitas. O regime suprimia regularmente qualquer acto de dissidência que ocorresse nas vielas labirínticas do bairro de lata. Num incidente tristemente célebre, em 1999, a Guarda Republicana, a tropa de elite do ditador, abateu a tiro uma centena de pessoas que protestavam contra o assassinato, a mando do governo, de um clérigo xiita e dos seus dois filhos. Pouco ou nada se gastara na zona para construir escolas e hospitais. Os canos de esgoto gigantescos, de um metro de diâmetro, que cruzavam o bairro, não eram limpos desde 1998. Quando as tropas americanas chegaram ao Iraque, a tubagem subterrânea estava bloqueada a 60%, o que criava vastos pântanos de excrementos. Ao ver estas poças pútridas, o comandante do 1.º de Cavalaria, o tenente coronel Gary Volesky, fez da limpeza dos esgotos a sua principal prioridade. Ao fazê-lo, pensava, estaria a ajudar a promover a boa vontade para com os Americanos.

Na manhã de 4 de Abril de 2004, esta missão de boa vontade coube a Swope e aos seus homens. Com 33 anos, Swope era o soldado mais velho e experiente do pelotão. Era corpulento, mas não atarracado, com cabelo cortado rente e uma tatuagem na mão direita com três caveiras interligadas. Dava-se com os oficiais subalternos do batalhão mais velhos e fumava Marlboro vermelho. Estava no Exército há 15 anos, e servira na Guerra do Golfo em 1991, na Bósnia e na Macedónia. Nascido em Richmond, no Missouri, referia-se aos camiões com os tanques de fossa séptica à maneira do Sul: chamava-lhes «*honeydew*(*) *trucks*».

O chefe de Swope era o tenente Shane Aguero, de 28 anos, filho de militar, que se alistara após concluir o liceu, em 1994. Aguero era um homem alto e esguio, pai de dois filhos, que usava óculos com aros metálicos e passara oito anos a ter aulas à noite numa faculdade perto de Fort Hood para tirar um bacharelato em Relações Internacionais e Economia Global.

À medida que o pelotão passava de uma poça de imundície para outra, tudo parecia normal a Swope e a Aguero. Muita gente olhava-os com má cara, fixamente, e algumas crianças até atiraram pedras ao jipe de Swope, o último da coluna. Mas ele não fazia caso das pedras que acertavam na blindagem. Em Fort Hood, antes de serem destacados para o Iraque, aquando do *briefing* sobre os perigos de Bagdad, fora mostrado aos soldados um mapa da cidade com pontos vermelhos a assinalarem ataques recentes. Sadr City tinha menos do que qualquer outro lugar. Os engenhos explosivos improvisados – aquilo que toda a gente chamava bombas de estrada – que atormentavam os soldados americanos em Bagdad, praticamente não aconteciam em Sadr City. O único ataque de alguma importância que ali houvera de que Swope se lembrava fora a 9 de Outubro, quando uma patrulha havia sido emboscada e dois soldados mortos. No cômputo geral, Sadr City era um bom sítio para se ser soldado – isto se se aguentasse o fedor.

Para Swope, esta segurança de Sadr City fazia sentido. Os xiitas eram o povo que os Americanos tinham vindo libertar. Ao contrário dos sunitas, que durante o governo de Saddam haviam sido privilegiados, os xiitas oprimidos estavam gratos por se ver livres do ditador. O desafio não seria granjear a simpatia deles, pensou Swope, mas reconstruir um lugar que era mais repugnante e disfuncional do que qualquer coisa que ele já vira.

Depois de deitarem o conteúdos dos tanques num canal na extremidade de Sadr City, às 4:30 da tarde, os três condutores iraquianos recusaram-se a continuar a trabalhar. Por intermédio de um intérprete, disseram a Aguero e Swope que os moradores já anteriormente os haviam avisado para que não regressassem com os soldados. «Se vol-

(*) *Honeydew* é o nome de uma substância doce e viscosa que por vezes se encontra nas folhas das plantas (*N. T.*)

tarmos, matam-nos», disse um dos condutores. E depois foram-se embora.

Quando Aguero comunicou por rádio ao centro de operações a notícia dos condutores que se tinham ido embora, recebeu novas ordens. No seu regresso à base, passe pelo percurso Delta – a chatice do bairro – para ver se lá se passa alguma coisa, disse-lhe um dos adjuntos de Volesky. Isto parecia coisa simples, pensou Aguero. Estariam em casa em menos de meia hora.

O pelotão – 18 soldados e um intérprete – viajava numa coluna de quatro jipes Humvee. Aguero seguia no da frente, pois sabia orientar-se na cidade. Ao contrário dos resto dos soldados, que só haviam chegado a Bagdad há quatro dias, ele já lá estava há um mês, para ajudar o 1.º de Cavalaria a preparar-se para assumir a responsabilidade pela capital, que iria ser entregue pela 1.ª Divisão Blindada do Exército. O jipe de Aguero e o de Swope, na retaguarda, vinham blindados de fábrica. As janelas eram de vidro à prova de bala e as partes laterais eram constituídas por chapas grossas de aço reforçado. No tejadilho dos jipes estava montada uma metralhadora de calibre 50, que podia cuspir balas do tamanho de cigarros, com poder de fogo suficiente para parar um veículo ou perfurar muros de betão. Os dois jipes que seguiam no meio tinham apenas aquilo a que os soldados chamam blindagem acrescentada. Eram modelos de fábrica com chapas de metal soldadas dos lados e uma metralhadora de 7,62 mm montada no tejadilho. Estavam mais bem protegidos do que os outros jipes; mas o tejadilho, os pára-brisas e os motores destes veículos não tinham protecção adicional.

O pelotão já circulava há alguns minutos quando viram dois homens na rua com metralhadoras AK-47. Aguero disse ao pelotão para parar. Os homens estavam manifestamente a violar as ordens emitidas pela autoridade de ocupação norte-americana, que restringiam a posse destas armas a casos específicos. Eles diziam aos soldados que eram guardas numa mesquita próxima. Aguero queria apreender as armas, mas não queria provocar um confronto com líderes religiosos. Acabaram por chegar a um compromisso: as armas ficariam à guarda de um coronel da polícia. Uma hora depois de o pelotão ter deparado com a situação, chegou o coronel, apareceram vários clérigos de turbante negro e as armas foram entregues. Quando entraram novamente nos jipes para se irem embora, Swope pensou: *Mais duas armas fora das ruas. Estamos a tornar este lugar mais seguro.*

O edifício mais importante no Percurso Delta era o escritório local de Moqtada al-Sadr. Na hierarquia xiita, al-Sadr era apenas um clérigo menor, entroncado, de olhos irados, dentes podres, barba desgrenhada e um enorme turbante negro. Mas o seu pai, Mohammed Sadiq al-Sadr, era um *ayatollah* venerado que reunira uma imenso grupo de seguidores através do controlo de escolas religiosas, de uma rede de serviços sociais e de uma mensagem metafórica de resistência ao domínio de Saddam. O assassinato de Mohammed Sadiq al-Sadr em 1999 dera origem a convulsões no bairro de lata que mais tarde teria o seu nome. No tumulto após a queda de Saddam, Moqtada emergiu com a força do legado de seu pai, congregando a lealdade dos clérigos rebeldes, jovens na sua maioria, que não viam com bons olhos a reticência e o conservadorismo do clero dominante. Era frontal na sua crítica aos Estados Unidos, que culpava por não terem apoiado a revolta xiita de 1991, durante a Guerra do Golfo, e por permitirem a pilhagem e a ausência de lei que eclodiram após o derrube de Saddam. Denunciou a ocupação americana e exigiu a retirada das forças norte-americanas, o que lhe valeu uma legião de seguidores, a maioria jovens desempregados que tinham julgado que a invasão americana lhes traria prosperidade e poder político.

Apesar da retórica inflamada, o que ele realmente queria era um lugar no Conselho Governativo. E achava que não havia melhor forma de demonstrar a Jerry Bremer a credibilidade de que gozava nas ruas do que atrair milhares aos seus sermões à sexta-feira. Mas os funcionários da CPA raramente iam a Sadr City e não sabiam o quão popular al-Sadr se tornara. E o CSRII e o Dawa, os dois maiores partidos xiitas, não queriam um rival no Conselho. Em Agosto de 2003, um mês após o Conselho Governativo ter sido instituído, al-Sadr formou uma milícia chamada Exército do Mahdi para se proteger e para lhe conferir peso negocial junto dos outros líderes xiitas. Seis meses mais tarde, quando o 1.º de Cavalaria chegou, estimava-se que a milícia tivesse 10 000 combatentes espalhados pelo território.

Os membros do Exército do Mahdi importunavam os representantes governamentais em Sadr City, mas com excepção de uns quantos incidentes isolados, não tinham atacado as forças norte-americanas. No entanto, no Palácio Republicano, o exército de al-Sadr era considerado uma ameaça cada vez maior para o estabelecimento da democracia e que, se não fosse detido, poderia ser usado para intimidar eleitores e funcionários do governo. Em finais de 2003, os membros da equipa governativa da CPA começaram a pressionar Bremer para que prendesse al-Sadr e desmantelasse a sua milícia. Mas quando Bremer levantou a questão junto dos comandantes militares americanos, e mesmo Rumsfeld, estes hesitaram. Al-Sadr não está a disparar contra os nossos soldados, disseram eles, então por que razão vamos provocar um confronto? Já temos problemas que cheguem com os sunitas radicais. Não precisamos de provocar os xiitas radicais.

E Bremer recuou. Mas em finais de Março de 2004, a milícia de al-Sadr foi uma vez mais objecto da sua atenção. A Constituição provisória estava pronta e no espaço de três meses seria feita a transição da soberania. Bremer achava que não tinha muito tempo. Para que a democracia florescesse no Iraque, as milícias teriam de acabar. David Gompert estava a elaborar um plano para tratar dos *peshmerga*, do Exército de Badr, do CSRII, mas Moqtada al-Sadr estava reticente em desmobilizar o Exército do Mahdi. Para Bremer e outros na CPA, chegara a hora do confronto.

Precisamente uma semana antes da missão dos camiões com as fossas sépticas de Aguero e Swope, Bremer mandou fechar o jornal de Al-Sadr. Durante semanas, o *al-Hawza* publicara artigos incorrectos e incendiários sobre o Exército americano e a CPA. Para Bremer, a última gota fora um artigo de Fevereiro intitulado «Bremer segue nos passos de Saddam», que o acusava de intencionalmente deixar morrer à fome o povo iraquiano. A 28 de Março, soldados americanos puseram o pessoal do *al-Hawza* na rua e fecharam a porta do escritório a cadeado.

Com o fecho do jornal, Bremer esperara pressionar não só al-Sadr, mas também o general John Abizaid, o comandante americano para o Médio Oriente, e o tenente-general Sanchez, comandante supremo no Iraque. Bremer e a sua equipa partiam do princípio de que al-Sadr iria reagir através de protestos e pequenos ataques, instigando assim uma luta controlável que obrigaria Abizaid e Sanchez a acabar com a sua milícia.

Mas a reacção de al-Sadr foi mais violenta do que Bremer e a sua equipa esperavam. Em poucas horas, os ajudantes do clérigo haviam decretado uma mobilização geral. Os protestantes afluíram à rua, em frente ao escritório do jornal, para uma manifestação ruidosa. No dia seguinte regressaram. Ao terceiro dia, aos gritos de «Somos seguidores de al-Sadr!», centenas de apoiantes de al-Sadr marcharam em formação militar até à Porta do Assassino. «Toda a gente nos conhece. Não seremos humilhados!» muitos dos jovens estavam trajados todos de preto, com excepção das faixas verdes na cabeça. Por entre as unidades havia homens a dizer às fileiras para que estivessem atentas. Por entre as franjas havia clérigos de turbante branco, com um ar mandão. «Basta uma palavra, Moqtada», exclamavam eles, «e retomamos a revolução de 1920!» Mais tarde, os cânticos tornaram-se mais premonitórios. «Hoje é pacífico», avisaram. «Amanhã é militar.»

Embora os protestos tenham paralisado outras partes de Bagdad, a vida em Sadr City não parecia ser diferente. Mas a 4 de Abril, quando o pelotão virava à esquerda no Percurso Delta e passava em frente ao escritório de al-Sadr, a estrada habitualmente repleta tinha muito pouco trânsito. Os passeios estavam vazios.

Sem que Swope e Aguero soubessem, elementos da força de Operações Especiais tinham prendido o principal adjunto de al-Sadr na noite anterior. Às 4:30 da manhã, do seu quartel-general, em Kufa, uma cidade a cerca de 160 quilómetros a sul da capital, al-Sadr emitiu uma ordem para os seus seguidores. Dizia: «Aterrorizem o vosso inimigo. Deus recompensar-vos-á bem pelo que lhe apraz. Não podemos continuar em silêncio perante as suas violações.»

Quando o pelotão se aproximou do escritório de Sadr, um antigo edifício de cimento e tijolo, de piso térreo, que fora do Partido Baas, Aguero viu à sua frente mais de cem homens, que se aglomeravam. Assim que viram o jipe, desapareceram quase todos, excepto uns 15. Alguns meteram-se em carrinhas e arrancaram a toda a velocidade. Os que ficaram, gesticulavam no meio da rua. Aguero disse ao soldado James Fisk, sentado atrás dele, para tomar nota desta ocorrência. Fisk abriu o seu bloco verde e escrevinhou a hora: *17:36*.

Quando o jipe de Swope já deixara o escritório de Sadr para trás, a uns 200 metros, os soldados ouviram bem alto uns sons secos.

«Que foi isso?», exclamou o soldado Josh Rogers.

«Foram tiros?», perguntou o sargento Eric Bourquin.

«Parem o carro», gritou Swope.

O tiroteio viera do lado do motorista, por isso os soldados saltaram do jipe e assumiram as suas posições do outro lado do Humvee, apontando as suas metralhadoras M16A2 para os telhados vizinhos. Na torre do jipe estava o sargento Shane Coleman, com óculo de protecção amarelos, ao comando de uma metralhadora de calibre 50. Não podia ver exactamente de onde viera o tiroteio, mas tinha a certeza de que fora de um dos edifícios vizinhos a norte. Apontou o cano da metralhadora nessa direcção e premiu os dois gatilhos, numa potente rajada de disparos, ao que seguiu um eco ensurdecedor. Os outros juntaram-se-lhe com as suas metralhadoras. Mas logo que dispararam umas quantas rajadas, do outro lado da rua um outro grupo de atiradores abriu fogo sobre o jipe.

«Para o jipe!», gritou Swope para os seus homens. «Vamos pôr-nos a mexer daqui para fora!».

Assim que Bourquin fechou a porta, nesta veio embater uma granada de um lança-granadas. Normalmente, isto bastaria para o matar, e talvez mais uns quantos no jipe. Mas a granada não tinha a ponta perfurante de blindagem. Explodiu contra a parte de fora reforçada com chapa de aço, sem causar danos. Bourquin nem sabia o que estava a acontecer. *Merda*, pensou ele. *Vou morrer*.

Logo que o jipe de Swope acelerou e se aproximou dos três outros veículos à sua frente, pensou que estivessem fora de perigo. Mas o Percurso Delta, desobstruído poucas horas antes, estava agora pejado de latas, barras de ferro e calhaus enormes. Mais à frente, haviam sido colocados na estrada frigoríficos, eixos de automóvel, armários, e todos o quiosques haviam sido arrastados para o meio da rua. Pilhas de lixo e pneus tinham sido incendiados, reduzindo a visibilidade a umas poucas dezenas de metros.

Quando chegaram aos destroços, o tiroteio recomeçou. Mas em vez de apenas uns quantos franco-atiradores, de quase todos os edifícios vinha agora uma chuva de balas e *rockets*. A Swope parecia que todo o bairro estava a disparar contra eles. Embora estivessem em extremos opostos da coluna, ele e Aguero chegaram à mesma conclusão. Não podiam enfrentar estes tipos. Tinham de atravessar aquele inferno e sair dali para fora. Para quase toda a gente do pelotão, era a primeira situação de combate. E em alguns momentos, parecia um jogo de vídeo. A maioria dos *rockets* não acertou nos jipes, atingindo a estrada com estrondo. As balas que acertavam nos Humvees, ressaltavam na blindagem como se fossem pedras. *Yee-haw*, pensou Fisk, sentado atrás de Aguero. *Vamos finalmente fazer aquilo para que nos pagam*.

A sua emoção acabou uns segundos depois. Assim que o veículo da frente passou no próximo cruzamento, o sargento Yihjyh Chen, à metralhadora na torre, foi atingido por uma bala, que lhe perfurou o peito de lado, logo acima do colete à prova de bala. Chen, um ilhéu de 31 anos de Saipan, no Pacífico, perdeu os sentidos quase de imediato e começou a sangrar da boca. Fisk tentou ver onde é que ele fora atingido, mas não conseguiu descobrir a ferida. Tentou tomar-lhe o pulso, mas não sentiu nada. Antes de subir para a torre, para tomar conta da metralhadora, Fisk puxou o corpo de Chen para o colo do outro passageiro do Humvee – o intérprete iraquiano, Sala, que tinha treino de primeiros socorros.

«Mas por que é que ainda estamos na estrada?», gritou o soldado Jonathan Riddell, o condutor, para ninguém em especial, enquanto tentava contornar os obstáculos. «Temos de sair daqui.»

Aguero gritava ao rádio. «Temos contacto! Temos contacto!»

Como ambos os retrovisores do jipe tinham sido atingidos, nem Riddell nem Aguero podiam ver a que distância estavam os outros três jipes. Tentaram perguntar a Fisk, mas este não os podia ouvir por causa do barulho da metralha. Aguero disse a Riddell que parasse. Então, abriram as portas para uma olhadela rápida. Quando Aguero abriu a porta, as balas atingiram o painel interior, fazendo saltar bocados de espuma preta; olhando para trás, Aguero não viu um único Humvee.

«Tens de voltar para trás», disse ele a Riddell.

Este olhou para ele, incrédulo. *Queres que eu volte para trás? Isso é uma loucura*. Mas era uma ordem. Fez inversão de sentido de marcha e começou a conduzir pelo passeio, derrubando as bancas de legumes. Um quarteirão mais à frente, Riddell deparou com um amontoado de arame farpado. Para não esperar que ele desenredasse o veículo, Aguero saltou do jipe e correu até aos outros três Humvees.

«Vamos embora», gritou ele ao sargento Trevor Davis, que conduzia o segundo jipe.

«O meu Humvee não anda.» Para enfatizar, disparou sobre o motor e do capô começou a sair uma grande nuvem de fumo negro. O veículo atrás do de Davis tinha o mesmo problema. Os jipes dois e três tinha sido atingidos demasiadas vezes e passado por cima de muitos destroços.

Sentado no terceiro jipe, o sargento Justin Bellamy, de 22 anos e natural de Warsaw, no estado de Indiana, preparava-se para o pior.

É agora, pensou ele. *Vamos morrer*.

Aguero ainda pensou em meter os 19 homens nos dois jipes que ainda andavam, mas não cabiam todos. Seria um suicídio, pensou ele, continuar com gente no capô e no tejadilho. Tinham de sair da rua e abrigar-se algures. Swope pegou no rádio e pediu instruções ao centro de operações tácticas. Podia abandonar os dois jipes avariados? Afirmativo.

Enquanto as balas choviam, Aguero disse a metade do pelotão para desmontar os rádios e as armas dos dois jipes que iam abandonar. Os restantes soldados e os outros jipes aceleraram pelo beco mais próximo. Cerca de cem metros mais à frente, viram um edifício de três andares que se destacava por entre os outros, de dois pisos. *Vantagem táctica*, concluiu Aguero. Ordenou aos soldados que entrassem. O sargento Darcy Robinson, com uma caçadeira, rebentou com a porta, e seguiram-no meia dúzia de homens. Reuniram os ocupantes e enfiaram-nos numa divisão. Uma outra divisão foi transformada em ponto de recolha de baixas. Arrastaram para lá o corpo inerte de Chen, bem como o do sargento Stanley Haubert, que fora atingido por estilhaços e sangrava da boca. As metralhadoras retiradas dos jipes foram içadas até ao telhado, onde metade do pelotão montara uma posição defensiva. Os outros ficaram no beco, onde os dois Humvees que ainda andavam os protegiam enquanto montavam guarda contra um ataque por terra.

Em breve os atacantes começaram a convergir para ambas as extremidades do beco, atirando furiosamente com as suas AK-47 e disparando *rockets* contra os jipes. Os soldados abriram fogo com as metralhadoras, ceifando dezenas de atacantes. *Foi uma estupidez da parte deles*, pensou Swope. Uma nova leva de atiradores tentou aproximar-se pelos telhados dos edifícios vizinhos. E novamente as metralhadoras resolveram o problema.

À medida que este impasse se arrastava, os atacantes começaram a variar as suas tácticas. Foram enviadas crianças ao beco, para funcionarem como detectores dos franco-atiradores. Dos becos paralelos, foram atiradas granadas. Uma ressaltou no capacete de *kevlar* de Aguero e atingiu uma parede, lançando estilhaços que o atingiram de lado, da cabeça aos pés. Teve de ir a coxear até à divisão onde estavam os feridos.

Durante todo o confronto, Swope permaneceu no jipe, a operar o rádio, que não era portátil. Quando saíram da base de manhã, ninguém pensara que seria preciso um.

Na base, às 6:00 da tarde o tenente-coronel Volesky assumiu formalmente o comando da área de Sadr City, entregue pela 1.ª Divisão

Blindada. Tinha planeado uma cerimónia para o desfraldar do estandarte do seu batalhão. Às 6:15, quando Aguero e Swope se abrigavam no beco, Volesky suspendeu a cerimónia e reuniu reforços. No espaço de 20 minutos, duas Forças de Reacção Rápida (FRR), cada qual com 10 carros blindados Bradley, e num dos quais seguia Volesky, saíram da Base de Operações Águia em direcção ao Percurso Delta.

Com os reforços a caminho, Swope tinha de explicar onde estava o pelotão. Mas não conseguia indicar ao certo no mapa o beco onde estavam. No telhado, os sargentos Robinson e Bourquin dispararam granadas de fumo para chamar a atenção de dois helicópteros de observação OH-58 Kiowa Warrior, que os sobrevoavam, mas o fumo dos pneus a arder obscurecia o sinal.

As duas FRR depararam com problemas poucos minutos após saírem da base. Uma das unidades foi cercada por centenas de atacantes espalhados no Percurso de Prata, uma perpendicular ao Percurso Delta. Nos confrontos, quatro soldados foram mortos e mais de uma dezena ficaram feridos, obrigando a unidade a recuar. A outra FRR, em que seguia Volesky, também foi emboscada quando se tentava aproximar do Percurso Delta; teve de dar meia volta e tentar entrar por outra artéria. Mas quando finalmente chegou ao Percurso Delta, onde havia atacantes espalhados por três quilómetros, não fazia a menor ideia onde estava o pelotão.

Do seu jipe, Swope viu os Bradleys a passar, ruidosos, no Percurso Delta. E depois viu-os retroceder na outra direcção. Tentou contactá-los por rádio, mas a frequência estava bloqueada com os pedidos de auxílio da outra FRR. *Eh, estamos aqui*, apetecia-lhe gritar para a rua. Mas não o conseguiriam ouvir.

Ao ver os Bradleys afastar-se, Fisk comentou, malicioso: «Os gajos na base davam tudo para estar aqui». Em Fort Hood, os soldados haviam-se interrogado se conseguiriam ganhar a divisa de infantaria de combate do Exército. Para se ganhar uma era preciso ter participado num tiroteio. Depois de terem rechaçado a primeira vaga de atacantes, Riddell virou-se para os seus companheiros de pelotão e disse-lhes: «Acho que já a ganhámos».

Como as duas FRR não conseguiam resgatar o pelotão, chamou-se o maior blindado do Exército: sete tanques M1A2, da 1.ª Companhia de Blindados. Estes tanques, de 68 toneladas, com propulsão a jacto e equipados com um canhão de 120 mm, tinham uma blindagem que resistia a fogo de armas ligeiras e até a *rockets*. Mas, mesmo assim, precisavam de saber onde estava o pelotão.

No telhado, Robinson e Bourquin começavam a ficar desesperados. Eram 9:00 e já escurecera. Estavam cercados há quase três horas. Já não tinham granadas de fumo, e as munições escasseavam. E o grande painel reflector brilhante cor-de-laranja que haviam montado no telhado já não tinha utilidade, pois o sol já se pusera. Tentaram pegar fogo a uns sapatos velhos que tinham encontrado, mas a chama não tinha brilho suficiente. Por fim, Robinson dirigiu-se a Bourquin e rasgou-lhe as mangas do camuflado do deserto. Disse a Bourquin que lhe fizesse o mesmo. Pegaram fogo ao tecido. E os Kiowas localizaram-nos.

Mas permanecia o problema de transmitir a informação aos blindados. No beco, Swope viu o primeiro tanque passar. Depois o segundo. *Merda*, pensou, *não vão dar por nós*. E o terceiro. O quarto. Estamos feitos. O quinto. O sexto. *Vamos ficar aqui a noite toda*.

O sétimo tanque recebeu instruções do helicóptero para parar à entrada do beco. A tripulação do tanque chamou os restantes blindados da coluna. Carregaram todos os soldados do pelotão e levaram-nos para a base.

À noite, Volesky contabilizou as baixas. Tinham morrido oito soldados, incluindo Casey Sheehan, cuja mãe se viria a tornar uma proeminente activista contra a guerra. Pelo menos 50 estavam feridos. Volesky calculou que na insurreição teriam estado envolvidos mais de 4000 elementos das milícias.

Sentado no centro de operações, a molhar rapé, que depois cuspia para um copo de plástico, Volesky interrogava-se sobre o que tinha corrido mal. Tinha a certeza de que os atacantes pertenciam ao Exército do Mahdi, de al-Sadr. Mas estavam muito mais fortes e bem armados do que os relatórios dos serviços secretos lhe indicavam. *Então não havia melhores informações sobre estes tipos?*, interrogou-se. *Metemo-nos nisto sem um plano e agora temos um grande problema*, concluiu ele.

Nos dias que se seguiram, para os generais que comandavam as operações militares a dimensão da crise tornou-se ainda mais alarmante. Não só os milicianos de al-Sadr se apoderaram de todas as esquadras e edifícios governamentais, como tinham desencadeado uma rebelião feroz por toda a região central e meridional do Iraque, controlada pelos xiitas. As cidades de Najaf, Kufa, Kut e Karbala estavam nas suas mãos. Em poucas horas, o Exército do Mahdi subjugou a força militar multinacional comandada pelos Polacos, a quem o Pentágono confiara o controlo da região. Em frente à mesquita xiita de cúpula dourada, acorreram milhares de membros das milícias, vestidos de negro. Montaram postos de controlo e barreiras nas estradas e proclamaram-se a nova autoridade da cidade.

As forças americanas estavam agora a braços com o perigoso tipo de combate urbano que os seus principais comandantes tinham tão diligentemente tentado evitar desde o começo da guerra. Ao mesmo tempo, as chefias militares deram por si no meio de um conflito em duas frentes: a sangrenta insurreição sunita a norte e a oeste da capital, que as tropas americanas tentavam há meses travar, em vão, era agora agravada pela revolta xiita no Sul e no Leste do país. Bagdad estava mais isolada do que estivera durante a invasão um ano antes. No relatório diário de ameaças, todas as estradas principais estavam assinaladas a vermelho – o que significava que eram interditas.

O Exército do Mahdi não se limitava a atacar as forças americanas. Também visou as esquadras em Sadr City. Quando os homens das milícias se dirigiram para a esquadra de Rafidain, os oficiais dentro do edifício passaram à acção. Pegaram nas suas coisas e fugiram para casa.

«Teria sido errado disparar contra essas pessoas», disse-me mais tarde o sargento Falah Assan, um veterano alto e magro, cujo uniforme consistia numas calças de ganga arregaçadas e camisa azul amarrotada. «Se um homem vem com princípios e eu acredito nesses princípios, não disparo sobre ele.»

O colapso da polícia e das unidades de defesa civil em todo o Iraque perante a revolta de al-Sadr, espantou os altos funcionários da CPA. Alguns dias mais tarde, a CPA foi novamente surpreendida quando um batalhão do novel Exército do Iraque se amotinou em vez de obedecer a ordens para ajudar os fuzileiros a lutar contra os insurrectos nas ruas de Faluja. Ambos os casos revelaram problemas essenciais com a estratégia da CPA para reunir a força policial iraquiana e criar um novo exército depois de Bremer ter dado a ordem fatídica para desmantelar o antigo. A decisão de voltar a contratar o maior número possível de antigos polícias, mesmo sem os treinar, pretendera tranquilizar os Iraquianos, colocando mais polícias nas ruas. Mas também pôs milhares de homens mal preparados – e alguns com ligações à rebelião –, um problema que a CPA há muito temia mas cujas plenas implicações só percebeu com a revolta do Exército do Mahdi. Dos quase 90 000 polícias no activo aquando da revolta, mais de 65 000 não tinham tido qualquer treino.

Um outro grande problema, segundo as autoridades americanas e iraquianas, fora não se ter conseguido equipar convenientemente a polícia e o Corpo de Defesa Civil, uma força paramilitar de cerca de 40 000 homens. Na esquadra de Rafidain, só metade dos guardas tinha pistolas. Havia apenas 10 metralhadoras AK-47 no armeiro, três carrinhas de caixa aberta e dois rádios na sala de comando. Ninguém tinha coletes de protecção excepto alguns guardas à porta, que vestiam uniformes militares americanos.

No caso do Exército iraquiano, o problema não era equipamento ou treino, mas espírito de corpo. Bremer e o seu principal conselheiro de segurança, Walt Slocombe, tinham subcontratado o treino militar dos novos soldados. Estes, ao terminarem a recruta, eram destacados para unidades americanas, chefiadas por oficiais americanos que nunca tinham visto. Quando estes oficiais lhes diziam para combater, não havia qualquer relação, não se havia forjado nenhum laço de confiança no treino, nenhuma razão para que os Iraquianos arriscassem as suas vidas por um exército estrangeiro. Noutros países, os soldados das Forças Especiais Americanas treinam unidades e são destacados com elas, sistema que sempre parece ter funcionado. Mas no Iraque não havia soldados suficientes para fazer isso.

«Os Americanos não nos compreenderam», disse o major Raed Kadhim, um oficial superior da esquadra de Rafidain. «Nós lutaremos pelo Iraque. Não lutaremos por eles.»

A decisão de Bremer de mandar fechar o jornal foi um grave erro de cálculo. Quando ele ordenou o encerramento do *al-Hawza*, não havia uma estratégia detalhada de contingência para uma acção militar no caso de al-Sadr e a sua milícia decidirem ripostar. Ninguém avisou com antecedência os soldados colocados em locais controlados por Moqtada al-Sadr, como, por exemplo, Sadr City. Não houve qualquer coordenação entre os comandantes de topo do Exército. As tentativas das forças americanas para reconquistarem o controlo das regiões tomadas pelo Exército do Mahdi resultaram em dois meses de violentos combates no terreno, mais intensos do que tudo com que os Americanos já tinham deparado num ano de ocupação ou até na invasão do Iraque.

Bremer decidiu enfrentar al-Sadr na mesma altura em que a tensão fervilhava em Faluja, uma cidade dominada pelos sunitas a oeste de Bagdad. Dois dias antes do encerramento do jornal, fuzileiros americanos haviam morto 15 Iraquianos num raide. Posteriormente, nessa mesma semana, a 31 de Março, quatro americanos de uma firma de segurança foram mortos pela populaça. Os seus corpos mutilados foram pendurados numa ponte sobre o Eufrates.

Bremer jurou que a morte dos seguranças «não ficaria impune». Mas entre os Americanos não se chegava a acordo quanto à resposta. Os fuzileiros queriam esperar até conseguirem identificar os culpados e então levar a cabo operações para os prender. «Achávamos ... que devíamos deixar a situação acalmar, para não parecermos estar a atacar por vingança», disse-me mais tarde o general James Conway, o comandante dos fuzileiros no Iraque. Foi o que disse na altura ao seu superior, o general Sanchez, que isso mesmo transmitiu, pela cadeia de comando, ao general Richard Meyers, presidente da Junta de Chefes de Estado-Maior. Meyers transmitiu a Donald Rumsfeld a posição de Conway.

Mas em Washington, o desejo de vingança era demasiado([33]). A 1 de Abril, no dia a seguir ao ataque, Rumsfeld e o general Abizaid foram à Casa Branca para gizar uma resposta com o presidente Bush e a sua equipa de segurança nacional. Rumsfeld não comunicou ao presidente a posição de Conway; em vez disso, o secretário da Defesa apresentou um plano para lançar um «ataque específico e avassalador» para tomar Faluja. Bush aprovou-o imediatamente.

Sanchez diria mais tarde a Conway e aos seus adjuntos que «o presidente sabe que isto irá ser sangrento. Ele admite-o». Mas segundo um alto funcionário da Casa Branca, na reunião de 1 de Abril Rumsfeld disse que um ataque a Faluja «seria algo que poderiam fazer com um risco relativamente baixo de perda de vidas civis».

A 4 de Abril, no mesmo dia em que o pelotão de Swope foi atacado em Sadr City, 2000 fuzileiros convergiram para Faluja. No dia a seguir, iniciaram o ataque – e depararam com uma resistência tenaz. Escondidos nas casas e nas mesquitas, os rebeldes abriram fogo de metralhadora e lança-granadas. No primeiro dia morreram cinco fuzileiros, bem como um número indeterminado de rebeldes e civis. No dia seguinte, os rebeldes usaram um canhão antiaéreo para disparar contra os helicópteros americanos. As forças norte-americanas responderam intensificando os bombardeamentos e os disparos de morteiros e artilharia, matando mais rebeldes e civis. Nunca se soube ao certo quantos civis morreram, mas isso não importava. A Al-Jazzera e outras estações de televisão árabes transmitiram reportagens incessantes de muitas baixas civis na cidade.

Rumsfeld e outros que haviam sugerido um ataque maciço julgavam que a ameaça da força faria com que os habitantes de Faluja entregassem os assassinos dos seguranças. Caso isso não acontecesse, acreditavam que os rebeldes podiam ser atingidos com «bombas inteligentes» e outras munições de operações cirúrgicas. Mas em vez de entregarem os rebeldes, os habitantes juntaram-se em torno deles. E não só em Faluja. Noutras cidades, as pessoas acorreram a doar sangue e dinheiro, até os xiitas, que consideravam os habitantes de Faluja os saloios do Iraque. E os sunitas em Faluja e noutras cidades controlados por eles, que tinham al-Sadr por um agitador, começaram a aclamá-lo como herói. Cada facção retirava força da outra.

A Cidade Esmeralda fechou-se. A Força de protecção proibiu o pessoal da CPA de viajar para fora da Zona Verde, por muito importante que fosse o assunto. Os empreiteiros deixaram de ir às suas obras. A reconstrução parou.

No palácio, os funcionários da CPA andavam cabisbaixos. Com apenas três meses antes da entrega da soberania, não havia tempo a perder. Juntavam-se na sala de refeições e nos bares. As notícias de ambas as frentes da nova guerra eram sombrias. E eles perguntavam-se se alguma vez poderiam sair da bolha.

Alguns começaram a questionar a governação do Iraque fora dos muros da Zona Verde. Enfrentar al-Sadr na mesma altura em que os fuzileiros atacavam Faluja parecia mal planeado. «Será que tínhamos de ir atrás dele precisamente agora?», disse-me na altura um alto funcionário da CPA. «Isso devia ter sido adiado. Lidar com ambos os problemas é uma loucura, se não suicídio».

À medida que as notícias se começaram a concentrar no número cada vez maior de baixas civis em Faluja, Bremer e Bush depararam com nova oposição. A 7 de Abril, o primeiro-ministro britânico telefonou ao presidente Bush, protestando contra a ofensiva dos fuzileiros. Três xiitas influentes que integravam o Conselho Governativo ameaçaram Bremer de que se demitiriam caso as operações militares não parassem. Lakhdar Brahimi, que estava em Bagdad para começar a escolher elementos para o governo provisório do Iraque, também ameaçou demitir-se. Numa conferência de imprensa, Brahimi, um sunita, criticou violentamente a forma como os Americanos estavam a lidar com Faluja, considerando-a um «castigo colectivo».

Perante a hipótese de o plano da CPA de transição política implodir novamente, Bremer instou a Casa Branca a considerar um cessar-fogo, para permitir aos políticos sunitas negociarem a paz com os líderes da cidade. Bob Blackwill, que estava em Washington, também fez pressão para um cessar-fogo. Não queria que Brahimi desistisse.

A 8 de Abril os fuzileiros receberam ordens para parar a ofensiva ao meio-dia do dia seguinte. O general Conway e os seus adjuntos ficaram furiosos. Embora não concordassem com a ofensiva total de Bush, queriam concluir a missão que haviam começado. Já havia unidades dos fuzileiros perto do centro da cidade. O lugar-tenente de Conway, o general James Mattis, estimava que os fuzileiros tomariam Faluja com mais dois dias de combates. «Quando se dá ordem a elementos de uma divisão de fuzileiros para atacar uma cidade, há que perceber que consequências isso terá e não vacilar a meio da tarefa», dir-me-ia Conway mais tarde. «Quando nos empenhamos, mantemo-nos empenhados.»

A CPA, os fuzileiros e os membros do Conselho Governativo, todos tentaram um acordo com os líderes da cidade para que entregassem quem tinha morto os seguranças. Após duas semanas de negociações infrutíferas, Conway recorreu a antigos elementos do exército de Saddam. Colaborando com a CIA, Conway encontrou-se com o chefe dos serviços secretos do Iraque, Mohammed Abdulah Shahwani, que o apresentou a alguns antigos generais do exército de Saddam. Estes ofereceram-se para constituir uma força de mais de um milhar de antigos soldados de Faluja, que iriam controlar a cidade e combater os rebeldes se os fuzileiros se retirassem da cidade. Conway concordou.

Esta força iraquiana, designada a Brigada Faluja, revelar-se-ia um desastre. Em vez de vestirem os uniformes de camuflado do deserto que os fuzileiros lhes haviam fornecido, usavam as suas velhas fardas de serviço. Em vez de enfrentarem os rebeldes, controlavam apenas alguns postos nas estradas que iam dar à cidade. Ao fim de algumas semanas, até isso deixaram de fazer. E as 800 AK-47, as 27 carrinhas e os 50 rádios que os fuzileiros haviam entregue à brigada acabaram nas mãos dos rebeldes.

Embora a ira resultante da ofensiva dos fuzileiros tivesse acalmado noutras regiões do Iraque, os rebeldes de Faluja alastraram a Samarra,

Ramadi, Bayji e outras cidades maioritariamente sunitas, onde viriam a reunir-se imensos jovens impressionáveis. Num ápice, não era apenas Faluja que estava interdita aos Americanos, mas a maioria das cidades do centro do Iraque controladas pelos sunitas. Nesses locais, os projectos de reconstrução e os programas para promover a democracia foram suspensos e depois cancelados.

Após algum tempo, os funcionários da CPA e os empreiteiros americanos foram novamente autorizados a sair da Zona Verde para viagens de um dia, mas não podiam viajar para fora de Bagdad, a não ser em helicópteros militares. As restrições a deslocações, e o acumular de ataques diários dos rebeldes, que haviam passado de cerca de uma dúzia para mais de 75, originaram uma nova leva de introspecção na sala de refeições e nos bares. A CPA concentrara-se em minudências: quantos bancos estrangeiros deverão ser licenciados? Quais deveriam ser as leis de protecção dos direitos de autor? Deveria haver tribunais de trânsito?

«Estávamos tão ocupados a tentar construir uma democracia de molde jeffersoniano e uma economia capitalista, que negligenciámos o quadro mais lato», dir-me-ia, pesaroso, um dos adjuntos de Bremer, em finais de Maio. «Desperdiçámos uma imensa oportunidade, e só nos apercebemos disso quando tudo nos rebentou nas mãos.»

A Zona Verde, Cena XIII

Algumas semanas antes da transição da soberania, os funcionários da CPA juntaram-se à beira da piscina para um churrasco de despedida. Estava lá toda a gente, excepto os Iraquianos que trabalhavam no palácio. Ninguém lhes dissera para se afastarem. Eles pura e simplesmente assim fizeram.

A Halliburton trouxe cachorros-quentes, hambúrgueres, frango grelhado, maçarocas de milho, tudo servido por Indianos e Paquistaneses fardados que trabalhavam na sala de refeições. A Blackwater, a firma de segurança privada que ganhara o chorudo contrato para assegurar a segurança do vice-rei, deu as bebidas.

Para a ocasião, os oficiais fizeram vista grossa à Ordem Geral 1, que proíbe aos soldados o consumo de bebidas alcoólicas. Alguns soldados de 19 anos embebedaram-se e atiraram-se para a piscina.

Senti-me como um estudante na festa de licenciatura. Era a última oportunidade para as pessoas se despedirem, de trocar endereços de e-mail, de tirar uma fotografia em grupo. Alguns olhavam com mágoa para os seus dias em Bagdad. Outros riam-se e davam palmadas nas costas aos colegas. Tinham feito um excelente trabalho. Eram heróis.

Todos falavam sobre o verão que iriam ter, sobre as suas férias e reuniões de família. Alguns iriam regressar aos seus antigos empregos, outros iam trabalhar na campanha para a reeleição de Bush/Cheney.

Ao fim de sensivelmente uma hora, uma assessora de imprensa da CPA viu dois jornalistas entre as pessoas da festa. Chamou-os à parte. «Quem vos convidou?», resmungou ela. «Que estão aqui a fazer? A imprensa não está autorizada a entrar».

Os jornalistas disseram que tinham sido convidados por um funcionário da CPA. A assessora de imprensa disse-lhes para não saírem dali enquanto ia consultar o seu superior. Alguns minutos mais tarde, regressou com uma câmara de vídeo. Pôr os jornalistas na rua podia causar uma cena e daria inevitavelmente uma história. Podiam ficar mas teriam de prometer, e isso ficaria gravado, que não iriam escrever sobre o que viram.

«Nunca viemos a um churrasco da CPA», disse um deles para a câmara. «Estas pessoas atrás de nós não são funcionários da CPA a beber cerveja. Nunca aqui estivemos.»

«Nunca iremos relatar o facto de toda a gente aqui estar a comemorar o fim da CPA», disse o outro.

Um pouco mais tarde, Bremer e o general Sanchez juntaram-se à festa. Toda a gente queria tirar uma foto com os dois. Alguns até lhes pediram um autógrafo.

Estavam planeadas algumas pequenas peças e uns espectáculos musicais. Um funcionário que tocava viola até prepara uma paródia sobre Bremer ao som de The Man Who Never Returned *[O Homem que Nunca Regressou]. Mas, temendo a sátira, os altos funcionários da CPA cancelaram o espectáculo.*

No auge da festa, Bremer subiu a um pequeno palco. O mundo iria olhar para a CPA, disse ele, «e reconhecer o que havíamos feito».

«Tornámos o Iraque num lugar melhor», afirmou. Toda a gente aplaudiu. Ele verteu uma lágrima.

O embaixador britânico leu uma carta congratulatória de Tony Blair. E depois foi projectada num grande ecrã uma breve mensagem gravada do presidente Bush. Também ele tecia loas à CPA.

«Obrigado, e que Deus vos abençoe. E bom churrasco!»

16
Muito ainda a fazer

John Agresto estava em Bagdad há duas semanas e os planos irrealistas para reerguer o sistema universitário do Iraque, que gizara nos Estados Unidos, no Novo México, haviam deparado com a realidade. Promover a liberdade académica e abrir faculdades de ciências sociais teria de continuar a ser um sonho até que ele resolvesse a devastação causada pela pilhagem do pós-guerra. Precisava de mesas, cadeiras, livros e quadros.

Agresto, alto conselheiro da CPA para o ensino superior, não tinha orçamento. Em Setembro de 2003, antes do Orçamento Rectificativo, os míseros fundos de reconstrução americanos eram controlados pela Agência Norte-Americana para o Desenvolvimento Internacional [USAID]. Por isso, dirigiu-se ao palácio, ao escritório da USAID para pedir ajuda. Soubera que dispunham de 25 milhões de dólares para as universidades iraquianas.

O funcionário da USAID disse a Agresto que o dinheiro já estava destinado a bolsas a universidades americanas que pretendiam estabelecer intercâmbios com instituições iraquianas. Agresto ficou estupefacto. *Universidades americanas?* E que tal reconstruir edifícios pilhados? Apetrechar as bibliotecas? Reequipar os laboratórios de ciências? Talvez as universidades ajudem nisso, disse o funcionário. Compete a cada escola decidir como usar o dinheiro.

Bem, posso então ver as propostas das universidades americanas?, disse Agresto. Lamento, respondeu o funcionário. Não estou autorizado a mostrar-lhas.

Quando Agresto ameaçou fazer queixa da USAID ao abrigo da lei de Liberdade de Informação, os burocratas cederam. Incrédulo, leu os documentos.

A Faculdade de Agricultura Tropical da Universidade do Havai fora seleccionada para uma parceria com a Faculdade de Agricultura da Universidade de Mossul para facultar conselhos sobre «programas académicos e formação agrícola». Não só o clima de Mossul, praticamente alpino, estava muito longe de ser tropical, a faculdade fora completamente incendiada pelos saqueadores. O que era preciso era um novo edifício.

Um consórcio liderado pela Universidade de Oklahoma fora solicitado para trabalhar em «reforço de liderança» com cinco escolas iraquianas, incluindo a Universidade de Anbar, em Ramadi. A província de Anbar era a região mais perigosa em todo o Iraque, interdita aos Americanos. Como é que uns quantos fulanos do Oklahoma se iriam alguma vez encontrar com os seus homólogos em Anbar?, interrogou-se Agresto. Uma equipa da Universidade do Estado de Nova Iorque em Stony Brook conseguira uma bolsa de 4 milhões de dólares para «modernizar os *curricula* de arqueologia» em quatro das maiores universidades do Iraque – escolas onde os alunos se sentavam no chão porque não havia mesas nem cadeiras.

«Era como ir para uma zona de guerra e dizer, Ok, vamos tratar do mau hálito», disse Agresto.

Sem dinheiro da USAID, Agresto depositou as suas esperanças no Suplemento. Ouviu dizer que Bremer iria pedir 20 mil milhões de dólares à Casa Branca. Um tal pedido, pensou ele, teria de ter uma verba para as universidades iraquianas. Preparou o que julgou ser uma proposta extremamente modesta, em que pedia apenas 37 milhões de dólares.

O gabinete de Bremer rejeitou-a sem sequer dar qualquer explicação.

Agresto, um republicano convicto, viria a ter uma ajuda de um membro da Câmara dos Representantes, Nita Lowey, uma democrata de Nova Iorque. Nas negociações do Suplemento, no Congresso, ela insistiu que 90 milhões de dólares fossem destinados à educação. Desses, 8 milhões seriam para as universidades.

Não era muito, mas era melhor que nada. Então, soube que a USAID exigia ser ela a distribuir as verbas. Ficou furioso e escreveu uma carta a Bremer dizendo que preferia não ter o dinheiro do que vê-lo ir para a USAID. O secretário de Bremer chamou-o e disse-lhe para rescrever a carta; era demasiado incendiária.

Uns dias mais tarde, confrontou um alto funcionário da USAID na piscina. «Vocês andam sempre a dizer como todos trabalhamos em conjunto. Nunca trabalhamos em conjunto», resmungou. «Vocês nunca me dão ouvidos. Sabem que pedi este dinheiro. Sabem que pedi trinta e tal milhões de dólares e só recebo oito, e agora querem-me tirar esses oito. Não deixo que mos tirem.»

A USAID cedeu, mas ainda assim Agresto teve de trabalhar com uma nova leva de burocratas do Pentágono, cujo trabalho era gastar os milhões de dólares do Suplemento. Disseram-lhe que teria de deduzir 500 000 dólares para custos administrativos. A contragosto, Agresto acedeu, mas disse-lhes o que pretendia fazer com os restantes 7,5 milhões: comprar equipamento básico de laboratório para cada universidade iraquiana. Os burocratas disseram-lhe que iria demorar algum tempo: tinham de redigir as propostas, pedir ofertas, escolher o vencedor e depois gerir a aquisição e distribuição. Quando Agresto saiu do Iraque, em Junho de 2004, mesmo antes da transmissão da soberania, não tinha ainda chegado qualquer equipamento de laboratório.

Nem nada dos 400 milhões de dólares de donativos internacionais, feitos meses antes numa conferência de doadores em Madrid. E também não conseguiu nem um cêntimo da CPA para apoiar a «Faculdade da Humanidade», na Universidade de Dohuk – o projecto que fizera Agresto querer ficar «bastante tempo» no Iraque. Ele pedira aos tesoureiros do palácio apenas 3 milhões, para ajudar a construir a faculdade.

Com trocos apenas para a reconstrução, concentrou-se no primeiro ponto da sua lista inicial de coisas a fazer: promover a liberdade académica. Não custava um cêntimo.

Com a ajuda dos advogados da CPA, elaborou uma carta de direitos, em oito pontos, que instava as universidades a serem «independentes na gestão dos seus assuntos académicos» e para que garantissem «a liberdade de pensamento, crença e vestuário». Proibia armas nos *campus* e a coerção de outros «para aderirem a uma religião, seita, raça, ou ideologia política». Tratava-se de um desafio directo aos estudantes xiitas activistas que tinham ameaçado professores de orientação secular e intimidado as estudantes para que cobrissem os cabelos. Os reitores das universidades adoptaram todos a carta de direitos e mandaram imprimi-la na forma de cartaz, que afixaram em todas as paredes de cada *campus*.

Agresto considerou este documento um dos seus feitos mais importantes, embora nada tivesse mudado a não ser a dinâmica das reuniões do ministro com os reitores. Tal como o código da estrada e todos os outros editais da CPA, soava bem no papel, mas não havia recursos para o implementar. As faculdades não podiam contratar guardas para controlar os activistas xiitas, que continuavam a circular, arrogantes, pelos recintos universitários, obrigando as mulheres a usar lenços e a exigir feriados para dias religiosos. Quando perguntei ao reitor da Universidade Mustansiriya, Taki Moussawi, por que é que não aplica a carta de direitos, ele apontou para as paredes do átrio, cobertas de fotografias dos *ayatollahs* xiitas. «A carta de direitos é uma coisa boa e concordo com ela, mas não a posso usar. Seria muito perigoso enfrentar os estudantes.»

Dois dias após o Acordo de 15 de Novembro(*), o Gabinete Governativo da CPA enviou um *e-mail* a Agresto e aos seus principais consultores a pedir-lhes a opinião quanto à entrega de soberania em Junho próximo. Agresto redigiu um nota breve, mas antes de carregar em «enviar», acrescentou mais um endereço: «enviar a todos» – toda a gente no Palácio Republicano.

> Se se pretende saber como é que a partida da CPA irá afectar tudo o que tentámos fazer no nosso Ministério, a resposta curta e triste é que havia muito que pretendíamos fazer e agora não podemos. Uma reforma curricular substantiva? Criar uma Universidade Americana? Reorganizar 20 universidades numa espécie de sistema racional? Criar escolas de gestão à ocidental? Podemos fazer todo o tipo de preparação para isto que quisermos, mas logo que nos for-

(*) Esse acordo, assinado entre a CPA e o Conselho Governativo Iraquiano, estipulava, entre outras coisas, uma data para as eleições nacionais para um Governo iraquiano (até final de 2005); uma nova constituição do Iraque; a restituição da soberania e o fim oficial da ocupação até 30 de Junho de 2004; a constituição de um Governo Provisório (*N. T.*)

mos embora a inércia toma conta do sistema e tudo esmorecerá. Iremos concentrar os nossos esforços nas coisas em que temos esperança que sobreviverão à nossa partida – reconstrução de infra-estruturas, parcerias com algumas universidades americanas, alguns programas académicos, e coisas do género.

Se se pretende saber a nossa opinião sobre a transferência de soberania, a minha resposta é ainda mais pessimista. Trinta anos de tirania fazem coisas terríveis a esta gente: geram uma cultura de dependência; quebram o espírito de responsabilidade cívica; forçam as pessoas a refugiar-se em grupos de cerrado cariz familiar, ideológico ou sectário, para garantirem segurança e apoio. Os professores com quem trabalho ainda não querem crer que são capazes de conseguir algo por si sós, livremente, e sem pedir autorização. Liberdade, democracia e direitos não são palavras mágicas. A transferência de soberania irá trazer alguma forma de democracia. Mas uma democracia liberal, com noções autênticas de liberdade e igualdade e oportunidades abertas – sem capangas nem opressão sectária – bem, isso creio que é duvidoso.

A acrimónia de Agresto era o resultado da sua experiência. Dois dias antes de ele chegar, o Conselho Governativo nomeou 25 ministros. Cada um dos membros do Conselho manifestou interesse num ministério – e o direito de nomear o ministro. Mohsen Abdul Hamid, membro do Conselho e líder do Partido Islâmico Iraquiano, uma organização sunita com ligações à radical Irmandade Muçulmana, exigiu o Ministério do Ensino Superior. Hami nomeou Ziead Abdul Razzaq Aswad, um professor de engenharia petrolífera e um apoiante fervoroso do partido de Hami. O primeiro acto de Aswad foi despedir todos os reitores. Queria substituí-los pelos seus aliados, muitos dos quais eram sunitas. Agresto não se queria imiscuir nas operações quotidianas do ministério, mas Aswad fora longe de mais. Agresto obrigou-o a revogar a ordem.

Agresto nunca havia trabalhado numa democracia emergente, mas as suas estantes no Novo México estavam cheias de volumes de Hobbes, Locke, Mill, Rousseau e Tocqueville. Lera os *Federalist Papers* e inúmeras histórias da América. Formar uma democracia era fácil, mas formar uma democracia moderada e liberal, não. Para ele, a CPA cometera um erro crasso ao estabelecer uma quota no Conselho Governativo para sunitas, xiitas, Curdos, e depois preencher muitos desses lugares com políticos e líderes religiosos que estavam mais interessados em prestar favores aos seus apoiantes do que fazer o que era o melhor para o seu país.

Agresto achava que, antes da guerra, os Iraquianos não se tinham preocupado com divisões étnicas e religiosas, e que fora o sistema de quotas da CPA que os encorajara a identificar-se pela raça e facção religiosa. Ele e mais uns quantos no palácio que partilhavam esta opinião tinham alguma razão. Durante o governo de Saddam, controlado por sunitas, os Iraquianos não tinham manifestado as suas diferenças. Os xiitas e os Curdos receavam ser rotulados de agitadores e enviados para Abu Ghraib. E os sunitas, para disfarçarem o facto de ser uma minoria a governar a maioria, perpetuaram o mito do «somos todos Iraquianos». A libertação veio finalmente permitir aos Curdos, e, em maior grau, aos xiitas, professarem abertamente a sua crença. Podiam revestir os vidros do carro com retratos do imã Ali e fazer peregrinações às cidades santas de Najaf e Karbala. Os líderes políticos xiitas também exigiram a maioria dos lugares do Conselho Governativo. Mesmo assim, muitos dos Iraquianos que conheci queriam líderes que resolvessem as divisões de raça e credo, e não uns que as promovessem.

Bremer e a sua equipa governativa deram aos xiitas a maioria que pretendiam, e permitiram que os clérigos xiitas líderes políticos, e em especial Abdul Aziz al-Hakim, do Conselho Supremo para a Revolução Islâmica no Iraque, tivessem poder de veto relativamente à escolha de outros membros xiitas. Em resultado, vários xiitas mais liberais e seculares, que a CPA favorecia, ficaram de fora da Constituição do Conselho, reforçando a posição do CSRII e da Dawa. Os líderes da equipa governativa argumentaram que o CSRII e a Dawa ter-se-iam recusado a participar no Conselho se os moderados tivessem sido escolhidos. Talvez, mas Agresto e outros no palácio continuavam a achar que Bremer e a equipa governativa não fizeram tudo o que podiam para que alguns profissionais seculares e não sectários integrassem o Conselho.

A abordagem de Bremer «ampliou, em vez de silenciar, as próprias divisões que tantos Iraquianos rejeitaram», disse Agresto. «Os melhores Iraquianos sabiam que não podiam formar um país, um país *democrático*, a não ser que, de algum modo, conseguissem esquecer essas categorias e olhar para dirigentes que, de uma forma ou de outra, transcendessem essas divisões. Os melhores Iraquianos ... sabiam isto. Nós não.»

A 18 de Janeiro de 2004, junto à Porta do Assassino rebentou uma carrinha de caixa aberta branca carregada com 500 quilos de explosivos plásticos e vários obuses de artilharia de 155 mm. Morreram mais de 20 pessoas e pelo menos 60 ficaram feridas, quase todas elas Iraquianos. Muitos deles trabalhavam para a CPA.

Agresto, que estava dentro do palácio quando ouviu a explosão, julgou que o ataque iria congregar o sentimento popular contra os rebeldes e a favor dos objectivos da ocupação. Esperava uma «Marcha de Mães Pela Paz», ou um «Movimento Não Matem os Nossos Filhos», ou então alguém que viesse a público dizer: parem com isto. Queremos a democracia. Mas os Iraquianos fizeram os funerais e continuaram com a sua vida. Em frente à porta, as tropas americanas erigiram grandes muros de betão, para proteger contra as explosões. Quando Agresto perguntou aos Iraquianos que trabalhavam para a CPA por que é que não havia mais indignação, toda a gente com quem falou estava demasiado assustada para condenar publicamente os rebeldes. «Vi pessoas ainda com medo», disse ele. «E vi quão fácil é falar contra os Americanos e quão perigoso era falar pela democracia e pela liberdade.»

Durante uma reflexão angustiada nos dias após o rebentamento das bombas, ele concluiu que a América estivera a tentar o impossível. Era uma ruptura profunda com os seus aliados ideológicos, com Cheney, Rumsfeld e Wolfowitz. «Devíamos ter sido menos ambiciosos», disse Agresto. «O nosso objectivo deveria ter sido criar um Iraque livre, seguro e próspero – com a tónica em *seguro*. As instituições democráticas poderiam ser desenvolvidas com o tempo. Em vez disso, continuamos a falar em eleições democráticas. Se perguntarem a um qualquer Iraquiano o que é quer, a primeira coisa que ele responde não será democracia ou eleições, mas sim segurança. Querem poder sair das suas casas à noite».

Agresto tentou discutir estas ideias com elementos da equipa governativa, mas eles não se mostraram receptivos. Ele era o tipo que trabalhava em universidades. Ofereceu-se para ajudar a aconselhar os Iraquianos a redigir a Constituição provisória. Talvez, disse, eles quisessem falar com alguém que percebesse alguma coisa da história do pensamento democrático. Uma vez mais, foi rejeitado. E como ninguém lhe queria prestar atenção, escreveu uma nota a um amigo no palácio que trabalhava para a CIA e estudara no St. John's College:

> O problema com a criação de democracia é que acho que pensamos que a democracia é fácil – livramo-nos dos maus, convocamos eleições, incentivamos a «partilha de poder» e tratamos de que alguém escreva uma carta de direitos. A verdade é precisamente o contrário – o governo por poucos, ou o governo por uma pessoa, é fácil de criar; até mesmo instituir uma governação autocrática nem parece ser assim tão difícil. As democracias boas, estáveis e livres é que são realmente difíceis.
>
> A América tem tido tanto sucesso em ser uma democracia livre e permanente que pensamos que a democracia é a forma de governo natural – deixem que as pessoas se libertem e aí está: Democracia. Mas todos os ingredientes que a tornam boa e livre – governo limitado, separação de poderes, fiscalização e equilíbrio, eleições regulares, limitação de mandatos, alternância de eleições, escolha plural, federalismo mas com supremacia nacional, desenvolvimento de um espírito e responsabilidade cívicos, e, acima de tudo, a divisão e a moderação de facções – de tudo isto nos esquecemos. Agimos como se o objectivo fosse simplesmente «democracia» e não uma democracia suave e moderada. Por isso ... procuramos as facções mais ruidosas e virulentas e conferimos-lhe poder ...
>
> Nós, como país, não fazemos a menor ideia daquilo que fez com que o nosso país resultasse, e por isso espalhamos pelo estrangeiro o evangelho da democracia-custe-o-que-custar. Até que este país possa descobrir um Madison, ficaria mais bem servido com um só bom governante.

Antes da transição, Bremer fez uma longa despedida. Voou num dos helicópteros Black Hawk do Exército, a rasar a copa das palmeiras para evitar ser atingido por mísseis, para visitar cidades no Sul xiita e no Norte curdo. Na sua *villa*, deu jantares a políticos iraquianos e parava nos corredores do palácio para agradecer aos funcionários da CPA o seu trabalho.

Nas suas reuniões de despedida, insistiu em que a CPA pusera o Iraque na senda de um governo democrático, uma economia de mercado livre e infra-estruturas moderna. Assinalou aquilo que a CPA conseguira: tinham sido recuperadas quase 2500 escolas; 3 milhões de crianças haviam sido vacinadas; tinham sido gastos milhares de milhões de dólares em reconstrução; impressos 8 milhões de manuais novos. As notas com a face de Saddam haviam sido substituídas. Haviam sido constituídos conselhos locais em cada cidade e província. Na Constituição provisória fora redigida a maior carta de direitos do mundo árabe.

Mas onde a CPA via progressos, os Iraquianos viam promessas quebradas. Quando Bremer se preparava para partir, a capacidade de produção de electricidade rondava os 4000 megawatts – o que dava menos de nove horas de energia por dia para a maioria dos lares de Bagdad – em vez dos 6000 megawatts que ele prometera fornecer. O novo Exército tinha menos de 4000 soldados treinados, um terço do que fora prometido. Apenas 15 000 Iraquianos haviam sido contratados para trabalhar nos projectos de reconstrução financiados pelo Suplemento, em vez dos 250 000 que tinham sido referidos. Setenta por cento dos polícias que patrulhavam as ruas não tinham recebido qualquer treino financiado pela CPA. Os ataques às forças americanas e a civis estrangeiros eram em média 40 por dia, número que triplicara desde Janeiro. Quase todos os dias havia assassinatos de líderes políticos e sabotagens à infra-estrutura eléctrica e petrolífera do país. Numa sondagem encomendada pela CPA feita poucas semanas antes da transmissão da soberania, 85% dos inquiridos responderam que não tinham confiança na administração de Bremer.

Devido a atrasos burocráticos, só tinham sido gastos 2% dos 18,4 mil milhões de dólares do Suplemento. Não se gastara nada em construção, cuidados de saúde e sanitários, ou no abastecimento de água potável, e fora atribuído mais dinheiro à administração do que a todos os projectos relacionados com educação, direitos humanos, democracia e governação em conjunto. Ao mesmo tempo, a CPA conseguira gastar a quase totalidade dos 20 mil milhões de dólares do fundo de desenvolvimento alimentado pelas vendas do petróleo iraquiano, 1,6 mil milhões dos quais foram usados para pagar à Halliburton, especialmente para transportar combustível para o Iraque.

No início de Junho aventurei-me até a central eléctrica Daura, no sul de Bagdad. Deveria ser um modelo do esforço americano para reconstruir o Iraque. Tendo sido bombardeada na Guerra do Golfo de 1991 e negligenciada pelo governo de Saddam, a central eléctrica só podia funcionar a um quarto da sua capacidade, o que ocasionava apagões prolongados na capital. Depois de fazerem uma visita às instalações, decrépitas, em 2003, os especialistas da CPA prometeram recuperá-la. Foi colocada à cabeça de uma lista de projectos prioritários, e contrataram-se firmas alemãs e russas para proceder às reparações. Mas o paroxismo de violência que assolava o país na Primavera parou os trabalhos de construção em Daura, e em quase todo o lado.

Os empreiteiros alemães fugiram em Abril. Os Russos, em final de Maio, quando dois dos seus colegas foram mortos a tiro ao chegar à central eléctrica num monovolume. Na minha visita à central, vi peças espalhadas pelo chão, à espera de serem instaladas. Os técnicos iraquianos, de fato de macaco azul, deambulavam ociosos, a fumar. Numa das salas da turbina estava rabiscado na parede, VIVA A RESISTÊNCIA.

No recrutamento para a polícia e para o exército, as coisas seguiram um ritmo bastante mais célere. Assim que Bernie Kelk e Walt Slocombe saíram de cena, a CPA e os militares americanos conseguiram finalmente chegar a acordo quanto ao que constituía uma boa estratégia de treino. Os erros da CPA, disse-me um general americano, «custaram-nos um ano precioso».

Na Zona Verde, havia uma sensação incómoda de missão inacabada. «Será que fizemos realmente o que precisávamos de fazer? O que prometemos fazer?», interrogou-se um alto funcionário da CPA, quando tomávamos uma bebida no bar do hotel al-Rasheed. «Ninguém aqui acredita nisso.»

Numa entrevista que lhe fiz antes de ele partir, Bremer insistiu que o «Iraque fora mudado substancialmente para melhor» pela ocupação. A CPA, afirmou, pusera o Iraque no caminho para um governo democrático e uma economia aberta, após mais de três décadas de uma ditadura socialista brutal. Entre os seus maiores feitos, disse Bremer, contava-se a redução da carga fiscal, a liberalização da legislação sobre o investimento estrangeiro e a redução das taxas de importação.

No final da nossa conversa, fiz-lhe uma pergunta abrangente sobre coisas por concluir. «Quando me for embora», respondeu, «há ainda muita coisa a fazer aqui.»

Depois de regressar aos Estados Unidos, Bremer lamentou-se que o Pentágono não enviara tropas suficientes para o Iraque. O argumento implícito era que se tivesse havido soldados suficientes no terreno, ele teria podido cumprir os seus grandes planos. Mas o plano político inicial de Bremer não se malograra por causa dos ataques; fora desfeito por uma *fatwa* de meia página escrita por um velho em Najaf.

No dia a seguir à minha entrevista com Bremer, encontrei-me ao pequeno-almoço com Abdel-Mahdi, no pátio da frente da sua casa modesta. Enquanto petiscávamos de um prato de tâmaras e bolinhos, perguntei-lhe qual fora o maior erro da CPA. Não hesitou. «O maior erro da ocupação», respondeu, «foi a própria ocupação».

É claro que ele quisera que os Estados Unidos consagrassem os exilados como novos governantes do Iraque em Abril de 2003. Mas tirando o seu próprio interesse, o que ele dizia era verdade. Libertos do jugo do seu ditador, os Iraquianos achavam que deveriam ser livres de traçar o seu próprio destino, de escolher o seu próprio governo provisório e de gerir a reconstrução do seu país despedaçado. O seu país não era a Alemanha ou o Japão, um país agressor rotundamente derrotado na Segunda Guerra Mundial para ser governado pelos vencedores. Os Iraquianos precisavam de ajuda – de bons conselhos e de vastos recursos – de um conjunto de estrangeiros bem intencionados, não de uma ocupação total com americanos imperiais refugiados no palácio de um tirano, a comer *bacon* e a beber cerveja, rodeados por Ghurkas e muros de protecção.

O compromisso entre a vontade de governo próprio e a falta de um líder com uma ampla base de apoio podia ter assumido muitas formas, tal como os arabistas do Departamento de Estado salientaram nos meses que se seguiram à invasão: um governador temporário nomeado pelas Nações Unidas, um conselho governativo provisório ou até uma grande reunião – semelhante à *loya jirga* que se reuniu no Afeganistão após a derrota dos *taliban* – para escolher a nata dos líderes da nação. Havia, naturalmente, lugar para um diplomata americano carismático e incansável que comandasse o processo. Podia muito bem ter sido Bremer, com um título diferente e um mandato mais curto, com um plano político viável e recursos significativos para a reconstrução.

Teria isso feito a diferença? Nunca saberemos ao certo, mas um melhor trabalho na governação e na reconstrução quase de certeza que teria evitado que muitos Iraquianos tivessem pegado em armas contra os seus novos governantes e contra os Americanos. Teria havido na mesma uma revolta, chefiada por fanáticos intransigentes, mas seria talvez em menor grau e mais controlável.

«Se este lugar der certo», disse-me um amigo na CPA antes de partir, «será apesar do que fizemos, e não devido ao que fizemos».

Às 10 da manhã de 28 de Junho, a caravana automóvel de Bremer circulava da Zona Verde em direcção ao gabinete do primeiro-ministro Ayad Allawi. O vice-rei entrou numa sala incaracterística onde o aguardavam Allawi, o presidente Gazi al-Yawar, o vice-primeiro-ministro Barham Salih e o presidente do Supremo, Mahdi Mahmoud. Cumprimentaram-se e sentaram-se em cadeiras com estofos debruados a ouro.

Bremer começou por salientar que o governo de Allawi assumira o controlo de todos os ministérios do Iraque. Os participantes levantaram-se e o vice-rei abriu uma pasta azul de arquivo. Começou a ler o documento que esta continha.

«A tarefa da Autoridade Provisória da Coligação conclui-se a 28 de Junho, e termina nesta data a ocupação e o governo provisório do Iraque assume a completa soberania em nome do povo iraquiano. Congratulamo-nos com os passos do Iraque para a assunção do seu papel legítimo no seio de todos os países livres do mundo.»

Quando concluiu, Bremer virou-se para Allawi e para al-Yawar. «Agora estão prontos para a soberania», declarou.

Entregou a pasta ao presidente do Supremo Tribunal. Com este simples acto, os Estados Unidos terminaram a ocupação.

Allawi proferiu umas quantas frases, tal como al-Yawar, que lhe chamou «um dia histórico, feliz, um dia por que todos os Iraquianos ansiavam ... o dia em que retomamos o nosso país». Não houve pompa nem circunstância, nem música nem fogo de artifício, nem guarda de honra nem discursos grandiloquentes, nem espectadores nem cobertura televisiva. O povo iraquiano só posteriormente soube que tivera lugar a transferência de soberania. Toda a gente esperara que fosse a 30 de Junho, mas Bremer antecipou-a, por sugestão do presidente Bush, para evitar o risco de um ataque dos rebeldes. A cerimónia não durou mais de cinco minutos.

Após uma ronda de despedidas breves, mas chorosas, no palácio, Bremer entrou para o helicóptero Chinook estacionado na pista. Tirou os óculos escuros e vestiu um colete à prova de bala por cima da sua camisa. À medida que o aparelho subia aos céus, permaneceu sentado no seu lugar, em vez de dar uma última olhadela ao seu domínio. Mas ele já vira a Zona Verde do ar muitas vezes antes. Vista de cima, a majestade do palácio não era evidente. Era apenas um telhado abobadado azul com meia dúzia de parabólicas, rodeado pelo PX, o parque de estacionamento repleto de jipes, centenas de caravanas metálicas e, por fim, pelos muros de cinco metros de altura que protegiam das explosões e separavam a Cidade Esmeralda do resto do Iraque. Do ar, a Zona Verde tinha o formato de uma peça de *puzzle* gigantesco colocada por entre uma cidade poeirenta que se estendia.

Epílogo

Um ano após Bremer ter deixado o Iraque, funcionários da CPA juntaram-se em Washington para um encontro. A festa, que teve lugar numa sala de exposição de mobiliário no último andar de um edifício de escritórios na baixa, incluiu três barris de cerveja, pequenas quiches de alcachofra e uma tábua de queijos. Um projector exibia *slides* com fotografias, como que num livro de finalistas, de pessoal da CPA no Iraque – na brincadeira, em pose junto a um helicóptero Black Hawk, a comer na sala de refeições, deitados à beira da piscina.

BEM-VINDO À ZONA VERDE, dizia uma placa de contraplacado pintada com *spray*, à entrada da sala. Uma outra, afixada perto do bar, dizia QUEM É O TEU BAGHDADDY? Junto de uma mesa com aperitivos estava uma banheira de bebé cheia de plástico de bolhas, que pretendia simbolizar a piscina no palácio. Espalhados pelo chão havia coletes à prova de bala e capacetes de *kevlar*.

Compareceram mais de cem pessoas, muitas vindas directamente dos empregos que haviam conseguido no Pentágono, na Casa Branca, na Fundação Heritage e noutros pontos do aparelho republicano, aquando do seu regresso de Bagdad. Alguns dos homens que tinham vindo de fato calçaram botas da tropa de camurça – o calçado oficial da Zona Verde – antes de entrar. Outros adornaram a lapela com *pins* que ostentavam uma bandeira americana cruzada com uma do Iraque.

Houve apertos de mão, abraços e até beijos na face, à iraquiana – esquerda, direita, esquerda. Era a primeira vez que muitos dos antigos alunos da Zona Verde se encontravam desde a ocupação, e rapidamente regressaram às suas antigas funções, bajulando os chefes, elogiando-se mutuamente pelo trabalho bem feito, tecendo loas à política externa da administração Bush. Falaram do trabalho que haviam feito no Iraque e criticaram a cobertura da guerra pelos *media* por ser derrotista. O sucesso estava logo ao virar da esquina.

«As coisas não estão tão más como as pessoas pensam», disse-me um homem. «Ah, quando é que lá esteve?», perguntei-lhe. Viera-se embora há um ano, tal como a maioria na sala.

As conversas na sala começavam com uma premissa tácita: a CPA era responsável pelo progresso do Iraque e os políticos iraquianos eram responsáveis pelos problemas. Pusemo-los no caminho certo, disse-me uma mulher. É com eles a forma como o trilham.

Uma outra mulher, que trabalhava no gabinete de Paul Wolfowitz no Pentágono, disse-me que ela e os colegas se tinham tornado imunes à crítica à administração pela forma como lidou com a guerra. No seu escritório, disse ela, a expressão «beber o Kool-Aid»(*) era considerada uma divisa de lealdade.

John Agresto não estava presente. Eram o seu grupo – os neoconservadores, os verdadeiros crentes – mas esta autocongratulação deixava-o incomodado. Estava em casa, no Novo México, a ler, escrever e a fazer salsichas caseiras. Um mês mais tarde enviou-me um *e-mail* a dizer que acabara de regressar de uma curta viagem ao Iraque com alguns especialistas americanos em história e direito. Tinham-se ido encontrar com membros da comissão encarregue de redigir a Constituição. «Estou ainda mais pessimista do que antes», escreveu. «Ou, pelo menos, na mesma.»

Chegaram Bremer e a mulher. Toda a gente lhe queria apertar a mão, cumprimentá-lo. Circulou por entre as pessoas com as suas botas da tropa calçadas. A sua postura era algo descontraída, o que eu raramente vira no Iraque. Em algumas vezes, inclinou a cabeça para trás e riu-se. Acabara de escrever um livro, *My Year in Iraq*, sobre a sua experiência como vice-rei. Agora, as suas únicas obrigações eram uma série

(*) Tradução possível da expressão idiomática «*drinking the kool-aid*», que tem várias acepções; contudo, neste caso remete para pessoas que apoiam cegamente um partido ou uma facção política (*N. T.*)

de palestras agendadas, e a sua única preocupação era o andamento das obras na cozinha da sua casa de campo em Vermont, que incluía um forno La Cornue feito por medida e que iria custar 28 000 dólares.

Às nove da noite, as pessoas foram para junto de uma sala com paredes de vidro que continha uma televisão de ecrã plano. O presidente Bush iria falar à nação, a partir de Fort Bragg, na Carolina do Norte. Os Bremers sentaram-se num sofá. O resto do grupo juntou-se à sua volta.

Estávamos a 28 de Junho de 2005. O número de baixas do pessoal militar no Iraque chegara aos 1745. Estimava-se que o número de Iraquianos mortos fosse na ordem das dezenas de milhares. No Norte do país e a oeste de Bagdad havia vastas porções do território controladas pelos rebeldes. Quase todos os dias os esquadrões da morte assassinavam Iraquianos que trabalhavam para o governo de transição.

Os Americanos tinham treinado milhares de polícias e soldados iraquianos, mas estes ainda não estavam preparados para se defenderem sozinhos dos rebeldes. Só um dos batalhões do novo Exército iraquiano fora considerado apto pelos generais americanos para combater sem ajuda americana.

Em Bagdad e noutros locais, os carros-bomba suicidas – contra esquadras, centros de recrutamento do Exército, mesquitas, funerais – tornaram-se tão frequentes que muitos Iraquianos pura e simplesmente deixaram de sair de casa a não ser que fosse absolutamente indispensável. As mulheres afligiam-se que os seus maridos pudessem não regressar do trabalho. Os pais, que os seus filhos não voltassem da escola. O medo era pior, disseram-me vários moradores, do que durante as três semanas da guerra para derrubar Saddam Hussein ou do que durante o *blitz* de um mês em 1991, ou até do que o conflito de oito anos com o Irão.

O desemprego continuava na ordem dos 40%. Os investidores privados que Peter McPherson julgou que fossem aproveitar a nova taxa fiscal única e tarifas reduzidas, mantiveram-se afastados. A produção de petróleo era inferior ao nível anterior à guerra, e a rede eléctrica ainda tinha apagões de várias horas consecutivas.

Os esforços para reconstruir as infra-estruturas do Iraque tinham recomeçado após o surto de violência na primavera de 2004, mas as medidas de segurança atrasavam todos os projectos. Só fora gasto um terço dos 18,4 mil milhões de dólares do Suplemento, e para cada dólar gasto, 40 cêntimos iam para pagar a guardas, veículos blindados e muros de protecção. O projecto da CPA para construir grandes centrais hidráulicas, eléctricas e de tratamento de esgotos – que havia sido desaconselhado por funcionários como Steve Browning – tinha-se tornado um sorvedouro de dinheiro. Os Iraquianos não tinham nem a capacidade nem os recursos para manter estas estruturas.

Nos últimos dias da ocupação, os auditores do Departamento da Defesa haviam começado a questionar esta febre de gastos dos fundos iraquianos provenientes do petróleo, e repararam que não havia justificação plausível para 8,8 mil milhões de dólares que haviam sido gastos, incluindo 2,4 mil milhões em notas de cem dólares enviadas de avião do Federal Reserve Bank em Nova Iorque seis dias antes da transferência da soberania.

A Zona Verde fora rebaptizada Zona Internacional, mas era apenas uma alteração semântica. O enclave continuava a ser governado pelos Americanos, que continuavam no Palácio Republicano, embora permitissem que os líderes governamentais iraquianos se instalassem nas *villas* desocupadas. Com a dissolução da CPA, o palácio já não era um feudo do Pentágono; tornara-se a maior embaixada do Departamento de Estado, que instituiu os seus próprios valores. O novo código de vestuário, semi-informal, proibia coletes de safari, coldres e calças de caqui com bolsos. Medidas de segurança ainda mais apertadas impediam que os funcionários viajassem para fora da área do palácio, mesmo para outros locais da Zona Verde, sem uma escolta. O PX, os restaurantes chineses e o al-Rasheed ficavam em zona proibida – e por boas razões.

A Cidade Esmeralda fora penetrada. A 14 de Outubro de 2004, um bombista suicida fizera-se explodir num café da Zona Verde; um outro, no Bazar da Zona Verde. O restaurante e as lojas haviam sido estilhaçados pela explosão e tinham morrido cinco pessoas, incluindo três civis americanos. De um momento para o outro, a Zona Verde ficou quase tão perigosa como a cidade lá fora.

Alguns funcionários da embaixada passaram meses a fio na bolha do palácio, comendo, bebendo, trabalhando e fazendo exercício, e depois andavam umas dezenas de metros para ir dormir nas caravanas no jardim das traseiras. Para os que se fartassem da sala de refeições, havia uma nova opção: um Burger King no recinto do palácio.

Embora muitos dos indefectíveis da CPA do partido republicano tivessem sido substituídos por diplomatas não alinhados, muitos dos quais falavam árabe e queriam relacionar-se com Iraquianos, estavam encurralados numa fortaleza. Alguns Iraquianos vinham ao palácio e ao Centro de Congressos para reuniões, e alguns Americanos saíam do recinto, em colunas blindadas, mas as suas oportunidades de comunicação eram limitadas e nenhuma das partes compreendia bem a outra.

Para as primeiras eleições democráticas em décadas, em Janeiro de 2005, milhões de Iraquianos acorreram às urnas. Em Bagdad, no Norte curdo e no Sul xiita, o dia foi um triunfo impressionante. Homens e mulheres exibiam os seus dedos manchados de tinta, para mostrar que tinham votado. Houve muito menos violência do que se esperava, em grande parte porque os Americanos e as tropas iraquianas impuseram um recolher obrigatório de três dias à maioria das cidades, impedindo a circulação de veículos e revistando transeuntes em controlos aleatórios. Um iraquiano disse-me que os soldados Americanos deviam ter feito a mesma coisa quando chegaram em Abril de 2003.

Mas nas áreas controladas pelos sunitas a norte e a oeste da capital, as eleições foram um fracasso. Os políticos locais boicotaram-nas e os rebeldes avisaram as pessoas para que não fossem votar. Em Ramadi, numa das mesas de voto, só seis pessoas votaram. Em Dhuluyah, uma cidade a norte de Bagdad, junto ao Tigre, as oito mesas de voto nunca chegaram a abrir.

Os resultados reflectiram a afluência. Uma coligação de partidos xiitas sob a égide do *ayatollah* al-Sistani obteve 48% dos votos. Os dois principais partidos curdos obtiveram em conjunto 26% e um bloco liderado pelo primeiro-ministro interino, Ayada Allawi, um xiita secular, conseguiu quase 16%. Os poucos sunitas que se candidataram tiveram resultados miseráveis: o partido liderado pelo presidente interino Ghazi al-Yawar obteve menos de 2%, e a coligação formada pelo antigo ministro dos Negócios Estrangeiros, Adnan Pachachi, não teve votos suficientes para obter um só lugar na Assembleia Nacional, com 275 membros. No fim de contas, os árabes sunitas, que constituíam cerca de 20% da população, conseguiram menos de 8% dos lugares da legislatura. A lei eleitoral de distrito único que Bremer concebera excluíra os sunitas do novo governo, retirando aos Americanos, e aos Iraquianos, uma oportunidade preciosa para conquistar o seu apoio e enfraquecer a rebelião.

Os ministérios cruciais fora reivindicado pelos Curdos e pelos xiitas, cujos elementos das milícias foram à caça de muitos jovens sunitas – por vezes torturando-os e matando-os –, com a aquiescência do novo governo. Os rebeldes sunitas começaram a atacar os civis curdos e xiitas com a mesma ferocidade com que visavam os Americanos. Nas comunidades xiitas a sul da capital, os sunitas deixaram as suas casas e mudaram-se para o Norte. Começara a guerra civil.

O problema agravar-se-ia meses mais tarde, na altura de redigir uma Constituição definitiva. A falta de participação sunita iria resultar num documento a que muitos sunitas se opunham. Embora não conseguissem reunir os votos suficientes para rejeitar o documento em referendo nacional, seria mais uma oportunidade perdida de conseguir o apoio dos sunitas e fracturar a rebelião.

No encontro da CPA, a assistência acalmou-se quando a imagem de Bush encheu o ecrã. A América, disse ele, «fez progressos significativos no Iraque».

«A nossa missão no Iraque é clara», afirmou. «Estamos a perseguir os terroristas. Estamos a ajudar os Iraquianos a construir uma nação livre que é um aliado na guerra ao terror. Estamos a levar a democracia ao resto do Médio Oriente. Estamos a eliminar um foco de violência e instabilidade, e a lançar os fundamentos da paz para os nossos filhos e os nossos netos.»

Não admitiu qualquer erro.

Quando Bush terminou, Bremer falou às pessoas na sala.

«Iremos concluir a missão, tal como o presidente disse esta noite. Quando ando pelo país, faço questão de frisar que esta será um luta árdua, demorada. Será preciso muita paciência. Mas faço também questão de frisar que os Americanos não desistem. Não desistimos no século XVIII, quando expulsámos os Britânicos. Não desistimos no século XIX, quando abolimos a escravatura. Não desistimos no século XX, quando erradicámos o totalitarismo da face da terra, e não iremos desistir agora, no século XXI, perante estes terroristas.

Toda a gente aplaudiu. Bremer sorriu.

«*Mabruk al-Iraq al-Jedeed*», disse, antes de se encaminhar para a porta. Parabéns ao novo Iraque.

Agradecimentos

Este livro não teria sido possível sem a disponibilidade de tanta gente que trabalhou para a CPA e a ORHA para falar comigo, em determinadas ocasiões por várias vezes e de forma detalhada, sobre a vida na Zona Verde e os mecanismos internos da administração da ocupação. Estou-lhes muito grato pelo seu tempo e confiança. Infelizmente, muitos deles, incluindo vários que serviram em altos cargos da CPA, não quiseram que o seu nome fosse identificado, com receio de retaliação por parte da administração Bush. Estou igualmente grato por informações facultadas por altos funcionários na Casa Branca, no Departamento de Estado e no Pentágono, a maioria dos quais também não quis ser identificada, embora quisesse que eu tivesse uma apreciação mais detalhada e crítica da CPA.

Não teria também escrito este livro sem o generoso apoio e incentivo dos editores e directores do *Washington Post*. O seu empenho em cobrir os acontecimentos no Iraque foi, creio, ímpar no jornalismo americano. Em Junho de 2003, aquando do meu primeiro regresso a Washington após a libertação de Bagdad, Don Graham, o presidente do *Post*, chamou-me à parte e disse-me que o jornal iria fazer o que fosse preciso para garantir a minha segurança e a dos meus colegas. E fê-lo.

Len Dowie, o director-executivo, e o seu director-adjunto enquanto eu estive no Iraque, Steve Coll, são dois dos melhores que há na imprensa. Com o apoio do director do *Post*, Bo Jones, criaram um ambiente no jornal que incentivou os meus colegas a produzirem excelente jornalismo sobre o envolvimento da América no Iraque. Phil Bennett, o subdirector para a secção internacional e que é agora director-adjunto, merece um agradecimento especial. É um excelente editor, um mentor e um amigo. Quando outros se concentravam no tiroteio das operações militares, ele incentivou-me a prestar atenção a Bremer e à CPA.

Fazer jornalismo a partir do Iraque – e viver lá – é impossível sem a ajuda de Iraquianos. O *Post* tem tido a sorte de possuir uma equipa espantosa de Iraquianos que trabalham como intérpretes, motoristas e guardas. Arriscam diariamente as suas vidas para me ajudarem a compreender o que estava realmente a acontecer no seu país. Por isso, e por muito mais, estou eternamente grato a Dhia Ahmed, Khalid Alsaffar, Omar Assad, Naseer Fadhil, Sabah Fadhil, Omar Feleiki, Falah Hassan, Moyad Jabbar, Muna Jawad, Mohammed Mahdi, Riffat Mohammed, Mohammed Munim, Jawad Munshid, Fawziya Naji, Saif Naseer, Ghazwan Noel, Naseer Nouri, Muhanned Salem, Saad Sarhan, Bassam Sebti e Ahmaed Younis.

Tive o privilégio de trabalhar com alguns dos melhores correspondentes e fotógrafos do *Post* em Bagdad, entre eles, Andrea Bruce, Michel du Cille, Pam Constable, Steve Fainaru, Peter Finn, Bart Gellman, Theola Labbé, Molly Moore, Bill O'Leary, Lucian Perkins, Lois Raimondo, Michale Robinson-Chavez, Anthony Shadid, Jackie Spinner, Doug Struck, Kevin Sullivan, Karl Vick, Daniel Williams e Scott Wilson. Não há ninguém melhor a cobrir o mundo árabe do que Anthony Shadid, que se tornou um guia sensato e um bom amigo.

Fui, também, afortunado por ter tantos amigos, alguns já antigos, outros novos, entre os jornalistas que estavam em Bagdad. Estes incluem Hannah Allam, Jane Arraf, Christina Asquith, Anne Barnard, Rym Brahimi, Thanassis Cambanis, Jill Carroll, Jack Fairweather, Lourdes Garcia-Navarro, Bill Glauber, Dan Harris, Caroline Hawley, James Hider, Larry Kaplow, Birgit Kaspar, Laura King, Jacki Lyden, Evan Osnos, Catherine Philp, Alissa Rubin, Somini Sengupta, Christine Spolar e Nick Watt.

O conflito no Iraque já custou a vida a muita gente boa, entre eles o diplomata da ONU Sérgio Vieira de Mello, o correspondente do *Boston Globe*, Elizabeth Neuffer, e a voluntária de uma ONG de ajuda internacional, Marla Ruzicka. Sinto muito a sua perda.

Em Washington, estou grato pela sabedoria e ajuda a vários dos meus colegas no *Post*, em especial Karen DeYoung, Bradley Graham, Glenn Kessler, Dana Priest, Tom Ricks, Peter Slevin, Josh White e Robin Wright. O editor da secção Internacional, David Hoffman, ajudou-me a conceber histórias e depois editou-as, com habilidade. Outros na secção Internacional foram preciosos, incluindo Nora Boustany, John Burgess, Ed Cody, Peter Eisner, Ginny Hamill, Tiffany Harness, Lou Ann McNeill, Emily Messner, Andy Mosher, Tony Reid, Keith Sinzinger, Dita Smith e Robert Thomason. Muitos outros no *Post* deram bons conselhos e foram bons amigos ao longo dos anos, entre eles Glenn Frankel, Tracy Grant, Fred Hiatt, David Ignatius e Keith Richburg.

Houve duas instituições em Washington que me concederam bolsas que me deram um lugar para escrever o livro e, mais importante ainda, partilhar ideias com pessoas inteligentes. A primeira foi o International Reporting Project, na Johns Hopkins School for Advanced International Studies. John Schidlovsky, o director, e a sua equipa – Jeff Barrus, Louise Lief e Denise Melvin – acolheram-me quando regressei de Bagdad. Também beneficiei, e muito, dos meus contactos com oito jovens jornalistas, bolseiros do IRP: Ryan Anson, Aryn Baker, Adam Graham-Silverman, Rafti Khatchadourian, Cathryn Poff, Fernanda Santos, Kelly Whalen e Mary Wiltenburg.

A segunda instituição foi o Woodrow Wilson International Center for Scholars, e, aqui, estou grato ao director, Lee Hamilton, bem como a Haleh Esfandiari, Steve Lagerfeld, Michael Van Dusen, e Sam Wells. A minha assistente de investigação nesta instituição, Tiffany Clarke, revelou-se uma ajuda preciosa para vasculhar resmas de documentos governamentais.

Foi no Wilson Center que conheci Sarah Corteau, uma espertíssima editora do *Wilson Quarterly*. Sarah passou horas infinitas a ler, editar, reler e a reeditar o meu manuscrito. Sem as suas sagazes sugestões, este livro seria bem menos legível. Estou eternamente grato pela sua ajuda e pela sua amizade.

Este livro nunca teria sido impresso não me tivesse David Ignatius apresentado ao meu agente, o indómito Rafe Sagalyn, que pacientemente me guiou pela minha primeira incursão na escrita de um livro. Neste percurso, a equipa de Rafe, incluindo Eben Gilfenbaum, Amy Rosenthal e Bridget Wagner, prestou-me uma ajuda preciosa.

Na Knopf, Jonathan Segal e Sonny Meltha ajudaram-me a converter os meus muitos textos numa narrativa final sobre a Zona Verde. Foi um privilégio trabalhar com Jon, cuja extraordinária inteligência e entusiasmo por uma boa história só tem igual na sua competência com o lápis de editor.

Os meus amigos deram-me apoio, incentivo e inúmeras boas refeições que ajudaram a manter a minha sanidade durante os meses de escrita. Tenho uma dívida especial para com Mike Allen, Peter Baker, Katia Dunn, Susan Glasser, Mike Grunwald, Spencer Hsu, Dafna Linzer, Leef Smith e Anne Marie Squeo. Nurith Aizenman e Theresa Everline não só ajudaram lendo partes do manuscrito, como também passaram horas infindas a ajudar-me a dar forma ao conteúdo. Elizabeth Terry, uma outra querida amiga, deu-me excelentes conselho em todo o processo.

Não fora a sua vontade de ajudar a desenterrar uma foto de Michael Battles do arquivo da revista *Fortune* e nunca teria conhecido a maravilhosa Julie Schlosser. Conhecê-la foi quase mais divertido do que acabar o livro.

Acima de tudo, dou graças por ter uma família tão maravilhosa. Ao meu irmão, Ravi, à sua esposa, Jennie, e aos meus pais, Uma e Kumar: muito amor e gratidão.

Notas

Este livro é o resultado de quase dois anos de reportagens no Iraque feitas para o *Washington Post*, começando pela minha primeira vista ao país em Setembro de 2002. Vivi quase sempre em Bagdad entre Novembro de 2002 e o início da invasão americana em Março de 2003. Regressei a 10 de Abril de 2003, o dia após a estátua de Saddam ter sido derrubada em frente ao Hotel Palestina, e fiquei no país até 30 de Setembro de 2004. Embota tenha tido umas pequenas férias, pelas minhas contas estive mais dias no Iraque nos primeiros 15 meses da ocupação do que qualquer outro jornalista americano da imprensa escrita.

No meu regresso aos Estados Unidos, continuei a fazer reportagens para este livro, conversando com pessoas que conhecera no Iraque e entrevistando dezenas com quem não pudera falar quando moravam na Zona Verde. Li também milhares de páginas de *e-mails* e documentos internos da CPA, para ter uma percepção mais detalhada da ocupação.

Embora parte do meu material tenha surgido, em forma diferente, no *Post*, muito do que relato baseia-se em mais de 100 entrevistas originais levadas a cabo exclusivamente para este livro. Devido a receio de retaliação, várias das minhas fontes solicitaram que o seu nome não fosse identificado: nesses casos, tentei ser tão específico quanto possível sobre a função que desempenhavam na CPA ou no governo sem comprometer a sua identidade.

Tirei grande proveito das reportagens dos meus colegas do *Post*, em especial Thomas E. Ricks, Anthony Shadid e Robin Wright, bem como dos notáveis serviços de investigação e interpretação de Khalid Alsaffar, Omar Fekeiki, Nasee Nourie Bassam Sebti na delegação do *Post* em Bagdad.

A não ser que estejam identificadas, todas as citações no livro são de entrevistas que fiz ou de fontes públicas. Nos casos em que se conta uma conversa, é com base na memória de pelo menos uma pessoa que podia ouvir o que foi dito. Embora a memória possa falhar, e a recordação que se tem das coisas possa variar entre as testemunhas, tentei descrever os acontecimentos de forma tão precisa quanto possível.

Capítulo 1

([1]) Bob Woodward, *Plan of Attack*, Nova Iorque, Simon & Schuster, 2004, p. 2.

([2]) Para além da minha própria reportagem, colhi material do artigo de James Fallow, «Blind into Baghdad», *The Atlantic*, Janeiro de 2004.

([3]) Dan Morgan, «Deciding Who Build Iraq is Fraught with Infighting», *The Washington Post*, 4 de Maio, 2003.

Capítulo 3

([4]) No seu livro, *My Year in Iraq* (Nova Iorque, Simon & Schuster), Bremer escreve que foi contactado para servir no Iraque por Lewis «Scooter» Libby, chefe de gabinete de Dick Cheney, e por Paul Wolfowitz.

([5]) Esta reunião foi-me descrita por duas pessoas com conhecimento em primeira mão da conversa.

([6]) L. Paul Bremer III, «Corporate Governance and Crisis Management», *Directors & Board*, 1 de Janeiro, 2002.

([7]) Bill Powell, «The CEO of Iraq», *Fortune*, 11 de Agosto, 2003.

([8]) Patrick E. Tyler, «Overseer Adjusts Strategy as Turmoil Grows in Iraq», *The New York Times*, 13 de Julho, 2003.

([9]) James T. Yenkel, «Couples: The Price of Success», *The Washington Post*, 11 de Maio, 1982.

([10]) Mark Zimmerman, «Iraq Envoy Says Faith Gives Him Strenght», *Catholic Standard*, 19 de Junho, 2003.

([11]) Michael R. Gordon, «Debate Lingering on Decision to Dissolve the Iraqi Military», *The New York Times*, 21 de Outubro, 2004.

([12]) Num artigo de opinião no *New York Times* de 13 de Janeiro, intitulado «In Iraq, Wrongs Make a Right», Bremer admitiu que era um erro deixar a implementação a cargo dos políticos iraquianos. «A desbaasificação deveria ter sido feita por um organismo judicial independente», escreveu ele.

Capítulo 5

([13]) Christopher Drew, «A Street Cop's Rise from High School Dropout to Cabinet Nominee», *The New York Times*, 3 de Dezembro, 2004.

([14]) Hamza Hendawi, «Adviser: Iraq Police Reform to Be Tough», Associated Press, 26 de Maio, 2003; e transcrição do programa *Today* da NBC de 27 de Maio, 2003; e Romesh Ratnesar, «Can a New York Cop Tame Baghdad», *Time*, 9 de Junho, 2003, p. 41.

([15]) Para além da minha própria reportagem, coligi material de Jon Lee Anderson, «The Uprising: Shia and Sunnis Put Aside Their Differences», *The New Yorker*, 3 de Maio, 2004, p. 63.

([16]) O e-mail foi inicialmente publicado no blogue de Daniel Drezner, um professor de Ciência Política da Universidade de Chicago. Está arquivado em http://www.danieldrezner.com/archives/001326.html.

([17]) Salvo indicação em contrário, todas as citações de Hallen provêm da transcrição de uma entrevista feita a Hallen por Susan M. Klingaman, da Association for Diplomatic Studies and Training, a 1 de Outubro de 2004, para o United States Institute of Peace's Iraq Experience Project.

([18]) Yochi J. Dreazen, «How a 24-Year-Old Got a Job Rebuilding Iraq's Stock Market», The Wall Street Journal, 28 de Janeiro, 2004, p. A1.

([19]) Ann Ritter, «Rediscover Your Inner Child at the 'Lorax'», Yale Herald, 23 de Janeiro, 1998.

([20]) Jay Hallen, «Greetings from Camp Arkansas», *TCS Daily*, 23 de Setembro, 2003. está disponível na internet em http://www.tcsdaily.com/article.aspx?id=092303E.

Capítulo 7

([21]) Numa conferência de imprensa a 24 de Maio de 2004, Senor afirmou que os Iraquianos não queriam que as forças da coligação se fossem embora. Uma sondagem efectuada para a CPA pelo Independent Institute for Administration and Civil Security Studies, entre 14 e 23 de Abril, em seis das maiores cidades, incluindo Bagdad, Baçorá e Mossul, 55% dos inquiridos responderam que se sentiriam «mais seguros» se as forças da coligação se fossem embora imediatamente. Quarenta e um por cento dos inquiridos afirmaram que queriam que as forças da coligação «se fossem embora depois de ter sido eleito um governo permanente». Só 7% afirmaram ter confiança nas forças da coligação. Numa sondagem feita para a CPA pela mesma organização, de 14 a 23 de Maio, 866 dos 1068 inquiridos queriam que as forças da coligação saíssem do Iraque.

([22]) Michael Furlong, director de projecto da SAIC em Bagdad, e Ahmed al-Rikaby, jornalista sénior da IMN, disseram que tinham estado presentes na reunião em que Senor perguntou a North por que é que a IMN não tinha transmitido a gravação. Ambos me disseram que se lembravam do comentário de North a Senor. Também descreveram as perguntas que Senor fizera a Bremer como sendo uma entrevista. Senor disse-me várias vezes que não entrevistou Bremer para a IMN. Ele afirma que o caso em questão envolveu um dos discursos de Bremer ao povo iraquiano, em que ele ia servindo de ponto a Bremer durante a gravação.

([23]) Kathleen McCaul, «Troubles at Iraqui Media Network», Baghdad Bulletin, 21 de Julho, 2003.

([24]) Neil King, Jr., e Yochi Dreazen, «Amid Chaos in Iraq, Tiny Security Firm Found Opportunity», *The Wall Street Journal*, 13 de Agosto, 2004, p. A1.

([25]) *Ibid.*

Capítulo 8

([26]) A maior parte das citações e outro material atribuído a Agresto provém de várias entrevistas que lhe fiz no Iraque e nos EUA. Algumas citações foram retiradas de um manuscrito inédito seu que ele partilhou comigo.

Capítulo 10

([27]) Bremer, *My Year in Iraq*, p. 205.

([28]) *Ibid.*, p. 224.

([29]) *Ibid.*, p. 231.

Capítulo 11

([30]) «Iraqi Hospitals to regain First-Class Status Quickly», Agência France Presse, 27 de Fevereiro, 2004.

Capítulo 12

([31]) Tal como num capítulo 5, todas as citações de Hallen, e salvo indicação em contrário, foram retiradas da entrevista feita pela Association for Diplomatic Studies and Training.

Capítulo 15

([32]) Para além da minha própria reportagem, obtive informações de Alissa J. Rubin e Doyle McManus, «Why America Has Waged a Losig Battle on Fallouja», *Los Angeles Times*, 24 de Outubro, 2004, p. A1.

Índice Remissivo

Índice

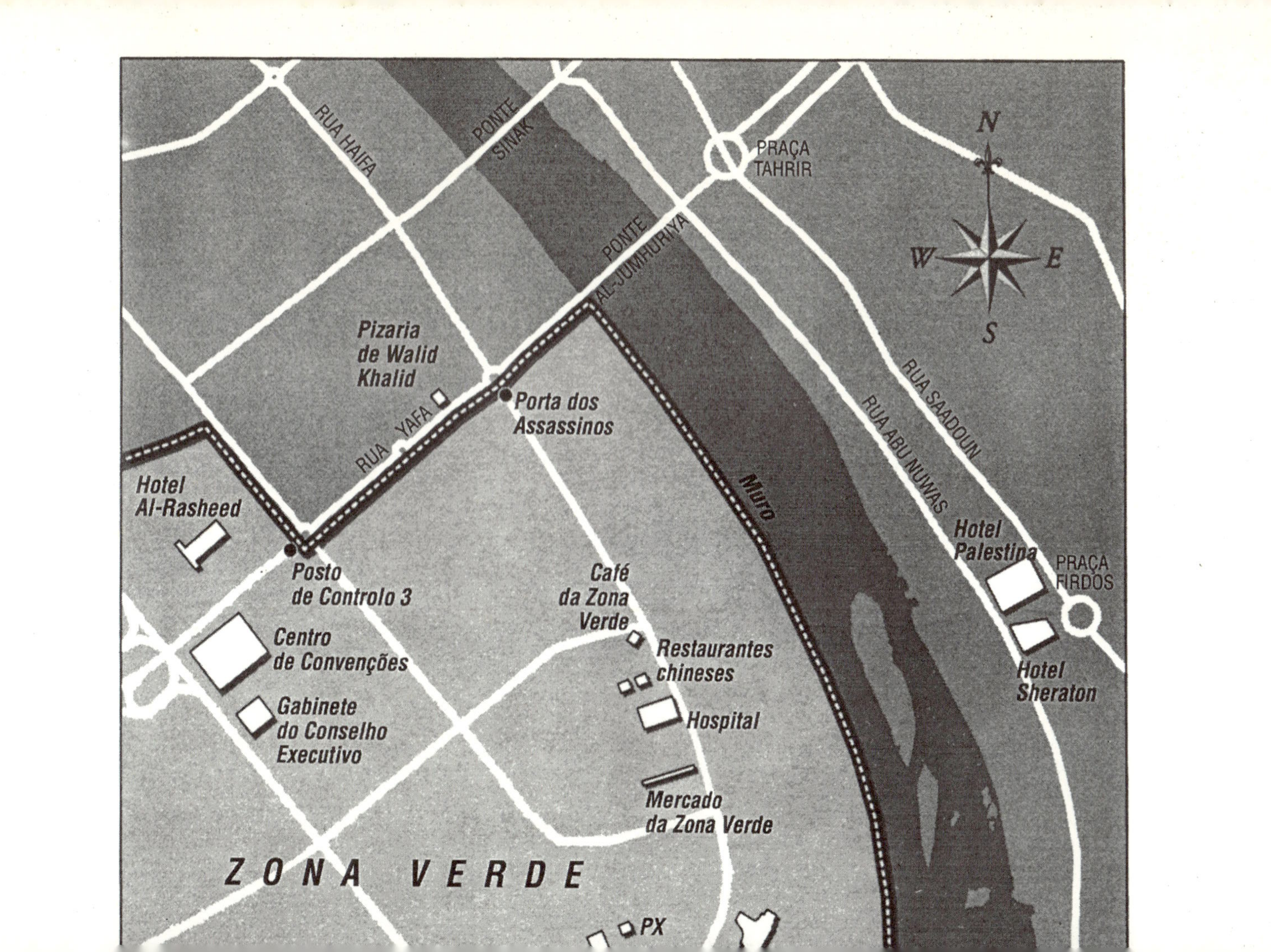
RUA HAIFA
PONTE SINAK
PRAÇA TAHRIR
N
W
E
S
PONTE AL-JUMHURIYA
Pizaria de Walid Khalid
Porta dos Assassinos
RUA YAFA
RUA SAADOUN
RUA ABU NUWAS
Muro
Hotel Al-Rasheed
Posto de Controlo 3
Café da Zona Verde
Hotel Palestina
PRAÇA FIRDOS
Centro de Convenções
Restaurantes chineses
Hotel Sheraton
Gabinete do Conselho Executivo
Hospital
Mercado da Zona Verde
ZONA VERDE
PX